网络广告学

刘光磊　编著

东北林业大学出版社
·哈尔滨·

图书在版编目（CIP）数据

网络广告学／刘光磊编著．--2版．--哈尔滨：东北林业大学出版社，2016.7（2025.4重印）

ISBN 978-7-5674-0797-8

Ⅰ.①网… Ⅱ.①刘… Ⅲ.①互联网络-广告学 Ⅳ.①F713.8

中国版本图书馆CIP数据核字（2016）第150510号

责任编辑：姜俊清
封面设计：魏丽娜
出版发行：东北林业大学出版社（哈尔滨市香坊区哈平六道街6号 邮编：150040）
印　　装：三河市佳星印装有限公司
开　　本：880mm×1230mm　1/32
印　　张：11.875
字　　数：285千字
版　　次：2016年8月第2版
印　　次：2025年4月第3次印刷
定　　价：69.00元

如发现印装质量问题，请与出版社联系调换。（电话：0451-82113296　82191620）

再版序

  网络广告是确定的广告主以付费的方式在互联网及其他新媒体上通过图文或多媒体方式发布的旨在推广产品、服务或站点的信息传播活动。网络广告与传统媒体广告的本质区别在于发布信息的媒体差异。网络广告是伴随网络媒体的产生而诞生的，并将随着网络技术的进步而日新月异，异彩纷呈。

  1994年10月14日，美国著名的Wired杂志推出了网络版Hotwired（www.hotwired.corn），其主页上开始有AT&T等14个客户的横幅广告。这是人类广告史上具有里程碑意义的划时代标志，它为网络服务商和广告商以及广告客户开辟了一条崭新的发展之路。

  随着互联网等新媒体技术的迅速发展，互联网及其他数字媒体已成为继报纸、杂志、广播、电视之后的第五大媒体，以互联网及其他数字媒体为传播媒介的网络广告随着网络等新媒体用户人数的迅速增长也得以迅猛发展，网络广告的市场正在以惊人的速度向外扩张，网络广告已作为一种主要的营销方式并拥有了越来越大的市场份额和全球影响力。将一种传播媒体推广到传播学界公认的大众传媒的标准使用人数5 000万人，收音机用了38年，电视用了15年，而互联网仅用了5年。据中国互联网络信息中心（CNNIC）2016年1月发布的《第37次中国互联网络发展状况统计报告》显示，截至2015年12月底，中国网民规模达

6.88亿,全年共计新增网民3 951万人。互联网普及率为50.3%,截至2015年12月,中国手机网民规模达6.20亿,较上年底增加6 303万人。网民中使用手机上网人群占比由2014年的85.8%提升至90.1%。两项数据均为世界第一,这一巨大的应用群体早已把网络与新媒体纳入到大众传媒的领域并推到了大众传媒应用的顶峰。

在中国网民飞速递增的同时,整个世界网民数量的增长也没有减慢速增的脚步。凤凰科技2016年2月24日发布消息称,据科技网站Computerworld报道,Facebook发表报告称,2015年全球网民数量增长2亿已达32亿,而同期的全世界人口为72亿多。网民已占世界总人口的44.4%。世界网民的占比远远超过了联合国教科文组织规定的大众传媒的基本标准。

随着互联网及其他新媒体用户人数的激增,网络广告的规模和收益也迅速跟进。据艾瑞咨询公司于2016年4月发布的2015年度中国网络广告核心数据显示,2015年度中国网络广告市场规模达到2 093.7亿元,同比增长36.0%。虽较2014年增速有所放缓,但仍保持强劲态势。随着网络广告市场发展不断成熟,未来几年的增速将趋于平稳,预计至2018年整体规模有望突破4 000亿元。

移动互联网的高速发展为移动广告的发展提供了巨大的空间,移动广告市场经过几年的竞争后,逐渐进入了新的发展阶段,针对垂直行业的移动广告平台在各自领域逐渐形成规模化经营,移动广告产品的创新和成熟进一步吸引广告主向移动广告市场倾斜。移动程序化营销、场景营销、泛娱乐营销、自媒体社群营销成为未来几年移动营销发展的趋势。艾瑞咨询公司的数据还显示,2015年中国移动广告市场规模达到901.3亿元,同比增长率高达178.3%,发展势头十分强劲。移动广告的整体市场增速远远高于网络广告市场增速。预计到2018年,中国移动广告市场规模将突破3 000亿,在网络广告市场的渗透率近80%。

在中国网络广告持续发展的同时,国外网络广告业发展也如火如荼,蔚为壮观。

根据美国互动广告局(IAB)2015年4月发布的《2014年美国网络广告营业收入报告》数据显示,2014年,美国网络广告(Internet)营业收入为495亿美元,均超过了传统的广播、电视、杂志及户外广告的营业收入。根据著名的市场调查机构eMarketer发布的《2015年度全球数字广告市场调研报告》,2015年全球广告总支出达到5 696.5亿美元,增长5.7%。主要受到网络广告投资增长的拉动。随着网络新媒体改变了人们访问的媒体方式,广告商网络广告预算增长。2015年全球网络广告支出增长18.0%,达到1 701.7亿美元,占全球广告市场的29.9%。数据显示,北美地区不仅是全球最大的广告市场,还是最大的网络广告市场。2015年北美地区广告商在网络广告方面支出620.7亿美元,年增幅16.8%,占媒体广告支出的31.8%,预计到2019年份额将增长至41.4%。

北美地区也是全球最大的移动互联网广告市场。2015年北美移动互联网广告市场达到315.3亿美元,占移动广告支出的43.8%。其中2015年美国移动广告支出302亿美元,加拿大移动广告支出将达到13亿美元。预计到2019年,美国和加拿大移动广告支出都保持两位数增长率,主要受到移动视频、移动社交网络和移动搜索广告的推动。

"青山遮不住,毕竟东流去。"以网络为依托的网络广告的发展趋势汹涌澎湃,前景明朗。这个广告界的后起之秀与传统的四大广告传媒相比真可谓"桐花万里丹山路,雏凤青于老凤声。"在信息高速发达的时代,网络广告扮演的角色无可替代,它的成长为人类创造了无限的商机与挑战。因此,网络广告的研究一直是传播学界和营销业界的重点和热点课题,方兴未艾。本书在借鉴前人研究成果的基础上充分运用传播学、广告学、营销学、新媒体传播学、文化学、心理学等原理和知识并密切结合网络与新媒体技术的发展实际，试图从一个新的视角对网络广告做一番系统的学科探索，并试图把研究的重点放在以下几个方面。

一、研究网络广告的性质、特征、制作与传播规律

网络广告的迅速崛起与广为传播必将给原有的广告传播领域带来深刻变革。网络广告自有其本质特征和产生、发展的客观规律，网络广告学的研究就是一步步接近网络广告的实质、特征和传播规律的过程。探寻网络广告的特点，按照网络广告的客观规律从事传播实践，规范传播行为才能使网络广告业沿着正确的道路前行而少走弯路。研究网络广告的本质规律、发展格局、传播模式与规范途径，并预测其未来趋向，为网络广告业提供一套系统的、切实可行的指导理论，使网络广告实践与理论达成良性互动并有力推动网络广告学科的发展与行业进步是本书着重解决的一个重要问题。

二、探讨我国网络广告的生存与发展

我国的网络广告起步较晚，但发展势头良好，与西方发达国家相比仍存在一定差距。主要表现在：网络广告的市场发育不成熟，规划较小，网站定位模糊，缺乏统一的测评标准和相对独立的认证机构，缺乏专业的策划创意人才及培养机制等，这些都在一定程度上限制了我国网络广告业的进一步发展与壮大。我国网络广告业的出路何在，怎样更好地使网络广告良好发育并成长壮大，如何结合我国网络广告业的实际情况，将网络广告学理论和网络广告传播实践有机结合并紧跟网络与新媒体的技术发展脚步，使我国网络广告业走出一条既与国际接轨又具有中国特色的崭新之路，是本书着重研究的又一重点。

三、探索网络广告的策划、创意的崭新路径

网络广告策划是广告活动的重要环节，是市场营销战略计划

和企业总体战略计划的重要组成部分。网络广告的策划重在确定传播策略,正确定位并瞄准目标受众等。网络广告的创意与策划是吸引用户的重要手段,关系到网络广告的成败。然而,目前国内对于传统广告的策划创意研究较为深入,但对于网络广告的策划与创意因为起步较晚尚未形成科学系统的理论体系与操作范式。网络广告的策划与创意必须依据网络及新媒体的特征与传播规律,并综合运用多媒体交互功能进行整体诉求,以期达到理想效果。探索网络广告的策划与创意之路也是本书着重解决的重要问题之一。

四、研究网络广告的传播策略

网络广告是利用网络与新媒体进行的广告信息传受活动,它本身具有典型的传播特色与传播模式。依据网络媒介与网络广告的各自特征并结合二者的优势进行整合传播,是网络广告传播优于其他媒体传播活动的地方。因此,根据网络新媒体的特征选择合适的传播途径对于网络广告取得最佳效果有着不可忽视的作用。此外,网络广告传播的跨国界性、跨文化性使得其影响具有无远弗届的功效,这也要求网络广告的传播必须遵守跨国传播与跨文化的规范,制定符合政治制度和文化习俗的网络广告跨国传播策略。制定有效的网络广告传播策略,选用适宜的传播技巧必须综合考虑政治、经济、文化、地域、民族、宗教等一系列问题。这也是本书研究的重要课题之一。

五、研究网络广告传播中的文化问题

所谓网络广告文化,是蕴涵在网络广告传播过程中,逐渐被人们所接受和认同的价值观念、风俗习惯等生活方式的总和,是以网络广告为载体、以推销为动力、以改变人们的消费观念和行为宗旨的一种文化传播形态。网络广告文化是体现于网络广告活动与网络广告作品中的一种商业文化的亚文化,同时包含商品文化及营销文化。网络广告在追求商业目的的同时,还用文化价值和文化观念对人起着潜移默化的教化功能。网络广告是一种特殊的文化现象，它深受民族的文化特质的制约，而文化的本质是社会历史的，具有极强的社会渗透力和历史穿透力，网络广告必须植根于民族文化的土壤中，在传播广告信息的同时体现其文化价值。只有更好地探究网络广告的文化特质，使其与传播对象的文化内涵和文化表征紧密结合，才能有利于商业信息和文化信息的更好传播。研究网络广告传播中的文化现象并把它作为新媒体时代的文化载体，使其在传播商品信息的同时呈现出更优秀的文化价值也是本书着力关注的问题之一。

六、探寻网络广告传播效果与测评方法

网络广告效果是广告信息通过网络与新媒体传播之后所产生的作用和影响，是广告企业梦寐以求的理想和愿望。而网络广告与传统媒体广告相比具有效果测评的难度和自身测评的特点，运用网络新媒体自身携带的测评工具，采用国际上通用的最为有效的测评原则与测评技术手段并不断发掘更为公平，更为国际化的效果传播方法与测评标准和技术手段，使网络广告传播的效果得到尽善尽美的体现与公平合理的评估也是本书极为重视并着力研究的问题之一。

七、探讨网络广告的监督与管理

网络广告的跨国界与跨文化传播带来了一系列的国际问题与文化问题。如信息污染、信息侵略、文化侵略、文化安全、信息鸿沟等。网络新媒体技术的进步日新月异，网络广告媒介的创新必然带来传播形态与传播渠道的变化，现有的广告管理法规在适用网络广告监管方面存在着许多漏洞与急需补充之处。制定针对网络广告传播的法律法规是整个世界都在关注的课题，世界范围内的学者都在做着殊途同归般的努力。但是，网络新媒体技术的进步常常使正在运行的监管法规很快落后于传播实践。如何根据网络新媒体与网络广告的自身特性并结合我国国情制定切实可行的监管法规，既能体现出法律的恒常性，又能依据网络新媒体技术的进步与传播形态的变化而能适时调整，起到对网络广告的有效管理职能。只有这样才能使网络广告的监管既有利于这一行业的健康发展又有利于净化网络环境，使网络生态得到和谐与健康的可持续发展。规范广告传播者的传播行为，制止通过网络广告进行的一切非法活动，保护知识产权、信息安全与文化安全，也是本书的努力研究的重要任务之一。

在本书的写作过程中大量参阅了前人的研究成果，这些成果无不闪烁着思想的火花与学术的智慧，给这本书的写作带来的很大启迪与研究参照，在此表示感谢！这次再版，又根据近几年网络与新媒体技术的发展状况以及网络广告出现的新形式和新变化，对一些内容做了重新梳理并补充了新的内容，以期达到与时俱进。

在本书的出版过程中，得到了东北林业大学出版社姜俊清老师的大力支持和热情帮助。值此再版之际，对出版社辛勤付出和热情帮助再表诚挚谢意！

由于作者水平有限，书中定有许多缺点和纰漏，敬请专家、同行及读者批评指正！

刘光磊
2016 年 6 月 15 日于广东技术师范学院

目 录

第一章 网络广告概观 ……………………………………（ 1 ）
　第一节 网络广告及其特征 …………………………（ 1 ）
　第二节 网络广告的优势与局限 ……………………（ 7 ）
　第三节 网络广告的互动性 …………………………（ 13 ）
　第四节 网络广告的发展历程与发展趋势 …………（ 19 ）

第二章 网络广告的一般原理 ……………………………（ 29 ）
　第一节 互联网是网络广告的基础 …………………（ 29 ）
　第二节 网络广告的分类 ……………………………（ 33 ）
　第三节 网络广告的新形式 …………………………（ 49 ）
　第四节 网络广告的功能 ……………………………（ 56 ）

第三章 网络广告策划 ……………………………………（ 60 ）
　第一节 广告策划与网络广告策划 …………………（ 60 ）
　第二节 网络广告策划的作用与原则 ………………（ 65 ）
　第三节 网络广告策划的内容 ………………………（ 73 ）
　第四节 网络广告策划的操作过程 …………………（ 87 ）

第四章 网络广告创意 ……………………………………（ 92 ）
　第一节 网络广告创意概述 …………………………（ 93 ）
　第二节 网络广告创意的方法与过程 ………………（102）
　第三节 网络广告的创意理论 ………………………（120）
　第四节 网络广告的诉求策略 ………………………（127）

第五章　网络广告发布 ……………………………（133）
　第一节　网络广告的代理发布 ……………………（133）
　第二节　网络广告代理商的运作模式 ……………（140）
　第三节　网络广告的发布途径 ……………………（144）
　第四节　网络广告发布的技巧 ……………………（153）
　第五节　网络广告定向发布 ………………………（155）

第六章　网络广告媒体 ……………………………（160）
　第一节　广告媒体与网络广告媒体 ………………（160）
　第二节　网络广告媒体的类型 ……………………（166）
　第三节　富媒体和富媒体广告 ……………………（175）
　第四节　富媒体广告的典型代表 …………………（179）

第七章　网络广告传播 ……………………………（190）
　第一节　网络广告的传播特点 ……………………（190）
　第二节　网络广告的传播模式 ……………………（195）
　第三节　网络广告的分众传播 ……………………（199）
　第四节　网络广告的品牌传播 ……………………（203）

第八章　网络广告受众 ……………………………（212）
　第一节　网络广告受众角色 ………………………（212）
　第二节　网络广告受众心理 ………………………（219）
　第三节　网络广告受众的接受意识 ………………（228）
　第四节　网络广告受众逆反心理 …………………（234）
　第五节　针对受众心理的网络广告策略 …………（241）

第九章　网络广告文化 ……………………………（246）
　第一节　文化与广告文化 …………………………（246）
　第二节　网络广告与文化 …………………………（252）
　第三节　网络广告与文化的互动 …………………（259）
　第四节　网络广告与跨文化传播 …………………（263）
　第五节　网络广告跨文化传播中的文化冲突 ……（268）

第十章 网络广告效果测评 ……………………（278）
第一节 广告效果及其特征 ……………………（278）
第二节 网络广告效果分析 ……………………（282）
第三节 网络广告效果测定 ……………………（290）
第四节 网络广告效果测定的意义和原则 …………（293）
第五节 网络广告测定的内容与方法 ………………（300）

第十一章 网络广告监管 ……………………（314）
第一节 网络广告监管的内涵 …………………（314）
第二节 网络广告的行政监管 …………………（322）
第三节 网络广告的法律法规监管 ………………（332）
第四节 网络广告的其他监管途径 ………………（350）

参考文献 ……………………………………（354）

第一章 网络广告概观

传统意义上的广告是指商品经营者或者服务提供者承担费用通过一定媒介形式直接或者间接介绍自己所推销的商品或者所提供的服务,以及在或近或远的将来达成销售的营销方式。而网络广告则是随着互联网技术的发展与普及而迅速崛起的一种依托新媒体发布传播的广告形式,是继电视、广播、报刊、杂志等传统媒介之后兴起的一种新媒体广告。网络广告既具有传统媒介广告所有优点,又具有传统媒介所无法比拟的优势。

与传统媒体相似的是网络广告将成为各个网站生存与发展的主要经济来源。随着互联网使用人数在世界范围内的快速增长,广告商们的目光已聚焦在这张网上。随着电子商务的发展以及传统新闻媒体网上发展,广告的投放位置正在发生历史性变化,大部分费用正从传统媒体转移到网络媒体上来。因而,网络广告是一个值得开发并深入研究的新的"经济增长点"。

第一节 网络广告及其特征

一、网络广告

网络广告(Internet Advertising 或 Web AD)是以确定的广

告主以付费的方式在网络新媒体上通过图文或者多媒体方式发布的旨在推广产品、服务或站点的信息传播活动。网络广告与传统广告的本质区别在于发布信息时所使用的媒体不同。网络广告作为一种新兴的商业营销模式,在经历了产生、成长之后,目前已经到了成熟与壮大的阶段,在世界范围内已经超越了传统媒体广告。总体来看,网络广告包含五个基本要素:

1. 广告主

指在互联网及其他数字化媒体上发布广告信息的企业、单位或个人。在法律法规允许的范围内任何人都有利用互联网发布商品或服务信息的权利。广告主可以或自行建立网站、页面发布广告信息。在网络广告活动过程中,网络广告主、网络广告代理商与网络广告发布商形成网络广告的加值链。网络广告主可以通过自己的网站直接发布网络广告,直接面对网络受众,也可委托广告公司发布网络广告。

2. 广告发布费用

像所有广告一样,网络广告也需要投入,是广告主在互联网上发布广告产品或服务信息应当支付费用。目前网络广告主付费的方式很多,有的委托广告公司把费用支付给公司,由公司全权代理发布;有的自设网站或页面发布广告信息。前者是直接的广告投入,后者是间接的广告投入,虽然广告主没有把资金直接投注在广告公司,但是,广告主仍然必须以支付上网费用的方式付出广告费。网络广告有两种基本的计价模式:一种是基于广告显示次数的千人印象成本计价法,另一种是基于广告效果的点击成本计价法。

3. 广告媒体

网络广告发布的媒体是互联网以及其他联网的新兴媒体如手机等。建立在 World Wide Web 界面之上的超媒体功能为广告信息的发布提供了前所未有的便利条件,它具有强大的包括文本、图像、动画、音频、视频的传播效果。超链接功能可以从一个页面迅速转换到另一个页面，广告主可以与广告用户进行面对面的相互交流，还可以及时更换广告信息，进行全天候的实时传播。这是网络媒体优于其他媒体的地方。

4. 广告受众

这是网络广告信息的接受者。由于网络媒体的交互性功能，已使网络广告信息的接受者与传统媒体广告信息的接受者在本质和地位上发生了显著变化。网络广告用户已不再是被动的广告信息的接受者，而是主动的从互联网上查询获取广告信息或服务的使用者。随着受众传播权力与地位的上升，传统媒体广告的"受众"一词亦应由"用户"取代。在信息接受的本质上"受众"与"用户"并无区别。

5. 广告信息

网络广告的信息是指在网络新媒体上流动的商品或服务的内容。互联网是一个庞大的信息资料库，信息丰富多彩，形式多样，而且具有多媒体化和超链接性，广告信息只是其中的一种。互联网上的广告信息可以被设计成文本信息、音频信息和视频信息，或者综合利用，而且不受时间和空间的限制。用户可以随时随地查阅并下载。网络广告的信息具有强大的交互功能，用户可以与广告主就某些方面进行沟通、商谈，甚至可以达成购买意向。

二、网络广告的特征

互联网的出现为广告信息的传播开辟了崭新天地，互联网强大的传播功能使网络广告较之传统媒体广告显现出许多独特的优势，构成了网络广告的特征。主要表现在以下几个方面。

1. 交互性

网络广告是一种交互式的广告，俗称"活"广告，它和其它广告一样目的在于传播信息进而影响商品交换。但是网络广告特别是 Web 广告与其他广告不同之处就在于它提供了消费者与该广告商直接互动的机会，它是目前唯一的受众既可以看、也可以听，而且可以参与并获得"特制"信息和服务的广告。只要受众在一般介绍中有标记的关键词上用鼠标一点，便出现对这个关键词的内容更为详细介绍的新画面，由一般受众感兴趣的问题一步一步深入到具体的信息，查询起来非常方便。受众可以通过正在浏览的 WWW 页面，用电子邮件向公司发出咨询甚至订单。传统的广告由于受媒体、时间和版面限制，要求内容删繁就简，突出重点；而网络广告则可以不受这些限制，将广告做得十分详尽以满足想进一步了解有关情况的用户的需要。广告受众还可以就具体问题与广告主和广告公司进行网上沟通、交涉，以便获得网页以外的信息，并可通过 E-mail 提交 Form 表格进行咨询或要求进一步服务，也可在网上完成购买行为。

2. 综合性

即形式的多样性。网络广告的表现形式异常丰富，包括动态影像、文字、声音、图片、色彩、表格、动画、三维空间、虚拟现实等所有广告媒体的功能。加之电脑屏幕的精确度高，色彩分辨率强，新的动画技术手段层出不穷，能满足人们的各种求新求变的心理需求。互联网是一个充满神奇变幻的世界，各种软件的应用，可以根据广告创意的需要，进行任意的组合创作，从而有助于最大限度地调动各种艺术表现手段，制作出形式多样、生动活泼，能够激发消费者购买欲望的广告。网络广告在尺寸上可以采取旗帜广告、巨型广告，在技术上可以用动画、Flash、游戏方式，在形式上可以在线收听、收视、试玩、调查等，可以集各种传统媒体形式的精华于一体，从而达到传统媒体无法具有的效果。

3. 实时性与灵活性

网络广告可以随时发布、更新或取消，且灵活自如。广告在传统媒体上发布后很难改变或者说改换广告的代价（经济代价）太大，因而难以随时更换，而在互联网上做广告则可按照需要及时变更广告内容，包括改错。例如，一则有关电冰箱的促销广告，电冰箱销售价格变动了，更改价格只需要1~2分钟即可完成，更改成本则可以忽略不计。这样就可以很容易做到经营决策变化与广告变化之间的无延迟。另外由于虚拟现实、网上聊天等新技术的发展促使网上广告的内容不断更新。例如，让消费者亲自"体验"产品、服务和品牌。目前做得最好的是让网络用户通过导览介绍试用产品。将来，虚拟现实等技术将提供更加经验化的广告，使顾客身临其境地感受如何开车，或置身于超市、浏览货架等。

4. 经济性

目前在互联网上做广告要比在传统媒体上便宜许多。对于这一问题，人们存在一个误区，以为互联网广告的成本低，事实并非如此。据国际互联网广告局IAB统计，如果同样多的人看到互联网广告和电视广告，投放互联网广告要比电视贵66%，但由于互联网广告的受众是受过良好教育的、有较高经济收入的最具购买力的群体，而电视广告的受众却是"杂乱无章"，如果电视广告能够定位到同样的群体，则费用会比互联网高得多。另外，网络是个新媒体，广告主还没有完全认识到其重要性，因而网络广告的价格无法提升。目前，国内一个比较大的网络做一年的广告费用仅够在报纸上维持一个月，在电视上仅能维持一周。第三，网络广告的内容都是以数字化形式存在的，以比特流量计算，节省了传统广告的印刷费、制作费和人力。相对于传统媒体发布的广告，网络广告制作简便，成本相对较低。

5. 广泛性

流通在互联网上的广告信息无远弗届，不受时间和地域的限制。从理论上说，网络广告通过国际互联网可以把广告信息传播到互联网所覆盖的全球用户中，凡是互联网接通的地方，都可以接收到广告信息。网络广告不受播出时间和地域的限制，用户是无限广阔，遍布全球的，接收时间是全天候的。随着开通互联网的国家和地区的增多，网络广告的传播范围也会随之而越来越广。它可以被世界任何一个国家的消费者查看，并受其影响，甚至产生购买行为。但是要想实现网络广告的跨国界、跨区域传播，使全球的网络用户都能分享广告信息，还要使广告内容、广告形式尽快适应国际化传播的要求。

6. 非强迫性

非强迫性即主动性。传统媒体广告如广播、电视、报纸、户外路牌、霓虹灯广告都多少带有强迫性，受众处于被接受状态，广告信息是由媒体流向受众，呈单向的，无选择的状态。特别是广播广告、电视广告犹如天女散花，传播者把广告制作好后硬塞给受众，想方设法地通过转移受众的视听灌输到受众头脑中，受众缺乏主动选择的余地。而网络广告的获取则完全取决于受众的自觉，商家可以跟踪了解用户对自己商品和服务的反应，了解用户和潜在用户的兴趣所在，但不可以强迫用户接受产品和服务，事实上也做不到。网络广告具有类似报纸分类广告的性质，它可以让受众自由查询，受众既可以只看标题，也可以从头浏览到尾，还可以详细查看，主动性较强。网上的信息缤纷绚丽，广告只是其中一小部分，广告商如何吸引用户的注意力是一门学问。

7. 针对性

网络广告的目标针对性强，网站可以通过设置分析软件获知访问者特征、喜好，以及上网时间和经常点击某类内容精确地定位投放广告。例如，经常上网浏览的是受过较好教育的中青年用户，经常上网冲浪的多数为中高级职员，或是高等院校的知识阶层，他们具有丰富的计算机知识和实践经验，大多从事科技、经济等领域的工作，拥有比较雄厚的经济基础。他们正是许多高科技产品，尤其是计算机信息产品的潜在消费者。这些网民是一个极具购买潜力的消费群体。另外网站的专业化发展趋势也使得相对于这类网站特色的广告具有较强的针对性，符合受众的个性化消费需求。

8. 易测性

运用传统媒体发布广告，评价广告效果比较困难，因为无法确切地知道有多少人接受到了自己的广告信息。以报纸为例，报纸的订阅人数是可以统计的，但是刊登在报纸上的广告有多少人阅读过却只能估计、推测而不能精确统计，因为有很多人不订报纸却可以读到它。至于电视、广播广告等的受众人数就更难统计。各个网站都装有数据统计软件，通过互联网发布广告就能很容易地统计出一个网站各网页被浏览的总次数，各个网页分别被浏览访问的次数，每个广告被点击的次数。甚至还可以详细、具体地统计出每个访问者的访问时间和 IP 地址，以及这些用户浏览这些广告的时间分布、地理分布等，从而有助于广告主和广告商评估效果，进而审定他们的广告策略，而传统的广告媒体却无法做到。

第二节　网络广告的优势与局限

一、网络广告的优势

网络广告作为一种全新的广告形式，之所以受到各个国家及地区企业的重视和喜欢，是因为它与当今电视、广播、报纸和杂志等媒体的广告相比，具有传播范围广、信息容量大、实时性、交互性、受众数量可准确统计、针对性强等特点。网络广告优势与传统广告相比，网络广告的主要特点与优势如下：

1. 广告信息查阅方便

对于广告受众来讲，只要能上网，任何人在任何地点都可以方便地浏览广告信息。网站提供的检索功能让网民自由搜索需要的广告信息。

网络广告形式多样，可以提供最详尽的信息。网络以图、文、声、像等多种形式传送感官信息，帮助消费者深入体验产品性能、外观、服务与质量。利用超媒体链接技术，企业能向客户提供层层递进的最详尽内容。比如房地产广告，客户需要详细的物业资料，报刊的广告版面文字量大，阅读性强，容易引起人们的关注；网络广告图文声像并茂、层层链接且可以自由翻阅，给客户提供最详细的广告资料。广告主发送的电子邮件广告可以让客户仔细阅读、慢慢研究。

2. 受众人数易于统计

网络广告可以根据用户点选广告的次数记录精确地统计广告的浏览次数，评估广告的宣传效果。不仅知道多少人浏览过这个广告，还可获知浏览者的区域分布以及点选时间等重要信息。这些统计数据对广告商和广告主评估广告的营销效果和制定相应的广告投放策略非常有用。目前，网络技术可以实时监测广告的即时效果，有利于广告投放即时调整决策，最大限度地减少广告决策失误，提高效率。传统媒介无法做到这一点，广播电视的受众人数只能根据广播电视的覆盖率粗略估计，报纸杂志的读者人数虽然可以通过计算发行量来确定，但

到底有多少读者看到某条广告却无法精确统计。

3. 广告信息能够及时更新

网络广告可以随时发布、随时更新、随时删除，这个优势是

任何传统媒介不能比拟的。利用传统媒介做广告，受限于媒体自身特性，广告发布后不能随意更改。报纸和杂志有一定的发行周期，想要变更广告信息，最快也要等到下次发行时才能调整；电视广告理论上可以不受播出周期的限制，但由于传统媒体广告制作特点，改动广告内容并不简单，而且代价不菲，往往得不偿失。网络广告就不同，网络广告可以全天候发布，广告主可以及时将产品的最新信息传播给用户，适应市场竞争的需要，而无须额外付出高昂的修改费用。

4. 广告内容传播范围更为广泛

互联网连通200多个国家，网络用户超过10亿。互联网的传播范围是全球性的，不受时间和空间的限制，以互联网为依托的网络广告自然也是超时空的，能够全天候不间断地传播广告信息，覆盖面超过了任何传统广告媒介。用户可以在世界上任何地方的互联网上浏览广告信息，随着互联网技术更快更新地发展，网民总量持续增长，网络广告的市场潜力不容低估。

5. 交互功能强大，传受易于沟通

传统媒介使用单向传播，受众只能被动接收广告信息。受众是否喜欢这种介绍产品的形式，能否通过广告了解需要的产品信息，是否因为广告而产生购买该产品的欲望，这一系列重要问题无法得到即时准确的答案。有些广告商选择聘请专业市场调查公司进行各种问卷调查来弥补这一缺陷，但这种方法费时费力费财，往往不能得到准确结果，或者由于周期过长而影响广告主下一步的营销决策。网络广告抹平了这个缺憾，交互性强是网络广告区别于传统广告的最显著特性——网络媒介实现了信息互动，用户可以轻松获取需要的信息，广告主也可以通过网络服务系统随时了解用户的喜好，随时得到用户反馈，根据要求迅速回应。交互式沟通使网络广告具备前所未有的活力和竞争力，这种交互式沟通使网络广告与电子商务紧密结合，受众能够直接做出购买决定，在线实施交易。

互动沟通使网络广告独具个性，满足了消费者的需求。不同于其他广告的"推送"方式，网络广告的魅力和娱乐性得到了网民的自发关注和参与，有效减少了反感和抵触情绪，达到理想的广告传播效果。

6. 投放目标精准，受众针对性强

网络广告的准确性体现在两个方面，投放的准确性和接收的准确性。投放的准确性指广告的目标市场准确。网络传播具有分众化特点，网络中的群体通常都是有共同兴趣和爱好的自发性团体，广告主无须再进行市场调查，可以直接利用已经完成细分的目标市场，将特定的商品和服务投放到有相应消费群的站点上，达到有的放矢、准确高效。接收的准确性体现在广告受众的准确接收上，网络用户付出时间和财力上网，自然只会选择心理上认可、真正有兴趣的广告信息，点选者就是潜在的消费者。[1]

针对性表现在，网络广告目标群确定，用户出于兴趣而点选广告，网络广告直接面向潜在用户的可能性大，并可针对不同受众实施不同的广告宣传。对于适合网上销售的产品，广告主最关心的是了解目标消费群最喜欢上哪些站点，以便在这些网点上投放广告，目前很多网络实时监控软件能帮助广告主达成这一目的。利用软件技术，广告主可以指定就某一专门人群进行广告播放，不必为与广告无关的人付费。比如，在上海举办新品展卖会，广告主可以要求网站只向由上海登录的网民播放广告，而网站可以通过监测 IP 地址来锁定来自上海的潜在消费者。网络广告这种一对一的广告发布及信息回馈优势，紧密结合了广告与消费者，极大增加即时交易的机会。

二、网络广告的局限

互联网广告的优势特征是有目共睹的，但其缺陷也是不容忽视的，这也是网络广告目前无法广泛普及的重大瓶颈。只有逐步克服这些缺陷，利用其优势，才能使网络广告健康发展。网络广告目前存在的局限主要有以下几点。

1. 硬件环境限制

网络广告受网络用户的普及程度，网络用户的地域分布，上网速度的制约。上网费用开销较大，阻碍了网络广告的发展。特别是我们国内通讯业垄断经营的原因，不论采用哪种上网方式，个人用户如果要过多的关注广告内容，所花费的费用也不是小数，这也从另一方面决定了上网的人数不可能像传统媒体的观众数量那样多、那样广泛。

上网操作不像使用电视机那样简单。计算机的正常操作和维护要求上网用户具备一定的受教育程度，毕竟互联网是西方人的杰作，面对高技术产品，始终会有相当一部分人将被排斥在网络广告市场之外。

网络信息传输技术本身的局限性。特别是受网络数据传输带宽的影响，因为一旦上网用户太多就会出现网速极慢的现象，当网络广告所传递的信息过多，太慢的资料显示速度，使广告受众根本无法忍受等待的煎熬，只有放弃接收广告信息。

2. 语言限制

网络广告的跨国界、跨地域传播是其特色，但这种传播要受到语言的限制。一方面是程序语言限制了广告表现，网页编写，如 HTML 语言，所有图形素材的呈现都是一列一列的为读者计算安排，有其出现的先后顺序，不像平面广告那样可以随意拉放。正是由于这个原因，网络广告的多媒体效果远不如印刷品、电视、广播。另一方面，互联网上的信息 90% 以上是用英语表述的，对于非英语国家受众接受、查询、传输信息是个很大的障碍。汉语虽然使用者最众，但不是国际通用语言，而互联网上的中文信息相对较少，这对那些不懂英语的人制作、发布网络广告是个很大的障碍。

3. 网络广告制作

网络广告制作容易,却可能给用户造成网络广告视觉效果不佳的印象。一些小广告公司涉足网络广告的设计,由于技术和设备较差,利用资料图形进行粘贴、放大、缩小等加工手法,可能使人们对广告的真实性产生怀疑,也给用户带来粗糙、虚假的感受。在网络交互功能的作用下,用户点击广告往往是主动的,蹩脚的网络广告难以抓住用户的眼球。因而,网络广告制作容易的特点反而降低了广告主以及广告用户对网络的信任度,制约了互联网作为广告媒体的应用和发展。

4. 网络广告的被动性

网络媒体强大的交互功能使得广告用户有了其他媒体所不具有的自主选择广告信息的便利,但同时相对于用户主动性的是网络广告本身的被动性。当广告主把广告投放到网站之后,往往要"等"访问者把它找出来才能与用户见面,如果访问者不去点击,即使再精彩的广告也不会受到用户的青睐。网络广告只有等待用户索取而不能主动出击,而且网络媒体不具有强制收视的特征,主动权掌握在消费者手里,他们可以选择你的网站,也可以选择别的网站,即使选择你的网站也未必一定浏览广告信息。这与传统媒体相比不能不说是个缺憾。

5. 网络广告的诚信度问题

这是传统广告媒体中也存在的问题。但是在网络广告中则更为重要,因为网络信息的发布更为方便,更容易造假。任何人都可以利用各种免费空间发布各种信息。信息的真实性、严肃性受到极大考验,从而影响到人们对网络广告的信任程度,这对网络广告的发展是不利因素。

6. 网络广告媒体的传播效果与测评标准难以确立

目前网络广告技术服务提供商都有一套判断标准,没有形成统一的评价体系。效果评估的不一致直接影响了广告主对广告发布策略的制定和实施。由于网络媒体广告效果评测缺乏科学的行业性标准,使得广告主无法估算自己对网络广告的投入能得到多少收益,众多的广告主对网络媒体信心不足。

网络广告效果需要面对两个广告主最关心的直接问题,目前国际上尚未形成关于网络广告效果测评的有关标准,这限制了广告主对网络广告的投入,进而阻碍了网络广告的发展进程。

虽然网络媒体广告存在着许多不足,但它毕竟是一种新兴媒体,有许多事情尚需努力解决,网络广告的前景仍然是光明的。据网络广告业内人士分析,中国互联网广告业前景看好。受国内网络用户数量越来越多这一现象的推动,预计中国网络广告业会有一个非常美好的未来。与其它广告相比,互联网广告具有许多优势和巨大的潜力。拥有设计精美的三维图象和众多相关资讯的互联网广告效率更高,同时还可向做广告的企业提供精确的反馈资讯,因为电脑可以被用来非常轻易地记录一个网站存取者的搜索模式。

第三节 网络广告的互动性

一、网络广告互动性的内涵

网络广告的互动性,使得广告与它的目标受众产生了一种高强度的接触,让消费者与广告主共享在参与的过程中。互联网一改传统媒体的单一传播为双向传播,这一改变也较大地丰富了其广告艺术的表现形式。一旦消费者做出选择点击广告条,其心理上已经首先认同,在随后的广告双向交流中,广告信息可以毫无阻碍地进入到消费者的心中,实现对消费者的劝导。互联网使人们可以更加有效地进行沟通和交流，充分发挥互联网的信息传播优势、利用网络终端的丰富表现形式是对传统广告创意的巨大挑战。

互动（Interact）在朗文（Longman）词典中的定义是"相互作用、相互影响"，在新英汉词典中的定义也是如此，当然这些都只是广义的界定。就是活动发生在双方之间，交流是即时的、相互的，信息反馈顺畅，任何一方都可以是信息的发出者，也可以是信息的接收者。这些在互动行为中表现出来的相互作用、相互影响的特性被称为互动性（Interactivity）。

目前有关互动性的概念，学术界众说纷纭，并没有一个统一的定义。但总的来说，所有的定义都主要说明了互动性的两个方面：双向沟通和控制力。尤其是着重研究互动性双向沟通特征的学者认为，这种互动的沟通必须满足两个条件。第一，互动必须允许信息的双向传播，而且依次交换的信息必须是相互高度相关的。第二，信息交换必须瞬时发生。当沟通的一方发出一条讯息后，必须马上能够得到回复。但有的学者则认为互动性是一种媒体特性，在这种特性之中，使用者可以影响媒体形式和内容，关键在于不同的媒体在互动程度和互动形式上的不同而已。传统的广告媒体如杂志报纸的版面不仅限于平面广告的发行，而且还仅仅限于一维的画面，没有声音没有动作，后来出现的电视广播虽然在某些方面弥补了一定的缺陷，但是都只限于单向交流，观众只是被动的接收广告信息，不能选择自己喜欢的内容，不能即时参与，也不能发表自己的看法和意见。因此传统媒体也被称作"低互动类"的媒体，而新兴出现的互联网络等被称为是"高互动类"的媒体。

然而，互动性是网络广告固有的特性，也是传统媒体不具有的，所以传统媒体不存在"互动性"的问题，也不必有"低互动类"和"高互动类"媒体之分。原因在于传统媒体广告固然可以实现一定程度的信息反馈和参与,但是都无法保证是即时的行为。也许观众或读者在看了传统媒体广告后,可以利用写信、打电话、发表评论等方式来实现信息交流,但最后这些信息的采用与否还是取决于广告信息的发出者,更关键的是这种信息反馈是有时滞后的。人们在传统媒体上对广告信息的控制以及对广告活动的参与程度是远远比不上网络广告的。网络广告是一种交互式的、与受众实现双向即时沟通的生动广告。[2]

二、网络广告的互动类型

网络广告的互动类型是对网络广告互动性的分类,这种分类让我们从总体上了解网络广告都有哪些互动形式。每种网络广告的互动类型都有其特定的互动机制。按照"传播的方向"和"形式/内容导向"的两个维度,网络广告的互动类型可以分为以下四种:

1. 双向内容传播型。包括广告网站在线调查,BBS,聊天室,在线问答,内容下载(如广告屏幕保护、桌面、视频广告下载),个人信息注册等。

2. 双向形式传播型。包括广告网站的游戏,在线产品的搭配组合,在线下载并打印优惠券等。

3. 单向内容传播型,包括公司内容简介,产品特点、使用方法等的简介,新闻报道,知识介绍等。

4. 单向形式传播型,包括 Flash 动画展示,背景音乐,广告网站形式设计等。从严格意义上来说,单向内容传播型和单向形式传播型还不是完全意义上的互动类型,双向内容传播型和双向形式传播型是网络广告互动的主要类型。

三、网络广告互动性的意义

互动性是网络广告最本质的特征,互动性也是当今众多传播媒体广告中唯网络广告所独有的特点。网络广告的互动性是互动传播模式，也称为一对一（One-to—One）模式。传统媒体上的广告传播一般都是面向大众，采用广播式，即一对多模式，而且是一种单向传播，广告对象只是被动接受信息，很少有选择的余地和自由；网络广告传播采用的是一对一的方式，即广告信息一次只能涉及一个广告对象。广告受众可以自主选择和访问卖方站点，自主决定看哪些广告信息，不看哪些广告信息，因此处于主动地位，并且受众能够即时发表自己的意见和看法，参与进来，这就改单向传播为双向传播。具体来说，网络广告的互动性具有如下意义。

1. 传受角色互换灵活

从传播学角度来分析，真正成功的信息传播应该是双向性的，也就是说传播者和受众在传播信息的过程中，是作为两个重要的传播要素呈现双向鼎立的态势，彼此之间进行角色的互换，及时交流并采取双向沟通。而网络广告"不是像传统的广告形式那样仅是面对大众进行单向的信息传输，而是着眼于众多单个的受众进行交流互动的沟通与传播"。它可以使信息传受双方的角色互换变为可能，最大限度地促进购销双方的认知和沟通，让彼此在心灵层面上达成一种购销的临界点。

2. 受众高强度参与

网络互动可以保证受众高强度的参与性，在利益驱动、求知欲、成就欲以及娱乐取向等诸多因素的诱导和刺激之下，不自觉地直接参与到了整个传播脉络之中，在产品品牌形象的塑造方面，发挥到了不可或缺的作用。在喜力网球公开赛的电子邮件广告中，网球明星们的卡通形象在动感的音乐声中进入到网民的视野当中；网民们只需点击特设的游戏按钮，这些卡通偶像们就会挥动球拍进行比赛。众多精彩尽在网民的点击之间。此外，网络广告还可以利用网名之间的互动来实现传播广告信息的目的。网民之间把看到的信息通过邮件、QQ、短信、微博、微信等即时通讯技术转发给其他网友。

3. 传者把握反馈及时

"由于受众反馈的意见性信息直接或间接地反映和显示了其自身的接受动机、需求和心态，表明和体现了他们对传播者及其所传信息的态度和评价，提出了应该如何调节、修正当前与未来的传播行为的建议与意见，因此，对于传播者来说，它具有积极的作用。"Nielson 的 I/Pro 所开发的网络审计（I/Audit）系统就可以提供独立、公正的网址通信资料，对每个网址所提供的信息及所迎合的市场领域还可以给予详细地分析，并于每月提供该网址上站总人数、每日上站人数、平均上站时间统计等。此外，也能提供有关每个网址为上网者所浏览的总页数，以及每次上站所浏览页数的资料。依托网络技术，受众可以充分参与在线调查，并且针对广告信息在互动界面上自由发表评论。或者还可以透露出自己的需求信息，预定感兴趣的其他相关产品信息。譬如说利用很多网络实时监控的软件就可以有针对性地帮助商家锁定有效的广告传播对象，提高了广告传播的精准度。依托网络技术的资源优势，广告商可以做到在与网民互动的过程中去认知受众的具体需要，对于日后合理细分市场、迅速调整市场策略以及与目标客户的有效沟通等方面大有裨益。当然受众还可以登陆广告主的主页，通过点击页面上所设置的回馈按钮，对产品和企业的信息进行即时的咨询互动、答疑解惑，方便灵活。

4. 通过网络直接沟通

由于上网的受众往往是报着明确的目的和需求主动到网上查找所需信息的，他们往往会根据所掌握的广告信息资料做出购买决策，并可能在网上直接订购。同时，企业也减少了分销的环节，自然地降低了销售成本。例如淘宝网，就设有掌柜档案、会员积累信用、店铺动态评分等项。其中会员积累信用包括：卖家信用、买家信用、卖家好评率、买家好评率；店铺动态评分包括：宝贝与描述相符评分、卖家的服务态度评分、卖家发货的速度评分。买家与卖家还可以在线联系，买家可以通过沟通很快的做出购买决策。

所以，对比网络广告与传统媒体广告，网络广告的互动性使消费者拥有比传统媒体更大的自由。他们可根据自己的个性特点，根据自己的喜好，选择是否接收，接收哪些广告信息，这大大缩短了消费者的消费活动时间，达到了从单一告知性广告转变成互动性产品的比较。一旦消费者做出选择点击广告条，其心理上已经首先认同，在随后的广告双向交流中，广告信息可以毫无阻碍地进入到消费者的心中，实现对消费者百分百的劝导。

5. 企业可以自我发布广告

企业可以发布自己的 Web 站点，既可以面向世界介绍企业的情况，也可以利用数据弄清楚有谁在进入自己的站点。并且不但可以用 Web 站点记录有多少人进入了站点，而且还可以掌握他们来自何方，可以看出他们在为哪家公司工作或者他们在哪个国家生活。此外，企业还可以根据用户的浏览器及版本、域等确定广告目标市场。大多数 Internet 服务提供商都会为企业账户提供登录数据，而现在一些网站已经在准备为企业账户提供非常细致的市场统计数据（Demographic）和消费心态统计（Psychographic）。如果企业只想针对 25 岁到 40 岁之间、年收入超过 4 万美元的妇女做广告，那么，在网上很快就能做到。在传统的广告媒体上和传统的营销方式下，要掌握上述数据是不可能的。

第四节　网络广告的发展历程与发展趋势

一、网络广告的发展历程

追述网络广告的历史，可以发现最初在互联网上做广告并未被人们看好，而且受到用

户的嘲讽，成为反面的例证。1994 年，Intel 公司把自己的产品奔腾芯片放在互联网的新闻讨论组上首开网络广告先河，但因其产品存在缺陷而倍尝用户的嘲弄，公司也因此成为被嘲笑的对象，并直接影响到奔腾产品的销售及股票价格。最早尝试在互联网上进行个人广告宣传的是美国的两位律师 Laurence Canter 和 Martha Siegel，他们向互联网的 7000 多个新闻讨论组发送了自己的法律服务广告，此时 web 技术尚未应用。结果事与愿违，不仅遭到网民的狂轰乱炸，还受到黑客的破坏，以致他们通向高速公路的通道被阻塞，并受到来自网上的攻击。但并不是所有的互联网广告都遭此厄运，1994 年 10 月 14 日，美国著名的 Wired 杂志推出了网络版 Hotwired（www. hotwired. corn），其主页上开始有 AT&T 等 14 个客户的横幅广告。这是人类广告史上具有里程碑意义的划时代标志，它为网络服务商和广告商以及广告客户开辟了一条崭新的发展之路。

经过短短几年的努力，网络广告首先在美国发展起来。随后几年，网络广告业已经成为美国每年获利数十亿美元的巨大产业，且发展势头迅猛。1996 美国网络广告的全年总营业额为 3.01 亿美元，只占当年广告总额的 0.2%，1997 年猛增到 9.065 亿美元，，比上一年增长两倍以上，1998 年达到 19 亿美元，1999 年竟超过 52 亿美元，而且每年都以翻几番的速度递增。

在世界范围内，据互联网广告局统计，1998年全球在线广告收入达20亿美元，1999年达55亿美元。到2002年已达到71亿美元，2003年，全球网络广告收入已达到150亿美元。其后网络广告营业收入在世界范围内呈井喷之势，快速上扬。从市场营销的角度看，互联网广告与商业交易充分地结合在一起，其发展速度惊人，前景异常可观。艾瑞咨询研究数据显示，美国及全球市场网络媒体广告收入均于2010年陆续超过报纸。2010年美国网络广告规模将达258亿美元，增长13.9%，印刷版报纸广告市场规模将下降8.2%，至228亿美元，这是网络广告市场首次超过印刷版报纸广告市场。

到了2015年，全球网络广告收益规模呈现出翻天覆地的变化。根据市场调查机构eMarketer发布的《2015年度全球数字广告市场调研报告》，2015年全球网络广告支出增长18.0%，达到1 701.7亿美元，占全球广告市场的29.9%。

在网络广告的发展进程中，美国始终走在各国前列，引领网络广告发展方向。据美国互联网广告局IAB报告显示，2012年上半年美国网络广告收入达到170亿美元，同比增长了14%，移动广告增长95%，数字视频广告增长18%。其中搜索广告占网络广告收入的48%，仍然是主体。哈佛商学院的研究人员指出以广告为基础的互联网生态系统对美国的经济发展是一个关键驱动力。美国知名市场研究公司Yankee Group发布报告称，美国2013年的网络广告市场规模突破300亿美元大关，达311.3亿美元。根据美国互动广告局（IAB）2015年4月发布的《2014年美国网络广告营业收入报告》数据显示，2014年，美国网络广告（Internet）营业收入为495亿美元。这一数字超过了广播电视广告（Broadcast Television）405亿美元、有线电视广告（Cable Television）252亿美元、广播广告（Radio）172亿美元、报纸广告（Newspaper）167亿美元、杂志广告（Magazine）128

亿美元,跃居美国所有媒体广告营业收入的第一位。

1997年3月,中国网络广告实现了历史性突破。中国第一个商业网络广告出现在China byte网站上,广告主是IBM(一说为Intel),广告表现形式为468×60像素的动画旗帜广告。Intel和IBM是最早在国内互联网上作广告的广告主。中国网络广告一直到1998年初才稍微具有规模。据专业人士统计,1999年国内的网络广告收入达到1亿元人民币,这虽然相对于中国广告业的总收入来讲只是个微小数字,但已呈现出良好的发展态势。据统计,2000年中国的网络广告销售已达到4亿元人民币,2001年超过10亿元。香港、台湾的网络广告要比大陆早一年半,1995年香港一家小广告公司Prime Media首先入网。同年,台湾《中国时报》在网络版的刊头刊出企业广告。台湾著名门户网站蕃薯藤(www.yam.com)有85%的收入来自网络广告。台湾网络广告市场1998年为1.23亿元(台币),占台湾地区广告的千分之一。

随着网络技术的完善和网络用户人数的激增,网络广告业在中国逐步发展起来。根据艾瑞市场咨询(iResearch)发布的《2004年中国网络广告研究报告》显示:1998、1999年是中国网络广告的起步阶段,占广告总额的0.1%。2000年到2002年网络广告平稳发展,占广告总额0.5%,而2003起网络广告规模大量增长,达到广告业总规模的1.0%.

经过6年多的发展,中国网络广告营业收入有了较大改观。2004年中国网络广告市场规模达到19亿元,该比例已经增长为1.5%。随着中国经济的快速发展和网络新媒体技术的进步与使用人数的稳步上升,网络广告营业收入不断发展和扩张。2005年网络广告依然保持快速发展势头,根据iResearch的调研数据显示,2005年我国网络广告市场规模达31.3亿元,同比2004年增长77.1%,是2001年的7.6倍。根据iResearch的研究猜测,2006年中国网络广告市场规模(不包含渠道代理商收入)将达到46亿元,比2005年增长48.2%。

2007年,由中国互联网协会、DCCI互联网数据中心联合发布的《Netguide 2007中国互联网调查报告》数据显示,2006年底网络广告市场营收规模达到49.8亿元人民币(不包含搜索引擎广告)。《Netguide2008中国网络广告市场调查研究报告》显示:2007年中国网络广告整体市场规模增长至76.8亿元人民币(不含搜索引擎关键字广告),较2006年增长54.2%。另据艾瑞市场咨询调查数据显示,2007年中国网络广告市场规模总体突破百亿大关,达106.1亿元人民币,增长的原因在于网民增长的拉动以及品牌广告主对网络营销的重视和拉动。

2008年,奥运会在北京召开,奥运首次通过网络媒体全程播报,促使其媒体价值大幅提升,聚集大众关注,拉动广告主集中加大投放力度。根据iResearch艾瑞咨询即将推出的《2008-2009年中国网络广告行业发展报告》统计,以运营商营收总和计算中国网络广告市场规模,2008年中国网络广告市场规模达180亿元人民币,相比2007年同比增长71.0%,依然保持高速增长态势。

2009年,迅速发展的互联网技术、数字技术和多媒体技术共同助推数字媒体产业迎来了高速发展新时代。作为网络经济最为重要的增长点,互联网广告在激烈的商业竞争中扬帆起航,逐渐发展成为经济增长中的新亮点。据艾瑞资讯的《2009—2010年中国网络广告行业发展报告》统计,2009年中国网络广告市场达到206.1亿元,比2008年增长21.2%。同期,日本的网络广告营业收入也取得历史性突破。据日本最大广告商电通公司统计,2009年包括刊登费与制作费在内的日本网络广告额比上年增加1.2%达7069亿日元(约合人民币568亿元),首次超过报纸广告(6739亿日元),在各类媒体中跃居第2位。互联网广告额虽远不及首位的电视广告额（17,139亿日元），但与2005年的3777亿日元相比翻了一倍。

2010年，根据iResearch艾瑞咨询推出的《2010–2011年中国网络广告行业发展报告》统计，2010年中国网络广告市场规模达到321.2亿元人民币，同比2009年增长54.9%。

2011年，结合艾瑞咨询网络广告监测系统iAdTracker和网民网络行为连续性研究系统iUserTracker统计数据显示，2011年中国网络广告市场整体维持了较高增长，在搜索引擎、电商网站、视频网站等媒体的带领下，本年度网络广告市场规模达到了511.9亿，较上年增长57.3%；较报纸广告的453.6亿高出了58.3亿。互联网对信息传播方式和营销方式的深刻改变，移动互联网广告增长十分迅速，2011年其比重已经达到4.5%。同期，美国互动广告局（IAB）发布《互联网广告收入报告》称，2011年美国互联网广告收入为310亿美元，比2010年增长22%，创下历史最高水平。

2012年，本年度网络广告市场中兴起大数据、RTB热潮，国内DSP广告公司大量涌现，网络广告产业链不断变革，新营销技术不断演进，以此提升广告的精准投放。根据艾瑞最新发布的2012年度中国互联网广告核心数据，本年度中国网络广告市场规模达到753.1亿，较去年增长46.8%。同期，国外网络广告也取得突破性进展。根据调研公司eMarketer数据，2012年全球数字广告开支为1028亿美元，相较于2011年的872亿美元增长了17.8%，其中，移动广告与内容的营收为670亿美元。特别需要指出的是，2012年中东以及非洲的数字广告开支增加了55.8%，东欧增加了38.4%，相较而言北美以及西欧只分别增长了21.5%和13.9%。

2013年，中国网络广告继续上扬。根据艾瑞咨询发布的2013年度中国网络广告核心数据以及中国产业信息网（http：//

www.chyxx.com）发布的《2013 - 2017 年中国网络广告行业市场调研及发展趋势分析报告》显示，2013 年国内网络广告市场规模突破千亿元大关，达到 1100 亿元，同比增长 46.1%，在网络广告高速发展几年之后，网络媒体的营销价值已经得到广告主的较高认可。

2014 年，据中国广告协会网（http://www.cnadtop.com）2015 年 2 月发布的数据显示，本年度中国互联网广告市场再次迎来发展小高峰，市场规模达到 1540 亿元，同比增长达到 40.0%。同年 12 月，据市场研究公司 eMarketer 发表报告称，在 2014 年全球数字广告规模达 1460 亿美元。同期全球移动广告市场规模也迅速扩大。市场研究公司 eMarketer 发布的一份最新报告称，由于 Facebook 和谷歌移动广告发展迅猛，2014 年全球移动广告支出达到 315 亿美元，较 2013 年同比增长 75%。

2015 年，据艾瑞咨询公司于 2016 年 4 月发布的 2015 年度中国网络广告核心数据显示，2015 年度中国网络广告市场规模达到 2 093.7 亿元，同比增长 36.0%。预计至 2018 年整体规模有望突破 4 000 亿元。2015 年全球网络广告支出增长 18.0%，达到 1701.7 亿美元，占全球广告市场的 29.9%。

从网络广告发展历史不难看出，以网络及新媒体为依托的网络广告的迅猛发展是挡不住的潮流，已经成为新媒体时代经济运营中不可或缺的力量。在现在这个信息技术高速发展的时代，新的数字化媒体种类不断出现，为广告的承载与传播提供了极为丰富的物质条件。在网络营销、电子商务、微商等新的行销方式不断涌现的情况下，网络及其新媒体广告扮演的角色无可替代，它的成长为我们创造了无限的商机与挑战。伴随着网络传播的全球化，世界经济一体化时代的到来，网络广告的发展必有更加辉煌的未来！

二、网络广告的发展趋势

网络广告是一种崭新的媒体传播工具,它既继承了传统广告的长处,又充分展现了自身特点,正日益显示出无限广阔、美妙的发展前景。其发展趋势的特点如下:

1. 网络广告将更具创意性。

依托多媒体计算机等先进技术发展形成的网络广告,除了理性的渲染之外,网络广告将更加注重广告制作的创意性。在表现方式上营造品牌效应,比如将更多采用一些具有震撼力的标题与有动态效果的画面;内容上还尽可能想方设法设置悬念,唤起浏览者进一步点击的欲望;网络广告在五彩缤纷的信息世界中,将更多采用各种出奇制胜的理念和方法去吸引客户,它将比其他各类媒体的广告更能显出艺术魅力。因此,今后随着时间的推移,各网站、广告商对网络广告制作人的要求将更加苛刻,希望网络广告制作人具有艺术家的天分、编辑工作者的严谨和魔术师般的创意才能。

而随着宽带网的普及,越来越多的表现形式将被网络广告借用。带宽曾被许多广告制作人员当做创意的瓶颈,网络广告设计不宜使用多种方式来表现品牌,否则将使下载时间增长,导致网民另找站点,影响了广告效果。带宽的加大将使得许多传统广告创意与制作人员加入网络广告的队伍。技术门槛的不断降低,将最终使网络广告的制作与创意得到提高。网络媒体与电视、广播、报纸等传统媒体的融合也将使网络广告与传统广告融合。

2. 网络广告将更具服务性为。了取得更广泛的广告效果,今后的网络广告将会更重视多种语言的应用,实现全球化传播;每一页广告都会注明即时回复的 E—mail 地址或按钮,使客户能够随时实现与广告主的互动。为了方便客户,广告主将广告信息通过小型电子邮件、杂志的分类广告主动"推"给客户。充分利用 IT 网络技术的特点,网络广告将更具服务性。为了提高网络广告的诱惑力,拉近与客户的关系,发送电子赠券及邮件清单的做法也会不断发展。

3. 网络广告将更具经济性

目前全球有不少著名的网上图标广告服务提供商,如 Web Union、Link Exchange、Smart Clicks、Bananer Swap 等公司,专门从事全球范围内图标广告的自由交换服务。这项服务以加盟者之间互惠互利、互为免费为原则,冈此受到了许多网络经营者的欢迎。因此,充分利用免费或低成本手段,将使网络广告更具经济性。

图标交换网的运作机制一般为:首先在你的主页中将它们指定的一段语句加到你的主页巾的某个位置,然后你按照它们的要求,制作一个宣传自己的图标,并将自己归到某一类中,然后传送给这两个组织,由它们负责你的图标在其他成员站点的寅传。这样,你就成为该交换刚的成员之一。交换双方采取的是对等的原则。每当有人从你的主页中调阅含有 Web Union 或 Link Exchange 等图标的网页时,它们通过链接,实时统计你主页中的图标被网盟查看的次数。根据这个统计,它们会将你的图标广告按照你选择的类别等最的送到别的站点中显示。这样,可以达到相对公平地在成员中互换图标广告的目的。使用这种交换网要获得好的效果,就必须提高自己主页的访问率。只有你的主页的访问率高,它们投放在你的主页中的标志宣传次数高,按照同等原则,你的图标广告就会被更多地投放到别人的站点上,这样你的图标被别人看到的次数就成倍增加。[5]

4. 网络广告将走向规范化、法制化

为维护客户的共同利益,网络广告的管理将更加规范化。一方面,国家工商行政管理总局对网络广告管理十分重视,并即将颁发一系列的网络广告管理法规;另一方面,网站本身随着自己的成熟，对网络广告的管理逐步规范和完善。网络广告的价格也将逐渐透明，随着广告主的成熟与对广告效果评估认识的提高，广告主将主要依靠广告效果而不是广告价格来投放广告。随着网络通道条件的改善、宽频线的广泛采用，网络运行的速度可以大幅度提高，这使得网络广告的宣传空间更为广阔。但是，在网络广告发布中也存在一些不健康的内容，甚至侵犯个人版权、名誉权、隐私权等各种不正常现象。为了保证网上正常运行，社会各界舆论、行业企业和政府有关方面，都对网络广告提出了规范化的要求，并要求建立必要的政策法律制度对此进行约束。可以预见，今后网络广告发展必将逐步走上规范化和法制化的轨道。

5. 建立、健全网络广告代理制度

随着网络媒体的复杂化与多样化，网络广告水平不断提高，网络营销要求越来越高，广告主及网络服务商面临日趋激烈的竞争，没有时间和精力，也没有必要的专业水平来处理网络广告业务。网络广告的运作模式将走向成熟，网络广告代理制度将成为网络广告活动的主流制度。可以预见，随着网络的进一步发展，网民数量的进一步增加和网民结构的进一步成熟，将会有更多的个人和企业接受网络广告的跨时空、跨地域、图文并茂双向传播信息的超凡魅力，网络广告将成为一种具有巨大商业潜力的传播媒介。

6. 移动广告市场将成"未来之王"

随着移动终端的普及与通过智能手机上网人数的激增，传统媒体及互联网媒体纷纷往移动化方向转型，移动媒体价值得以增强，进而带动用户及传统广告主的转移。对传统广告主，移动广告逐渐成为刚需。客户资源、数据分析和本土化将成为影响未来移动广告平台发展潜力的重要因素。资源整合能力是衡量移动广告平台未来发展潜力与可持续发展的重要指标。

随着越来越多的消费者开始使用手机上网，广告商也越来越看重移动广告领域。一些卓有远见的中国公司已在此行业中崭露头角。百灵欧拓、易传媒、多盟等中国主流移动广告公司,凭着他们强大的市场客户与媒体资源等,迅速凸显了它们的优势。调研数据显示,移动广告支出在全球范围内将有大幅的增长。未来,中国和印度经济的高速增长,所释放出的消费力将快速推动移动广告的增长。到2015年后,供应商整合、衡量方法标准化、新的精准目标投放技术,以及广告主对移动媒体的兴趣等因素,将助推市场状况加速好转。高德纳预测,2012~2017年,亚太地区的移动广告市场增长将保持30%左右。

同样,著名市场调查机构百睿格(Berg Insight)也十分看好未来移动广告市场。最近,该机构公布的调查数据显示,全球移动营销和广告市场市值将从2012年的94亿美元增至2018年的381亿美元,年均复合增长率将高达26%。

据艾媒咨询(iiMediaResearch)数据显示,2014年中国移动广告市场规模达275.6亿元,较2013年增长137.38%。艾媒咨询发布的《2015-2016年中国移动营销发展研究报告》,由于2015年7月,国务院发布关于积极推进"互联网+"行动的指导意见,从2014年起,移动广告市场增速均保持在100%以上,2015年市场规模达592.5亿元。预计2018年中国移动广告市场规模将超过2500亿元。在智能手机普及的大潮中,移动广告正进入蓬勃发展的好时代,这里,正孕育着巨大商机。

第二章 网络广告的一般原理

第一节 互联网是网络广告的基础

网络广告作为一种有偿的信息传播形式,它与网络媒体的发展是紧密相关。随着科学技术和网络营销的发展,网络广告的形式越来越多。从从营销活动的信息传播角度看,Web 主页、BBS、E-mail、专业网站数据库、新闻组、聊天室、网络传真等都可能因为承载了广告信息而被列入网络广告的范围。因此,网络技术与网络媒介就是网络广告存在的物质基础。

一、网络媒介与网络广告

从技术层面考察,网络广告是指以数字代码为载体、采用先进的电子多媒体技术设计制作、通过 Intemet 广泛传播、具有良好交互功能的广告形式。了解网络广告必须首先熟悉网络媒介。

(一) 网络媒介

网络媒体又称"第四媒体"、数字媒体(Digital Media)、"新媒体"(New Media),是相对于传统的报刊、广播、电视三大媒体而言的。是通过互联网(信息高速公路的主要组成部分)

传输平台，以电脑、电视机、以及移动电视等为终端，以文字、声音、图像等形式来传播新闻信息的数字化、多媒体传播媒介。传播新闻及其他信息的物质实体。正式提出"第四媒体"的概念是在1998年5月联合国新闻委员会召开的年会上，联合国秘书长安南在会议上指出："在加强传统的文字和声像传播手段的同时，应利用最先进的第四媒体——互联网。""第四媒体"的概念分为广义和狭义两种，广义的"第四媒体"通常指互联网，即按照TCP/IP协议传输数字化信息的计算机通信网络。互联网（Internet），又称国际互联网，是集通讯网络、计算机、数据库以及其他电子产品于一体的电子信息交换系统，也是集文本、声音、图像等多媒体信息于一体的交互式电子传播工具。互联网不仅具有传播信息的媒体功能，还具有电子邮件、电子商务等重要功能。狭义的"第四媒体"是指基于互联网这个传输平台传播新闻和信息的网站，是通过互联网传送文本、声音和图像的新闻传播工具，亦称"网络新闻媒体"。

（二）网络广告媒介

网络广告是基于网络媒体的一种电子广告传播载体，英文称之为：NetAD（Network advertisement），是又一种区别于传统广告传播媒介的新的广告传播介子。网络广告媒介与传统广告媒介最大的不同是网络广告媒介所具有的实时互动性，因此网络媒介也被称为互动媒介。在网上人们可以自主地搜索、选择广告，想看什么就看什么。对于广告受众，网络广告媒介更具有自主性和娱乐性。值得注意的是，随着"三网合一"，即广播电视网、计算机互联网和电话通信网（包括移动电话通信和固定电话通信）合一的不断进展和数字广播、信息家电的不断出现，广播、电视和互联网这些不同媒介的界限将会越来越模糊。

二、网络广告媒介的特征

与传统广告媒介相比，网络媒介具有以下显著特征。

1. 广告信息数字化。数字化是网络媒介存在的前提，也是网络广告媒介的基本特征。

数字化革命的意义不仅在于方便复制和传送信息，更重要的是方便不同信息形态之间的转换。数字化简单地说，就是通过"1"和"0"的组合转换表示各种广告形式，文字、语言、图片、音频、视频等广告信息均可以转化成可以度量的数字、数据，再为这些数据建立起适当的模型，最后转化为一系列的计算机可以识别的二进制代码，存放在计算机内部。它是网络广告媒体的基本存在前提，不仅打破了各种广告传播形式的传统界限，而且大大减少了广告信息传播和复制过程中的失真现象，提高了广告信息的传播和复制质量。

2. 广告传播网络化。网络化是广告媒介的传播基础。从信息资源的角度看，网络化是利用计算机技术、网络技术和远程通信技术，集各部门、各领域的信息资源于一体，供网络广告用户进行资源共享、信息交换。网络广告的传播者和受众都得通过互联网发布、传播和接收广告信息，广告信息传输已在高度发展的网络之中，并形成了一个网中连网、网中套网的网络化格局。互联网络使全球采用开放系统协议的计算机都能相互通信，并提供文件传送、远程使用计算机（远程登录）、查找目录、交换商业事务记录、进行个人通信等服务，也使广告的传播实现全球化互通。

3. 广告受众的全球化。网络广告媒介最大的优势之一就是超越空间、时间的限制，有效地打破了国家、地区之间的各种有形和无形的界限，实现了真正意义上的全球广告信息资源共享。大众传媒控制广告信息的传播较为容易，在跨国界、跨区域传播方面有一定难度。报刊只要不准进入某个地区就难以发挥广告传播作用；广播容易受到对方的电波干扰；电视只要拒绝转播本地观众就难以看到广告内容。网络广告媒介的传播功能无远弗届，在跨国界、跨地区、跨文化传播中具有巨大优势。全世界的电脑只要接入互联网，就成为这个庞大网络系统的一部分，在这个网络中任何广告信息都自由流动。上网者可以通过文字、声音、图像、视频等在这个网络上把自己和别人联接起来。同时，还可以把各种广告信息网和广告数据库并入这个网络，形成一个与世界空间相对应的广告信息空间。由于网络广告媒介的交互性作用，每一个上网者都可以是广告信息的传播者，也是广告信息的接受者，传受双方即使远隔天涯，也如近在咫尺。

4. 传受关系的交互化。网络广告媒体具有无与伦比的交互性，可以实现传者与受者之间真正意义上的双向交流与即时反馈。交互性是网络广告媒体最重要的特性之一，也是网络广告传播与传统的大众媒介的传播最大的区别之一。

网络广告媒体的受众反馈可与传播者同步进行，传受双方的角色、信息的流向与大众传媒的广告相比均发生了根本变化。大众传媒是把广告信息由职业传播者"推"（Push）给受众，网络广告媒介则则由用户从网络中"拉"（Pull）出信息。受传者既是接收者，也是传播者的实际使大众传媒的广告信息把关人在网络广告传播中的作用大大减弱。

5. 广告与营销的一体化。运用网络广告的链接功能可以将广告设计成为广告销售一体化的形式，客户能直接点击感兴趣的广告，进入购买页面，填写定单、签定合同以及网上支付，完成消费行为,、这也是传统的广告媒介形式所不能达到的。

6. 广告表现的多媒体化。"多功能媒体"（Multimedia）是以信息高速公路为依托的一种可以融合各种电子信息传播方式的综合性、一体化的多功能传播媒介。所谓网络广告的多媒体化就是指向公众提供的集文字、声音、图像、数据等多种通信媒介为一体的，具有集成性、同步性与交互性的广告传播方式。多媒体技术将传统的、相互分离的各种广告信息传播形式（语言、文字、图像和影像等）有机地融合起来进行多种信息的处理、传输和显示。

多媒体是第四媒体传播的主要手段，它的内容包括二维、三维动画、影像及声音等。如果直观地理解，多媒体主要是一种应用，集报纸、广播、电视三者之长于一体，实现文字、图片、声音、图像等报道手段的有机结合，采取了所有可能采取的最先进技术传达广告主的信息以及与用户进行互动。

多媒体广告融合了报纸、广播和电视的广告手段使受众在网上同时拥有读报纸、听广播、看电视的诸多兴趣。也正是因为其能表现更多、更精彩的广告内容，往往被一些广告主采用。

第二节　网络广告的分类

目前网络广告的分类标准尚未统一，不同的用户从各自所处的角度出发，划分网络广告的种类。目前划分网络广告的方式主要有如下几种。

一、按网络站点的功能分

从网络站点的功能可划分为网络服务门户站广告和广告主门户站广告。

（一）网络服务门户站广告

指在 ISP（网络服务提供者）和 ICP（网络内容提供者）的门户网站租用空间做广告。网络门户站的访问者较多，有较高的广告价值，但广告空间有限。这种广告与传统广告业主通过大众媒体发放广告的形式相仿。美国已成立数家电子广告公司，专门在互联网上建立广告服务器，然后把服务器上的空间租给中小企业。与前一种方式相比，这种方式要便宜得多。

（二）广告主门户站广告

即企业（广告主）在互联网上建立介绍公司及产品或服务的专用广告服务器。在自己的信息门户站上发布广告，专业化程度较高，广告的信息量可以有相当大的扩充，其形式相当于传统广告业中广告主在企业内部设立广告部门，并通过该部门发放广告。由感兴趣的读者自己来调阅这些广告。这种方式因具有资讯性、自愿性和交互性而倍受瞩目，但需要高速的通信线路，要求计算机的运算速度快，线路频带宽，因此投资巨大。

以上两种方式又统称为主页广告（Homepage AD），即企业把所要发布的信息分门别类地制作成主页，放置在网络服务商的站点或企业自己建立的站点上。主页型广告可以详细地介绍企业的相关信息，可以让用户更全面地了解企业及企业的产品和服务。

二、按网络广告的表现形式分

按网络广告的表现形式可以分为电子邮件广告、电子公告牌广告、网络新闻组广告和万维网广告四种。

（一）电子邮件广告（E-mail AD）

电子邮件是互联网上的一种基本服务功能，允许用户以比普通邮件更为方便迅捷的方式交流信息，联络感情。它很像普通邮件，只是传播途径有所不同。一些市场营销人员已经使用电子邮件处理业务，一些公司也在收集其顾客或潜在顾客的 E-mail 地址，以便有针对性地将他们的广告直接发送给指定群体。另一种使用电子邮件的网络广告形式叫电子邮件列表（Mailing lists），又叫邮件目录。利用邮件目录以电子邮件的方式制作广告。邮件目录由具有共同兴趣的成员组成，这些成员的电子邮件地址在同一个目录内。只要往该目录发一封信，这封信就被自动送给邮件目录的所有成员。作为广告形式，电子邮件列表已经引起广告主的充分注意。不过广告主一定要小心，若非在你的产品和某话题之间有着非常密切的关系的话，不要无限制地使用这种广告形式，因为在网上，网民一向极为讨厌强迫性的商业广告形式。他们会拒绝不喜欢或不需要的广告内容。

（二）电子公告牌广告（BBS AD）

电子公告系统（Bulletin Board System），简称BBS，也是互联网的一种信息服务工具。在互联网发展初期，BBS发展迅速，BBS站点主要是由网络代理商（ISP）开发的。BBS是一种以文本为主的网上讨论组织。在这里，用户可以通过网络以文字的形式，与别人聊天、发表文章、阐释观点、阅读信息、讨论问题，或是在网站内通信等。这里较为宽松、自由的气氛吸引了很多的爱好者。这种站点针对某个话题设立许多讨论区，如政治、经济、文艺、体育、外交、军事等。进入BBS讨论区的用户，只要不违犯法律法规，可以比较自由地畅所欲言。现在越来越多的网络服务机构在所开设的站点上设立了商务讨论区。在这些讨论区，服务商可以就某个商业话题供用户进入讨论区时争论。也可以在用户进入讨论区的主页上刊载广告，供用户点击。在电子公告栏（BBS）上发布消息，可以使更多用户直接利用电话线从简单的终端方式进行链接，只要把消息发往某个专题论坛服务器，在几小时之内，通过一种复杂的相互复制，遍布全世界的论坛成员都能收到该消息。

（三）新闻讨论组广告（Usenet AD）

网络新闻组是一分散在世界范围的公告栏系统，在Usenet上，每一个用户既可以是信息的发布者，也可以是信息的接收者。如果网民有什么疑难问题，可以将它放到Usenet上，不久就可以在上面得到众多关于这一问题的解答。Usenet 是由众多在线读者讨论组组成的自成一体的系统。其中的一个个的组叫作新闻组或新闻讨论组（News Group），分别冠以不同的有着明确界定的主题。Usenet 早期并非商业工具，但在商品经济发达的今天，Usenet 产生了许多专门用于交流商品信息的讨论组。这些组名字往往含有"Forsale"、"Marketplace"以及"AD"字样。网络内容服务商为了让商业广告有信息栖身之地，也开设专门的子讨论组。每个讨论组都有主题、地域等方面的差别，并且有自己的特殊规则。在讨论区发布广告时要选择一个话题，并保证它有足够的吸引力，才能获得回应，广告目的才能有望达到。

（四）万维网广告（Web AD）

在环球网站（WWW）上建立主页（Home Page）。即通过 WWW 这种超文本形式，利用超文本描述语言（HTML）把互联网上几乎所有不同网点计算机内的信息和资源（包括文字、图形、表格、动态影像等）链在一起。WWW 上的多媒体实现功能，丰富多彩的 WWW 浏览器，友好的图形化界面及简单操作，使它成为目前在网上使用较多和较普遍的广告创作发布方式。万维网是目前绝大多数互联网用户通用的信息数据平台。对互联网的广告客户来说，万维网拥有无限的利用价值。它容许细致的全彩色的画面、声频传输，大容量信息的按时传送，全天候的在线以及在广告主、广告用户之间的双向信息交流。对某些人来说，Web 冲浪正在取代对其他媒体如广播、电视及印刷品等的依赖。在 Web 和其他媒体间有一个根本的不同：是消费者在寻找广告主的主页（Home page），而不是广告主寻找消费者。Web 广告具体分为以下几种形式。

1. 旗帜广告（Banner AD）

也称网幅广告、横幅广告。是以 GIF、JPG 等格式建立的图象文件，定位在网页中，大多用来表现广告内容，同时还可使用

Java等语言使其产生交互性，用Shockwave等插件工具增强表现力。标准GIF格式以外的的网幅广告被称为"Rich Media Banner"。最常用的旗帜广告规格是468×60（或80）像素，称为全尺寸Ban—ner，一般位于网页顶部，大小≤15KB。根据客户要求以及具体页面布局，还有一些变形旗帜广告，如392×72像素全尺寸带导航条的Banner，234×60像素半尺寸Banner以及120×240像素垂直Banner等。浏览者只要点击它，就能进一步看到更详尽的信息。这是互联网上最早出现的广告形式，也是目前出现得最多的网络广告。它一般位于网页顶部或底部并以动画的形式出现，具有较强的冲击力，具备接近电视广告的效果。它可以是指网络媒体经营者在自己网站的页面中分割出一个画面发布广告，可大可小，可以是非链接型的也可以是链接型的。链接型的旗帜广告与广告主的页面或网站相链接，浏览者可以点选，进而看到广告主想要传递的信息。由于空间有限，企业应在旗帜广告中用极简炼的语言、图片介绍企业的产品或宣传企业的形象。企业也可以用多种多样的艺术形式对旗帜广告进行处理，如做成动画跳动效果，做成霓虹灯的闪烁效果等。旗帜广告还可以分为：

（1）扩张式广告（ExpandingAd），只要鼠标移到旗帜广告上，就会扩张为更大的页面，可以同时出现声音等，增强效果。

（2）动态传送广告（DynamicRotationAd），以轮替、随机的方式显现广告。

（3）互动式广告，利用富媒体技术制作加强交互效果。

浏览者点击旗帜广告，就能够链接到特定的品牌网站，看到更详尽的进一步的信息。旗帜广告往往只是提示型广告，吸引更多人的注意，争取更多人的点击率，这是广告创作者必须考虑的重点。

旗帜广告可使用静态图形，也可用多帧图像拼接为动画图像。可使用Ru-HTML、Flash、DHTML、Java等语言使其产生交互性，用 Shockwave 等插；件工具增强其表现力。除普通 GIF、JPG 格式的旗帜广告外，还有新兴的 lRichMediaBanner（富媒体 Banner），具有更强的表现力和交互内容，但需要浏览器插件（Plug—in）支持。

2. 按纽广告（Button AD）

又称图标广告（Logo），这是网络广告较早和常见的形式之一。按钮广告在自身属性及制作和付费方面都同旗帜广告没有区别，它只是更小一些，像个纽扣。最常用的按钮广告规格有四种，分别是 125×125 像素（Squarebut—ton 正方按钮）、120×90 像素（button 按钮 1）、120×60 像素（button 按钮 12）、88×31 像素（Microbutton 小按钮）。按钮规格的大小一般≤5 kB，鼠标响应按钮广告的大小则≤12 kB。由于面积小，所以在网站上的数量最多，比较受广告客户的欢迎。

按钮由于尺寸偏小，广告表现手法通常比较简单，一般只是一个词语、标志图案，信息量十分有限，吸引力差一些，主要起到纯提示的作用，适用于针对老主顾。按钮式广告可以在网页的任何一个地方发布，加之价格优势，因此使用广泛。目前发展起来的浮动图示广告，能在网页中按照设定的路径不断游动，非常吸引网民的眼球，注意效果好。这种广告规格通常在 1 100×100 像素以内，是 GIF 格式图形或 Flash 动画，一般大小≤8 kB。不过；浮动图示广告容易招致网民厌烦，需谨慎使用。

多网络广告商并不区分旗帜和按纽，只是通称为"Banner"，然后在尺寸上列出六种以上的规格，其中较小的几种就是按纽广告。按纽广告通常是链接着公司的主页或站点的公司商标或特定标志，没有广告标语，更没有广告正文，有的注明"Click me"字样，显示公司或产品的图标，希望网络浏览者主动来点选。所以它的信息量十分有限，吸引力也要差一些，只具有一定的提示作用。对于老用户较方便，有效果，也很经济，但对陌生人，效果就要差许多。一些著名的大公司,广有知名度的企业比较适合使用这种形式的网络广告,如 IBM、SONY、可口可乐等,小厂家、新产品则应慎重。

3. 特别赞助广告(Sponsorship AD)

对于一般网站来讲,除了通过以上途径登载

网络广告外,还吸引更多的企业提供赞助,让它们赞助一个与它的业务相关的页面或栏目。对于赞助商来说,他不但可以得到广告的显示数量,还能够用各种方式和网站的访问者进行交流。他可以宣传品牌,也可以直接促销,可以进行市场调查,甚至可以发展消费者俱乐部。赞助广告与旗帜广告的区别是放置时间较长,而且无需与其他广告轮流滚动,这对于想做品牌广告的客户更为合适,如播出 5~10 秒的媒体动画广告。这种网络广告即可以利用整个电脑屏幕,又使"强迫阅读"广告多了点主动性。

4. 插件式广告。这是插在其他网页中间,当用户点击一个网页时,它会自动跳跃出

来。一般幅面较小(只有正常版面的四分之一或更小),常以诱人的画面或字眼呼唤用户的点击。目前在国内中文网站上,这样的插入式广告多出自网易之手。应该说,有时它也能发挥作用,能引起人们,特别是新上网用户的好奇与注意。这属于网络广告较少的强迫用户接受的广告之一。

(1)插页式广告。插页式广告又称为"弹跳广告",当网民点击某一网站或栏目,在该网站或栏目出现之前或出现的同时,会自动跳出一个幅面略小(正常页面的 1/4 左右或更小)的窗口广告。插页式广告能够吸引网民,特别是新网民充满好奇心地加以点击,因此目前国内几大门户网站都广泛采用插页式广告。这种广告形式与整个网络世界自由、民主、平等的氛围有点不协调,广告要激起网民的兴趣,否则容易适得其反。

(2）间隙式广告。间隙式广告是一种在屏幕上突然出现的广告，它打断用户手上的工作，强迫性地形成发布广告的间隙，类似于电视节目中的插播广告。间隙广告有不同的尺寸，或全屏，或占据部分屏幕，还可以采用从静态到全动之间各种不同的交互等级。对网民而言，间隙式广告的出现是不可控制的，但网民可以通过点击关闭或隐藏间隙式广告。对广告主来说，间隙式广告的效果是可预知的，因为这类广告可保证被用户看见，使广告主可以使用动画图像或全动视频。这种视频一般通过压入技术传送，且只用于间隙式广告。

5. 搜索引擎广告

搜索引擎广告包括搜索关键词广告和搜索类别广告两种，是门户网站的重要广告形式。

（1）搜索关键词广告。搜索关键词广告，又称为搜索单词广告，简称为关键词广告。在关键词搜索结果的网站中，广告主可以根据购买相应的排名，以便提高自己网站的点击率。如输入"汽车"，某品牌网站可能出现在搜索结果中的第一位。

（2）搜索类别广告。搜索类别广告，又称为搜索项广告，是搜索引擎类网站提供的一种特别广告。广告主购买某个搜索类别广告条后，当浏览者使用搜索引擎搜索某个主题的网络信息时，与该主题相关的广告信息会伴随搜索结果向浏览者同时显现。如搜索"旅游"信息，旅游产品会出现在该主题信息网页中。广告针对性强，品牌效应好，点击率高。这种广告也被称为定向发布广告。举世闻名的亚马逊书店（Amazon）很少发布普通尺寸的ban—ner广告，却可以使网民经常在网上看到它的名字。Amazon选择Yahoo和Altavista等搜索引擎为合作伙伴，在这些搜索引擎的结果页面上，将会出现与用户输入的关键词相匹配的Amazon广告。如当输入"股票"两个字进行搜索时，结果页面上会有广告词"到Amazon去购买一本关于股票的书"，附图分别为 Yahoo 和 Altavista 的相关页面元素。

6. 互动游戏式广告

网络游戏作为一种新的媒体平台正在崛起，网游植入式广告是在网络游戏高速发展的情况下孕育出的全新广告模式。在一段页面游戏开始、中间、结束的时候，广告都可随时出现，并且可以根据广告主的产品要求为之量身定做属于自己产品的互动游戏广告，其广告形式多样。如圣诞节的互动游戏贺卡，在欣赏完整个贺卡之后，广告会作为整个游戏贺卡的结束页面。

7. 关键字广告（Keyword-triggered Banner AD）

即在用户键入关键字的同时出现的网幅广告。广告主可以买下流行搜索引擎的流行关键字，凡是输入这个关键字的用户都可以被吸引到该公司的网站上。如果用户输入的是 PDA，雅虎可能带你去 3COM 的 PalmOC 网站；如果你输入的是 Coke，雅虎可能带你去可口可乐。

8. 在线社区广告

在线网络社区是一种基本的网络工具。包括 BBS、博客、校友录、个人空间；集成社区如奇虎和大旗网，综合社区如猫扑和天涯，交友社区如百合网。开心网是近几年来很流行的一个在线交友社区。其网站中传统的旗帜、弹出视频广告等很少，它主要通过在各种组件的植入游戏选项中进行广告传播。最典型的例子就是买房子组件。网友可以通过多种方式挣游戏中的虚拟钱币购买各城市的住房，而网站提供给网友购买的住房和现实中城市的楼盘相同。地产商可以通过将自己开发的楼盘加入游戏来进行宣传。这种软性的广告传播模式没有什么强制性，不会让接受者产生厌烦感。而且只要登录买房子组件就能看到，使网友在游戏的过程中了解现实里的楼盘信息，广告的到达效果和认知效果都很好。

9. 文本链接广告

文本链接广告（Text Link）采用文字标识，鼠标移动到该处时鼠标图形变成一只手的形状，点击后将链接到相关的网址，这个方式点中率高，价格低，是一种对浏览者干扰最少，但却最有效的网络广告形式。

10. 聊天室广告

聊天室已经成为许多网民喜爱去的地方，网民们围绕共同的话题展开讨论交流，许多网站在聊天室推出广告空间，为广告主瞄准正在讨论特定话题的网民提供机会，标题广告是主要形式。聊天者被认为是有充分时间的人，有时间点击他们感兴趣的广告。即使聊天者不愿意点击广告而使自己脱离讨论，但因为他们在聊天室呆的时间比较长，广告的关注效果也会比较好。但也有研究者认为，由于聊天室广告（ChadAd）的方式较新，广告发布者无法控制聊天内容，因此将影响广告主对聊天室广告的使用率。随着可过滤软件的应用，网络商可控制聊天内容，使主题更集中，广告针对性更强。

11. 赞助式广告赞助式广告（Sponsorship）

与传统媒介赞助广告相似。它是指广告主以某个重大节日、题材等为源头，对感兴趣的网站内容或网站栏目进行赞助，如世界杯网站、奥运会网站、汽车会展网站等。商家对站点的某些栏目提供赞助，网站则为其做广告，如诺基亚赞助 ChinaByte 的网络学院栏目，品牌汽车在某阶段赞助网站的汽车频道等。赞助式广告分为三种赞助形式：一是内容赞助；二是节目赞助；三是节日赞助。网络广告赞助商不但可以得到广告的显示数量，还能够用各种互动方式与网站访问者交流，宣传品牌，直接促销，可以进行在线市场调查，甚至可以发展消费者俱乐部。赞助式广告与旗帜广告的区别是：赞助式广告放置时间较长，不与其他广告轮流滚动，适用于树立品牌形象的广告活动。

12. 特殊形式广告

（1）伸缩通栏广告。广告在页面出现时，尺寸与一般的通栏广告相同，但网民点击后会自动扩大。尺寸多为770×（90/280）像素，文件容量一般≤35 kB。

（2）矩形广告。矩形广告又称为画中画广告，通常嵌入在新闻或专题报道等文本中，四周被文字环绕，网民在阅读文字时，目光不得不有所流连。通常使用Flash技术制作矩形广告，尺寸规格有240×400像素、360×280像素、250×250像素、300×250像素、180×150像素。

矩形广告中的擎天柱广告，通常放置在页面左侧或右侧，在满足广告大曝光量的同时，尽可能尊重网民的浏览习惯。尺寸为120×600像素和160×600像素，文件容量一般≤25 kB，矩形广告中的巨幅广告，尺寸规格为770×450像素。

（3）屏幕固定位置广告（ScreenPositionFixed）。屏幕固定位置广告又叫鼠标跟随广告，广告（通常是按钮式）随着纵向滚动条的移动而移动，始终出现在屏幕的固定位置。由于位置和屏幕（而非页面）相关，所以被点击注意的几率更大。

（4）踏出式广告（StretchingOut）。鼠标移向广告图标时，图标逐渐变大，扩展成大图标；鼠标挪开后，图标又逐渐变小，还原成初始的广告图标。踏出式广告能逼真展现动画效果的全过程，更加吸引网民的注意力，可以表达的内容更丰富。

（5）墙纸式广告（Wallpaper）。在墙纸上表现广告内容，并将这样的广告墙纸放在专门的墙纸网站或频道上。对墙纸感兴趣的人下载墙纸时，就会接触广告。

（6）在线巨型广告。在网页热点内容的中心地带，插入规格为360×300像素的大屏幕广告，大小是一般旗帜广告的2~4倍。一个巨型广告通常被视做为一个"微型网站"，互动效应较好，但资金消耗较大，网民需要更多的时间下载网页。新浪网在2001年推出在线巨型广告。

（7）巨型广告。这种广告形式又称"微型网站广告"（Messaging Plus Units）。它与普通旗帜广告的区别在于原来的网络广告被点击后将用户带入新的网页，偏离原先查看的网页，这往往会使用户逐渐"迷失方向"。微型网站广告则基本上具备一个微型网站的功能，网络用户可点击广告的不同区域查看自己感兴趣的内容，而不必离开正在浏览的当前页面或下载新数据。巨型广告比标准的旗帜广告大四倍，约占以 1 024×768 像素显示的 17 英寸显示器屏幕的 14%，价格也比普通网络广告高 50%。宣传效果也更为显著。

（8）全屏广告。当用户打浏览页面时，广告以全屏方式出现，网站主页完全被广告所覆盖，有的全屏广告显现 3~5 秒后，逐渐收缩成页面顶部的旗帜广告。尺寸一般为 770×450 像素，文件容量一般≤35 kB。在停留一段时间后广告画面自下而上翻滚最后收缩到正常网络广告大小，其形式类似插件广告，具有一定的视觉强迫性，达到了电视广告的效果。

（9）声音广告。网络广告综合利用多媒体电脑的视觉、听觉效果对用户进行说服。推出巨幅广告、过渡页广告，并向传统媒体（如电视）打广告的策略学习。

（10）动态广告。所谓动态画像广告即指可以播放类似电视的广告。与过去的以静画和文字为中心的旗帜广告不同，在动态广告中可以与电视广告一样使用动态画像和声音。由于动态广告能够带给用户比旗帜广告更为深刻的印象，同时提高品牌知名度，所以各广告公司认为这种新广告将会刺激广告主对网络广告需求。日本从事网络广告业务的专门代理商——数码广告联明（DAC）2001 年从 8 月 28 日开始提供动态画像广告服务"Net-CM"。在 DAC 的 Net-CM 中可以在横长的旗帜广告的一部分发送态画广告，也可以打开另一个窗口以后发行。除了 Net-CM 以外，DAC 还提供利用由美国 Macro Media 公司开发的 Flash，使用电脑图形和动态画像的广告服务"DynamicAD"。收费标准根据所刊登的媒体及广告内容而有所不同，Net – CM 和 Dynamic AD 大体为每个 Impression 在 5~7 日元之间。

（10）浮图广告

浮图广告（Float Picture）是指网页上不停漂浮的图标广告，目的在于吸引冲浪者的眼球，增加点击率。用户用鼠标点击该小型图片时，浮图广告会自动扩大成大的窗口。浮图广告中许多网站的主页上使用比较广泛，但广告随着页面的移动飘忽不定，会影响上网者的视觉而让人厌烦，有一定的负面效应。

新的网络广告的推出有利于广告客户利用互联网向受众传达更丰富的信息。这是网络广告向良性发展的象征。

三、按广告发布途径可分为无代理和有代理的广告

（一）无代理广告。即没有广告公司充当中介，广告主直接通过网络媒介发布广告。

（二）有代理广告。即广告客户将业务委托给网络广告商或有网络广告代理能力的传统广告商全权代理，包括广告设计制作、交由媒体发布等环节，形成广告客户、广告代理商、网络媒体的代理模式。

四、网络分类广告

网络分类广告是当前互联网上的一种全新的服务形式，主要满足企事业单位和个人在互联网上发布各类信息的需求，包含物品买卖、服务供需、商业机会、声明启示等多方面的不同层次，可以根据需求将信息分门别类，有针对性、目的性为广大网友提供丰富实用、广泛真实的信息资源，为企业与网友之间搭建方便快捷、经济实惠的信息交流平台。

与传统媒体的分类广告相比，网络分类广告的优势是显而易

见的。信息量更大、内容更详细、分类更清晰、更易查询搜索、保存时间更长、发布地域更广、表现方式更多。还可以让更多网友参与，发表评论，互动性更强！广告商将以极少的投入换来最大的投放效果。

　　分类广告从广告诞生起便已存在，是最古老的广告形态，目前的分类广告一般分为人事类和营业类两种。人事类，如遗失声明、招聘、寻人启事等，一般不具有商业营利的性质；营业类，如房地产广告、饮食、搬家信息等，则具有商业色彩。分类广告一上网便具有了很多传统分类广告无法比拟的优势。对传统的报纸媒体带来了冲击，因为网上分类广告有其与生俱来的优势，包括搜索引擎、数据库的其他功能、更快捷的更新和更灵活的表现形式，可以更经济快速地传送到特定的读者对象，而且没有地域限制，不需要像在报纸上刊登分类广告那样受排版、时间等诸多条件的限制。比如你想要在另外一个城市找工作，你可以在到达该城市之前上网查看其分类广告，联系工作，既便捷又高效。

　　分类广告是一种全新广告形式，主要满足企事业单位和个人在互联网上发布各类作的需求，为广大网民提供丰富、实用、真实的信息资源。与传统的分类广告相比，网络分类广告容量巨大，表现形式多样，立体化，和无与伦比的搜索引擎功能与交互性上。网络分类广告可以有以下分类：（1）可以按新产品类别、地区对广告进行分类、检索和显示；（2）可以根据用户输入的关键词对所有广告内容进行检索并显示给用户；（3）用户可以定制个人主页（档案），在个人主页中记录下客户喜好的新产品类别、检索习惯，并为用户自动更新检索结果；（4）可以接受用户的订阅，定期按用户设定的检索条件找到符合条件的广告并且自动转发到用户指定的电子邮箱中。

　　代理商普遍认为，新浪推出的分类广告弥补了网络广告的一大空白。分类广告空间巨大，无论在传统广告领域还是非曲直网

第二章 网络广告的一般原理

络广告领域都是新鲜事物。新浪网此次推出的分类广告内容包括租让、出售、招商、家政、般迁、招聘等与百姓日常生活紧密相联的小规模商业信息。

随着网络技术的不断发展，人们也对网络广告进行了持续不断的创新，创造出了许多新的网络广告形式。企业不管采取何种形式，在设计时都应该考虑吸引用户点击（Click）广告及广告下载速度等因素，从而对广告的摆放位置、文字介绍、字节数等进行全面考虑。

网络分类广告具有如下几个特点：

1. 传播范围广

网络广告的传播范围广泛，可以通过国际互联网络把广告信息全天候不间断地传播到世界各地。网民具有较高的消费能力，是网络广告的受众，可以随时随意浏览广告信息。这些效果是传统媒体无法达到的。

2. 信息容量大

不受篇幅的大小、版面多少、单一地区的局限，网络上一个小小的分类广告后面，广告主可以把自己的公司以及公司的所有产品和服务，包括产品的性能、价格、型号、外观形态等等看来有必要向自己的受众说明的一切详尽的信息放在自己的网页中。消费者仅需轻按鼠标就能进一步了解更多、更为详细、生动的信息。可以说，费用一定的情况下，广告主能够不加限制的增加广告信息。这在传统媒体上是无法想象的。

3. 感观刺激更强

4. 可以利用各种多媒体手段，>以图、文、声、像的形式对广告信息进行全方位的展示，传送多感官的信息，从而使消费者产生>如身临其境般的感受，大大增强了网络广告的实效。

5. 查阅更方便

要在成千上万的传统媒体中找到人们需要的信息，其难度是可想而知的。网络分类广告>的搜寻功能就完全可以解决这些麻烦事。利用强大的数据库服务网络广告可以提供方便的搜索功能,使消费者更容易、更准确的查找到所需的信息;而方便、简单的分类检索则可以直接引导消费者锁定搜寻的目标,使可持续性的查找、阅读成为一种乐趣。广告投放更具针对性和更佳的宣传效果。

6. 传播更便捷

网络分类广告制作周期短,传播效率更快捷,为您在瞬息万变的商战中及早获取绝佳的商业机会;以更高、更广泛的 交互性能,在消费者、代理商和广告主之间建立起更直接、有效的交流途径,以及一对多连锁反映式的高效广泛的传播途径。

7. 修改更实时

在传统媒体上做广告发布后很难更改,即使可改动往往也须付出很大的经济代价。而在 1nternet > 上做广告能按照需要及时变更广告内容。这样,经营决策的变化也能及时实施和推广。

8. 交流更互动

即时在线,网友浏览广告商的信息后,可直接拨打广告商发布的电话和 Email,或通过"我要留言"及时与广告主联系,广告主可以在即时互动获取用户的需求和反馈。交互性更强,宣传效果更佳。

8. 主动浏览率高

报纸广告、杂志广告、电视广告、广播广告、户外广告等都具有强迫性,而网络广告则属于按需广告,具有报纸分类广告的性质却不需要你彻底浏览,它信息定位准确,可让你自由查询,将你要找的资讯集中呈现给你。

9. 受众数量可准确统计

利用传统媒体做广告,很难准确地知道有多少人接受到广告信息,而网络分类广告可通过权威公正的访客流量统计系统精确统计出每个广告被多少个用户看过,以及这些用户查阅的时间分布和地域分布,从而有助于客商正确评估广告效果,审定广告投放策略,在激烈的商战中把握先机。

第三节 网络广告的新形式

随着网络广告的不断发展,精确定向投放广告和无线广告成为新趋势,新的广告形式层
出不穷。下面介绍几种最新的广告形式。

一、富媒体广告

富媒体(Rich Media),顾名思义就是富媒体即所谓丰富的媒体之意。形象地说,就是随着信息技术的升级发展,在互联网上传播的信息,不仅只有文字或图片,同时还可以包括动画、视频、互动、音乐或语音效果等,这就是所谓的富媒体。富媒体之"富",是建立在宽带网络基础上的,是相对于窄带网络的信息贫乏而言的,它是一个建立在多媒体基础上的相对概念。一般来说,富媒体即特指交互性多媒体,多媒体与交互性两项缺一不可。例如,一则采用了 Java、Shoekwave、VRML 或视频的广告,就是多媒体;增加了点击、填表等交互功能就成为富媒体。

当我们登录网站,专心致志地逐行寻找自己感兴趣的新闻时,伴随着音箱里轻轻飘出的一阵悦耳的音乐,屏幕的右下方便会缓缓地升起一个独立的视频播放器,带给我们一份小小的惊喜。曾几何时,在鼠标不经意地滑动之间,发现在网页中间幻化出或美轮美奂、或出其不意,又或是妙趣横生的广告画面时,我们不知不觉放慢手中鼠标滑行速度,静静地在那几十秒的时间里细细地欣赏、品味。富媒体使网络如此有趣、如此与众不同,这

就是富媒体的魅力。

当我们登录 Yahoo 网站，一个黑衣人清晰地出现在网页正中，他手中还拿着激光剑，接着，在他身边弹出一个小屏幕，一段打斗正在上演，一架星际战斗机无视屏幕的限制，居然冲出来，在我们面前优雅地画了一条弧线，很快又在我们的眼前消失了，伴随着那句低沉且富有诱惑的"Star Wars Episode 3 Revenge of the Sith"。只要你是个星战迷，定会点击广告而进入该官方网站一看究竟。这就是为《星战前传Ⅲ》中文官方网站制作的"富媒体"广告，它除了提供在线视频的即时播放之外，内容本身还包括网页、图片、超链接等其他资源，与影音作同步的播出。

富媒体广告加强了网络广告的互动性，弱化了其"强迫性"特征，能消除人们对网络广告的抵触心理，增加点击率。据 DoubleClick 的调查数据显示，富媒体广告的平均点击率其他广告的五倍。富媒体广告包含有游戏广告（利用互动游戏技术将嵌入其中的广告信息传达给受众）、声音广告、三维广告和 Flash 广告等。另外，突破传统视窗，用扩展视频、疯狂流媒体、扩展通栏等富媒体也不断出现。

二、手机广告（Mobile Telephones Axis）

将互联网平台与移动通信平台有机结合，充分利用互联网信息资源丰富的优势，在计算机终端与移动通信终端之间、移动通信终端与移动通信终端之间有效地实施网络营销。企业可通过手机网络平台进行网络营销，实施发布无线广告和商品促销信息等营销活动；顾客则利用手机网络平台，进行收发 E—mail、上网浏览图像、动画、商品信息和购买商品等。一般可通过短信（SMS）、WAP 上网、PDA 上网等技术手段进行广告营销。

三、按通话付费广告（Pay-Per-Call）

自2007年4月开始，在搜狐教育频道的某些招生广告边上，悄然多了一个"免费接通企业电话"的按钮。点击这个按钮，网页便会弹出一个对话框，只要输入你手边的座机或手机号码，点击"立即呼我"按钮，身边的电话马上就会响起，有专人通过电话提供咨询服务。这是由北京华策视通网络技术公司新近推出的"蚂蚁互动"呼叫广告服务。呼叫广告，也称为按通话付费广告。尽管以网络广告的形式出现，但是在消费者和广告商之间形成直接通话后才收取广告主的费用。广告主每接通一个电话，需要向蚂蚁互动支付0.3形分钟的电话

费，以及每通电话的推广费用7元。为防止错拨等无效通话，蚂蚁互动规定45秒钟以内不纳入计费。这种广告形式可以更加精确、有效地计算广告费用，具有很大的发展潜力。

四、个性化定制广告（Chtomized Ads）

个性化定制是基于数据库的网络广告定制体系。简单地说就是追踪网站用户的在线行为，根据用户的行为找出他们的兴趣和习惯，基于用户兴趣和习惯，为用户提供和他们的兴趣习惯相关的广告。

按照不同的网络广告的定制系统，可以分为纵向定制和横向定制两种。纵向定制指的是不管这个网络用户访问哪个网站，不间断地向其提供与其兴趣和习惯相关的广告。例如，有一位网络用户，他常常访问一些财经类网站，关注一些抵押率方面的信息，根据这些信息，可以确定他可能有买房子的打算，而这时抵押公司就利用他的这个兴趣，向他提供一些关于抵押率的广告。在所有他访问的网页上，打出关于抵押率的广告。这样，不管是看天气预报，还是在阅读体育新闻的时候，这位用户都能看这家

抵押公司的广告。

横向定制就是根据网络的不同分类，在相同类型的网站打出相关的网络广告。还是以上面提到的那家抵押公司为例，按照网络的分类，一般访问财经相关网站的用户，对抵押业务的兴趣会更大一些，因此，该公司应该更多地在与财经相关的网站做关于其抵押服务的广告。

不管是纵向定制还是横向定制，可以看出个性化定制网络广告的过人之处就在于它的"有的放矢"。针对受众的个性化特点，提供针对性的广告，将是今后网络广告发展的趋势。

五、Widget 广告

2007年，一种名为 Widget 的网络广告受到了很多受众的欢迎，它既有趣又有用。Wid. get 是一种可供用户制作和自由下载的工具集合，它包含了娱乐、工作、学习、电子商务等多种实用功能。Widget 由一些外观漂亮的小型多媒体部件组成，毫不张扬地躲在页面边缘。

但是，它的功能非常丰富。比如，它可以为你报告新闻、帮你买东西、列出你最喜欢的乐队，还有你最近看的视频。另外，它还是一个殷勤的管家，你不必亲自去天气预报网站，Widget 会将信息主动带给你。

Widget 不仅可以应用在网页或博客上，还可以在电脑桌面上单独执行，网民无须通过浏览器便可连接到网络，如图 1-25 所示。它把桌面变为一个和互联网实时沟通的浏览器，是一场新的桌面革命。Widget 可以是销售产品和服务的店面橱窗，也可以是粘贴定制广告的电子公告牌。如果你创建一个演奏你最喜欢歌曲的 Widget，它可能会使浏览该 Widget 的人去亚马逊网站购买该乐队的专辑，你甚至可以从交易中分一杯羹。兰登书屋就有一个

Widget，让你可在线购买公司最新上架的书。在 Google、雅虎等大型网站的鼎力支持下，Widget 正逐渐成为网络广告的新宠。

六、点睛文中广告（Click Eye）

2007 年 3 月，北京龙拓互动公司正式推出点睛文中广告（Click Eye），它是通过语义匹配系统，实现广告与文字精准匹配的网络广告服务产品。具体做法是：龙拓与众多网站合作，在网站的文章内容页中划出关键词，当用户用鼠标划过这些关键词，就会浮现出与关键词相匹配的图文广告或富媒体广告等。

点睛的渠道覆盖面是其能在精准广告领域成功崛起的重要保证之一。超过 2 000 家网站与龙拓互动合作，其中包括 163、QQ、MSN、中华网等在内的国内前 500 家网站中的近 200 家。除此之外，点睛还迅速扩军各地地方信息港，将区域性划分更明显的众多地方性新闻网站和地方信息港纳入旗下，使点睛广告媒体联盟更完善，地域性优势更加凸现，行业也更加细分。

通过对广告信息的精确匹配和对信息投放的精确控制，来实现用户与客户的有效沟通，并根据用户不同年龄层、不同消费能力进行差别投放，这就是龙拓互动的卖点——精准广告。凭借全新广告模式，龙拓互动得以将这一广告载体和许多重量级的广告客户拴在一起。

公开资料显示，点睛推出仅仅 3 个月时，其媒体联盟每 13 流量已超过了 5 亿次。一直都是传统电视广告投放大户的耐克、宝马、中国移动、民生银行等厂商，也已陆续利用点睛文中广告进行推广。

七、微博广告

微博是一种基于互联网技术平台上具有良好互动性的信息传

播工具。微博即"微型博客（Microblogging）"，是一种非正式的迷你型博客，它是一种可以即时发布消息的类似博客的系统。其最大特点就是集成化和开放化，可以通过手机、IM 软件（Gtalk、MSN、QQ、Skype）和外部 API 接口等途径向微博客发布消息。微博的另一个特点还在于这个"微"字，一般发布的消息只能是只言片语，像 Twitter 这样的微博平台，每次只能发送 140 个字符。相对于强调版面布置的博客来说，微博的内容只是由简单的只言片语组成，从这个角度来说，对用户的技术要求很低，在语言的编排组织上，没有博客那么高，只需要反映自己的心情即可，更新起来也方便。

2006 年，博客技术先驱 Blogger.com 创始人埃文·威廉姆斯（Evan Williams）创建的新兴公司 Obvious 推出了大微博服务。后来利用无线网络、有线网络进行即时通讯，是微博的典型应用。它允许用户将自己的最新动态和想法以短信形式发送给手机和个性化网站，而不仅仅是发送给个人。

在中国，2009 年 8 月 14 日，新浪门户在中国大陆推出中国第一家微博服务，并成功开始内测。用户可以通过网页、WAP 页面和手机短信、彩信发布 140 字以内的消息或上传图片，此外还可通过 API 用第三方软件或插件发布信息。此后，多家门户网站随后跟进，陆续推出微博服务。腾讯微博在 2010 年 4 月推出，而网易微博在 2010 年 1 月 20 日正式上线内测。

微博平台已经成为企业宣传品牌形象与推广销售产品的重要渠道。微博广告在这种信息传播高度发达的时代背景下诞生，并借微博的繁荣席卷网络。随着微博自身影响力的增强以及"全民化"的发展态势，而在企业层面，微博公关与营销作为网络营销的新工具之一，受到重视。商家们从中寻找到新的商机，微博也成为了一个连接消费者和商家的平台，微博广告逐渐走进了人们的视野。微博广告，即在微博信息中有目的的发布产品和品牌的推广信息，提高品牌知名度和美誉度，从而促进销售。微博广告可以是个人行为、企业行为，也可以聘请专门的广告团队进行打造。

八、微信广告

"微信"是腾讯开发的基于智能手机的即时通讯软件，它的迅速推广并结合微营销理念为微信广告的投放提供了契机。腾讯公司 2011 年推出了"微信"智能手机运用软件，并以其良好的用户体验，在市场迅速获得认可，成为手机 App 商场下载量最大的运用软件之一。微信用户量的激增，也让微信营销推广迅速成为商业活动中最重要的营销模式奠定了良好基础。与大多数营销方式不同，微信广告传播的对象尽可能地减少中间渠道，让产品与客户之间直接对面。微信为商业广告的传播提供一种更加简便的方式。它意味着更精确、更便捷的传播。微信广告正好具备这样的特性。

微信广告以微信这种手机软件作为传播媒介和渠道，以文字、图片、语音和视频进行广告创意，从而将企业和品牌的信息传达给受众和消费者。微信广告迅速成为广告界的新宠，首先因它独有的载体优越性，以手机微信这种软件作为载体使其传播范围非常广，微信可以与腾讯公司的 QQ、QQ 空间、QQ 邮箱等产品无缝对接。其次是它的表现力很强，微信可以使用文字、图片、语音和视频等多种多媒体手段进行广告创意和投放，这使微信广告的表现力很强。再次是草根性优势，人人都能用微信，任何人只要你愿意，申请一个微信公众号就能做广告，它成本低廉，不需要收取其它额外费用，只耗费流量，这也充分显示了它的便捷性。

微信广告的形式主要有漂流瓶品牌广告、会员卡 O2O 广告、公共账号推送广告、定位推送广告和微信小游戏中植入的广告。

微信广告具有良好的传播价值。从功能特点上看，微信不但集合了微博所具有的互动性、信息传递快捷性和信息投放精准性的特点，而且将之发挥得更为极致，并开创性地拥有多级化、多元化、人性化和实效性的特征。微信广告的信息传播可以实现文字、图片、声音和视频多元化交流，微信用户"不仅通过友好的界面、良好的互动为用户在信息沟通方面提供很好的体验。借助于微信多元化的交流方式，微信广告信息的推广也更加便捷、多元化，更加被广大受众所接受。通过微信平台实现微信广告多元化信息传播，以此吸引受众注意，

实现用户间的图文、视频等方式的传递，了解彼此的状态，这对于微信广告在群体中实现集群效应具有有效的助推效果。

第四节 网络广告的功能

网络的广告的功能是指广告活动所具有的能力及对人和社会所起的作用和影响。网络广告的本质内涵决定广告具有传播功能、推销功能和审美功能，而这些功能的作用最终都在经济和文化中体现出来。

一、网络广告的经济功能

网络广告的经济功能是广告传播的目的和目标，广告的文化功能是实现广告功能的前提和基础。他们相互依存、相互促进、密不可分。

人们肯定和承认网络广告多半是因为网络广告的经济功能。市场的发展和网络广告促销的实绩使人们达成了这个共识。网络广告的经济功能体现在以下几个方面：一是网络广告具有沟通产销、刺激需求的功能。企业的产品生产销售与消费者的购买在时

间、空间上都存在距离，网络广告传播的商品和企业的信息，能缩短和消除这种距离，沟通产销，开拓市场。网络广告的沟通是通过刺激需求来实现的。连续的广告，不断的刺激，从初级的商品需求到选择性的品牌需求，引发购买行为，推动市场和经济的发展。二是网络广告具有加速流通、扩大销售的功能。促进市场流通的方式很多，如人员推销、销售推广、公共关系等，但从效率上讲，从广大辽阔的国内市场实际和要开拓的国际市场的实际来讲，网络广告是最好的方式之一。网络广告能对信息和传播方式进行有效的控制，可利用网络媒介对市场更好地细分，能成功地运用多种创意，网络广告加速流通的优势是明显的。三是网络广告有利于竞争、促进生产的功能。在现代市场条件下，由于科技的高度发展，企业产品质量一般都有保障，质量竞争难以推进，价格竞争有常受政府法律等限制，因此，以其他竞争形式出现的网络广告竞争就日益激烈，以网络广告影响消费者的心理的手段就显得非常重要。

二、网络广告的引导功能

现在人们的消费习惯越来越受到广告的黟睛与支配，广告可以引导人们的消费观念，改变人们的消费行为，关于这一点是毋庸疑置的。网络广告的消费引导功能随着上网人数的不断增加，也不断地在加强。

网络广告内容与页面内容的相关性越高，广告的吸引力就越大。很多网络广告的投放，主要是依据这一条原则。因此，访问网页的消费者，往往对与该网页内容相关的商品的潜在购买欲的可能性很大，这一点与其他广告形式是不同的。因而网络广告就具备了对消费者进行引导的潜在前提：首先，可以及时地提供需要的情况与时间，提供或提醒消费者在哪些情况下或什么时候使用某种商品；其次，提供信息收集的适当时间、来源与地点，引导消费者去寻找正确的信息，或将消费者记忆中的有关某种商品的信息取出来；第三，可以增加某种商品成为候选品牌的机会，增加该商品的知名度，让该商品与所需求的信息紧密地结合起来；第四，可以向消费者建议重要的评选标准，指出在购买某种商品的时候应该用什么标准评选，或者指出如何正确使用这些标准来评审商品；第五，可以提供某种商品在某一个或几个评选标准中的评审情况，这样可以扬长避短，把某项功能的优点报告出来，或者将这些标准与其他牌子相比较的结果向消费者进行介绍；第六，提供商品购买的地点、时间或优惠条件。

三、网络广告的沟通功能

网络广告是真正的客方导向的广告。这种导向，给我们认识网络广告提供了全新的角度。传统广告是运用媒体而非口头形式传递具有目的性信息的一种形式，旨在唤起对商品的需求和对生产或消费这些商品的企业的好感，告知某种非盈利目的的服务以及阐述某种意义和见解等，主要是在强调广告是一方对另一方的信息传达，最终达到销售的目的。网络广告一个很重要的特性就在于它的互动性，信息的传播方式不是单向传递而是双向沟通。网络广告不仅依靠一方对另一方的诉求，而且是在适当的时间把信息传达给耳标受众并得到受众的响应形成双方向的交流，从而达到广告效果。传统媒体始终试图实现这种效果，但实际上效果并不尽人意。而网络广告不仅仅是树立品牌或直销的工具，更像是顾客在拨打企业的 800 免费电话或亲自到企业的店铺。网络广告把品牌塑造、信息发布、销售促进以及完成交易融为一体，更加注重人际之间的沟通、信息传递与反馈。因此，网络广告具有很强的人际沟通功能。

四、网络广告的文化功能

如果说网络广告的经济功能是直接的显见的功能,那它的文化功能则是潜藏的深层的更值得探讨的功能。这是因为网络广告传播功能、推销功能和审美功能普遍都是以文化的样式出现并发生作用。网络广告传播的信息要为消费者接受,是要以文化和心理的认同为前提的;网络广告要说服消费者产生购买行为,要靠文化、艺术的诱服力量;网络广告要给人审美的愉悦和情趣,更是依仗文化的魅力。所以,网络广告实质上就是一种文化,我们可以说,网络广告的功能在很大程度上就是网络广告的文化功能。

网络广告的文化功能除了对经济功能产生直接的影响外,对社会个方面都产生着巨大深刻的影响。"广告对社会的影响,目前已发展到可以与拥有悠久传统的教会和学校相匹敌。广告支撑了各种媒体的发展,在大众兴趣的形成上也起到了很大的作用,可以说,广告已成为当代最重要的社会组成部分。"网络广告对社会精神文明建设、人的价值观念、消费行为、生活方式等方面都会产生影响,因为网络广告已经完全融入显得人民生活之中。不管人们对它喜欢与否,总逃脱不了网络广告的诱惑,自觉不自觉地改变着自己的观念和行为。

网络广告文化功能的潜藏性和无形化的特点,这是由广告的商业目的,由广告的各功能的关系决定的。人们常无法绝对精确地界定网络广告在现代社会众多交叉的社会动力研究中究竟有多少影响,这些影响到处都有,但又难以把握。所以人们网络对广告的批评和否定,多源自于广告对社会的影响。企业家和广告人较注重广告的经济效果,批评家和普通大众对网络广告的社会效果比经济效果批评得多些。这正反映了网络广告文化功能的普遍和重要。网络广告是反映社会的一面特殊的镜子,网络广告的文化功能是广告功能得以实现的基础,网络广告成在于此,败亦在于此。

第三章　网络广告策划

广告策划就是对广告的整体战略与策略的运筹规划。网络广告策划，是指在充分的市场调查和研究基础上，以企业广告总体战略为出发点，对网络广告活动进行运筹和规划。

网络广告策划是对于提出广告决策、实施广告决策、检验广告决策全过程作预先的考虑与设想，具体是指对提出网络广告决策、网络广告计划以及实施网络广告决策、检验网络广告决策的全过程作预先的考虑与设想。网络广告策划不是具体的广告业务，而是广告决策的形成过程。

第一节　广告策划与网络广告策划

一、广告策划

"广告策划"的概念是在20世纪60年代，由英国伦敦波利特广告公司的创始人、著名广告专家斯坦利·波利坦首次提出的。广告策划是对广告运动的整体计划，是为突出广告决策、实施广告决策、测定广告决策而进行的预先的研讨和规划，其核心是确定广告目标、制定和发展广告策略。为有效进行广告活动，必须加强广告策划，这是广告界的共识。因此，所谓广告策划，是指广告人通过周密的市场调查和系统的分析，利用已经掌握的知识、情报和手段，合理而有效地开展广告活动的进程。广告策划具有两方面的特征：一是事前的行为，二是行为本身具有全局性。因而，广告策划是对广告活动所进行的事前性和全局性的筹划与打算。

广告策划在整个广告活动中处于指导地位，贯穿于广告活动的各个阶段，涉及广告活动的各个方面。广告策划使广告调查、广告目标的确定、广告对象的确定、广告媒介的确定、广告创作、广告发布、广告效果测定等项工作如何开展，运用什么策略，怎样达到预定的目标等有了系统全面的规划，不致陷于盲目行动。

广告策划一般有两种形式：一种是单独性的，即为一个或几个单一性的广告进行策划；另一种是系统性的，即为规模较大的、一连串的为达到同一目标所做的各种不同的广告组合而进行的策划。单个广告策划，可以使个别的广告活动或设计增强说服力，提高广告效果。但是，要从总体上实现企业的促销目标；使企业以其产品、劳务在市场中占据应有的位置，仅有个别的广告策划就不够了，而需要一个系统、全面、周密的广告策划，这种广告策划也称为整体广告策划。广告策划要服从企业整体营销、目标，只有站在企业整体经营的高度，从整体广告活动出发，对其进行全面、系统的规划和部署才能达到广告的预期目的。

二、广告策划的功能

在整个广告活动中，广告策划是各广告环节的中心环节，具有核心和枢纽作用。这主要表现在以下几方面。

1. 使广告活动目标明确

广告策划方案是按照目标制定的。它运用科学的方法，集中丰富的经验，事先将各项活动都作了安排。各项活动又紧紧围绕最终的总体目标而展开，具有共同的指向性。专业广告公司可与企业密切配合，按既定方针保证广告活动有条不紊地进行，使广告活动符合客观实际，有效地避免广告活动的盲目性。

2. 使广告活动效益显著

广告策划将企业的长远计划和短期计划相衔接，使广告活动的重点更为突出。在策划中根据产品生命周期的不同阶段，采用不同的广告战略，兼顾眼前目标与长远利益，使整个广告活动的宣传效果更为显著。同时广告策划在统筹广告主的广告活动、集中力量树立商品品牌形象方面也具有重要意义。广告策划通过周全的市场竞争意识和全面的通盘考虑，组织以树立品牌形象为中心的广告活动，可以较迅速地树立商品品牌，从而开拓市场、占领市场。此外，通过广告策划对广告活动的统一运筹，可以合理配置和使用广告客户支付的广告费用，提高广告的经济效益，以利于企业的生产和产品的开发。

3. 使广告活动更具竞争性

广告策划能够发现企业的优势和劣势，据此采用恰当的广告策略，从而提高市场竞争力。在策划中要仔细分析竞争对手的状况，知道在什么条件下可以与对手竞争，什么条件下不能与对手竞争。比如广告产品总是具有某些优点和不尽如人意的地方，经过广告策划可使广告产品扬长避短，使其长处得到充分的宣扬，避开竞争对手的锋芒，化劣势为优势。从某种意义上说，市场竞争就是策划的竞争。谁的策划更高明，谁就能赢得市场，在市场竞争中立于不败之地。

4. 提高广告业的服务水平

广告策划是现代商品经济发展的必然产物，是广告活动科学化、规范化的标志之一。西方许多商品经济发达的国家先后都建立了以策划为主体、以创意为中心的广告计划管理体制。20世纪80年代中期，我国广告界首次提出广告策划的概念，这是自

1979年恢复广告业之后对广告理论一次观念上的冲击，它迫使人们重新认识广告工作的性质及作用。广告工作开始走上为客户提供全面服务的新阶段。

三、网络广告策划

网络广告与传统广告相比，具有许多传播优势，加强网络广告策划对于网络广告而言具有特殊的含义。

网络广告策划是根据互联网的特征及网络人群的特征，从全局角度展开的一种运筹和规划。在有限的广告信息体上对整个网络广告活动加以协调安排，广告设计、广告投入、广告时间，广告空间安排等各个具体环节做到充分考虑并精益求精。广告商对广告自我检测，不断改进，胸有成竹地执行各个环节。

网络广告是企业整体广告的一个有机组成部分。网络是广告媒体的一种，网络广告是企业采用的广告形式之一。因此，就目前而言，网络广告策划只是企业整体广告策划的一部分，即网络广告策划要服务于企业广告策划的安排。在进行网络广告策划时，除了要考虑到广告策划的共同特点之外，还要考虑如何将网络广告纳入企业的整体发展战略和营销战略中去。但是，在具体实施网络广告策划时，它又是一个相对独立、完整的过程，必须要有调查、目标确定、广告地位、经费预算、制作、发布、效果评估等步骤，是局部中的全局性行为。

网络广告策划，是对网络广告活动的运筹与谋划，是网络广告经营单位根据网络广告主的营销计划和目标，对其网络广告活动进行系统的整体筹划和部署的工作。网络广告策划的主体是网络广告经营单位。网络广告经营单位首先要对广告主的状况、产品特点有深入的了解，在此基础上分析市场动态，结合自身承办网络广告的能力和经验制订网络广告的方案，提出预算并预测方案实施之后的经济效益。

四、网络广告策划的特点

网络广告策划作为一种新型的广告策划形式,它和传统广告策划一样也具有事前性、指导性和全局性的特点。

1. 事前性

所谓的事前性是指网络广告策划是在具体网络广告实施之前的"演习"。它对网络广告的各个环节,比如制作、投放、实施等进行的具体的网络广告事前安排,是在整个网络广告活动开始之前,对即将开始具体实施的网络广告的计划、谋略和安排。它的结果就是网络广告方案。一项网络广告成功与否的因素虽然多种多样,但没有良好有效、独特新颖的策略方案是很难吸引顾客的。有效的网络广告策划来自设计者的匠心和事先的种种周密布置以及对信息的充分利用。

2. 全局性

网络广告策划的全局性是指这项工作不仅要直接利用网络广告信息调查时得来的种种有用信息,而且更重要是要在这些信息的基础上在头脑中或实验室里设计出具体的网络广告,这就要对网络广告的每一环节都进行考虑。网络广告策划的主要特点之一就是生成网络广告这一活动常常体现为组合型或系列化活动,它所做的工作要贯穿到整个网络广告活动的全部业务中去。网络广告策划过程的全局性还体现在它必须联系企业的实际。所以,它常常与企业的实体运作相关联,比如企业的产品特点、产品性质、企业文化等。在进行网络广告策划时,它所要达到的目标一定要与这些因素联系在一起,甚至连企业与环境的关系也要考虑进去。因此,网络广告策划在某种意义上来说是对与企业及与企业产品相关联的所有信息的排列组合,以达到全面规划的目的。

3. 指导性

网络广告策划的指导性是指网络广告策划的过程就是为后来

网络广告的具体制作、实施提供一个蓝图。后期的网络广告制作和实施要以网络广告方案为依据。在一项网络广告的制作中，常常要分成不同的步骤，比如网络广告创意、网络广告制作、网络广告发布、网络广告媒介等，这样分工有一定的好处：它有利于各种专业化的操作。但这种分开的步骤必须在最终要得到整合加工，这就是网络广告策划的任务，它的指导性就体现在对各个子环节进行取舍修正。网络广告策划为整个网络广告活动提供具体的实施模本、行为依据、评价标准。如果没有网络广告策划的指导，这些分开的环节就难以统一起来，各个环节就会失去方向和依据、最终会使整个网络广告形神不统一，自然就无法有效地推广产品，打开市场。

第二节 网络广告策划的作用与原则

一、网络广告策划的作用

网络广告策划是整个网络广告工作的核心，对于确定网络广告的方向，提高网络广告的效果具有以下重要作用。

（1）网络广告策划在整个广告活动的全过程中处于核心地位，对广告活动的目的、内容起决定作用。网络广告制作要充分地体现网络广告策划的意图和构思，缺少了策划，广告制作就成了无源之水、无本之木。网络广告效果测定的标准、原则，是经过策划后而加以确定的，否则，效果测定将没有实际意义。

（2）网络广告策划的实用性也说明了它的这种核心地位。整个策划应对为什么要做网络广告？对谁做？在什么时间和地区做？用什么网络广告方式？怎样更具高效等问题做出具体而详细的回答。也正是通过上述网络广告问题的筹划，才产生了广告活动的成果：网络广告目标、网络广告对象、网络广告主题、网络广告方式、网络广告时机、网络广告效果等。从系统的观点看，网络广告策划处在网络广告活动系统的核心地位。

（3）从网络广告的管理角度分析，策划处于网络广告管理的核心位置。从上面阐述的内容可知，网络广告活动包括许多方面，如果广告主企业中没有专门的广告部门，网络广告业务可委托于代理性网络广告公司操办，其他网络广告管理工作也可交由广告公司代理。但策划后决策权必须由广告主决策层亲自掌握，以保证网络广告活动满足广告主企业的要求，为广告主企业利益服务。网络广告策划的过程一般需要经过网络广告目标的策划、网络广告对象策划、网络广告主题策划、网络广告创意策划、网络广告发布策划、网络广告时间策划、网络广告预算策划各步骤。

二、网络广告策划的原则

广告策划是超前性思维和创造性思维发挥作用的成果之一，有其自身的规律性，并有一定的原则性。网络广告也不例外，一般应坚持下列几项原则。

1. 真实性原则

企业对消费者以诚相待，才能进行长期的品牌资产积累。真实性是广告的生命，消费者憎恶虚假广告，广告活动策划应真实地反映企业经营的目标，不能为了一时轰动而造假，为一时之利而伤害与消费者长期建立起来的感情联系。

2. 整合性原则

整合性是指网络广告策划必须考虑各种广告媒体之间的相互搭配，即整合多种媒体进行全方位的广告宣传。网络媒体虽然属于新型媒体，但它不可能取代传统媒体，况且网络媒体目前还在不断成熟发展中，还必须通过与传统媒体的整合来弥补网络媒体自身的不足。如某品牌洗发水刚面世时,其广告宣传就整合了多种媒体进行全方位的立体化宣传,首先在电视广告的画面里你可以发现该洗发水的网站地址。其次它在全国各地开展了各种促销活动,通过赠送小袋装的洗发水来进一步扩大其知名度和美誉度,同时也在包装上印有网址。当你登录到品牌网址时,可以看到上面有各种促销活动和有奖注册,当注册后,公司会定期向你的信箱传递各种有关洗发水的信息。再次在各大知名网站上也可以看到其广告,各大地方性报纸也都对其作了相应的广告宣传。网络广告与传统广告的有效整合,极大地提升了该品牌的知名度。

3. 创新性原则

网络广告必须出奇制胜,寻求独特的广告定位、广告语言、广告表现等,从而实现网络广告活动的创新。网络广告是一种新型的广告形式,媒体的不成熟使网络广告策划仍处于摸索阶段。网络传播的多媒体特性使网络广告的表现手段较之报纸、杂志、广播,甚至电视,更为丰富,但技术上的可能性并不会自动转化为网络广告的实际诉求效果。网络广告不在几秒钟内抓住网民的注意力,网民就会掉头不顾,或者关闭广告,或者转而进入其他页面。网络世界传受双方空前的平等性,使网民在相当大的程度上掌握了信息接受的选择权,对不感兴趣的广告可以有效拒绝,如对弹出式广告,可以立刻关闭窗口,对整屏广告,可以马上切换到其他窗口,使广告的强迫性得不到实现。没有新颖性的网络广告,吸引不到眼球的注意力,更谈不上转化为相应的点击率,也就没有什么促销效果。

从网络广告发布形式来看,网络广告处于不断的创新之中。最早的网络广告形式比较呆板,不是一行字或一幅画面静静地躺在那里,就是一串字走来走去。而现在的网络广告可谓千姿百态:可以用 Flash 做成小动画;动态广告画面在屏幕上来回走动,而且随时可以从中获取进一步的信息;打开一个网页时,马上会弹出一幅将平面广告与电视广告完美结合的动态广告画面;可以用Java技术做出各式各样的广告效果;网络电视广告也越来越普及。

4. 系统性原则

网络广告策划是对网络广告活动的系统规划。有效的网络广告策划,要求各种形式广告效果在一个维度上不断强化。网络广告策划的系统原则包括两个方面的含义。

一是采用多种形式宣传同一商品或服务的网络广告在广告目标、广告策略、广告表现等方面必须协调一致。例如,百事可乐的在线广告,采用了巨幅广告、横幅广告和流媒体广告等多种形式,无论是发布在1996年正式开通的百事网站上,还是投放到MTV、雅虎和奥斯卡的官方网站上,这些在线广告都强调作为年轻人的代言人的产品形象,服从于百事可乐品牌传播的总体定位。

二是网络广告与线下广告相协调。大多数广告主,特别是消费品的广告主并不是单独使用网络广告的,而是把网络广告与传统广告配合起来使用,也就是网络广告策划要站在企业全局的立场上,从系统化角度考虑问题,要求网络广告在广告目标、广告策略、广告表现等方面要和传统媒体广告协调一致。例如,百事可乐和可口可乐的网络广告,基本上延续了两者线下广告的产品地位与表现风格。从美国艾维媒体资讯的数据库中调出两大可乐商在美国的网络媒体上发布的广告,可以看到,可口可乐的广告比较传统,以红、白色块为主,字体线条流畅,针对各个年龄段、各个阶层的消费者,从图片设计到广告用语均强调"生活"二字;广告传达了"生活是美好的"品牌理念,传播"创造一段值得一生铭记的回忆",营造一种贴心熨肺的亲切感,尽力拉近产品与消费者的距离。百事可乐的网络广告则较为活泼,无论是画面构图,还是动画运用,都着意传达一种"酷"的感觉。百事可乐善于制造"名人效应",经常请出青少年的偶像作为自己的代言人,不断捕捉青少年的兴趣点和关注点。这两个品牌可乐的网络广告的表现策略与传统广告的整体策略是一脉相承的。

5. 亲近性原则

网络广告的亲近性原则,是指网络广告策划要力求贴近网民,将亲善、坦诚、友好、轻松的态度贯彻到全部广告思想及广告活动中,加强对消费者的感染力和亲和力,在亲密无间的情感氛围中,将广告目的融化到消费者心中。康柏电脑在网络上发布的新产品上市横幅广告标题是:"它还没有改变你的生活吗?"在这一标题下面再设计系列问题,网民只要按下鼠标,就能得到更多极富吸引力的信息。互动特性、一对一的关系传播等使网络广告更富有无可比拟的亲和力。

6. 目标性原则

通过信息沟通使消费者产生对品牌的认知,引起他们情感、态度和行为上的变化,推动销售,这是广告的目标。广告策划应围绕这一目标进行:策划必须始终使活动策划的目标与企业的经营目标保持一致;策划人员必须用企业的目标来指引方向和修正战略。产品发展阶段不同,广告目标也不同,根据不同的广告目标,有针对性地强调不同阶段产品的主要特点,突出企业的竞争优势,塑造良好的企业形象。

7. 差异性原则

创造性思维是广告策划生命力的源泉,它贯穿于广告策划过程的始终。创造性思维往往表现为对常见的现象和传统理论持怀疑、分析的态度,从分析事物的相似与相异中,发掘事物之间的必然联系,创造性思维的核心是积极的求异性,表现为突出广告的差异性,即广告中的特殊性与个性。纵观许多成功的广告,无一不是充满个性,或能充分展现其差异性的。在广告策划中,不仅要使广告产品的利益点在同类产品中有差异,而且要使广告设计的创意也具有差异性,才能令人注目。这两者的差异才能构成对消费者购物行为的引导,并改变广告宣传中的弱性与被动性质。因此,广告策划要以差异性为核心,处处掌握广告活动的主动权。

8. 灵活性原则

任何事物都处于动态、变化的环境之中。社会生活方式在变,市场环境在变,人们的心态也在变。以企业广告为例,由于消费者对产品的态度不断发生变化,企业的生产以及商品在市场上的位置也不断发生变化。在这种情况下,广告策划的重心则要随着市场和消费者的变化而变化,如果客观情况发生了变化,广告宣传的策略不随之变化,我们就可能犯主观主义的错误。因此,广告策划也就必须坚持灵活的原则。计划方案从一出台,就要对其进展情况、消费者态度、竞争对手的反应以及市场变化进行密切监视,及时反馈相关信息,并以定期控制检查的管理体制作为组织上的保证。一旦市场环境与经营条件发生变化,使实施中的方案受挫贬值,难以实现预期效果,就尽早做出调整和改变,或转用其他预备方案,甚至准备拟制新方案。不难看出,坚持广告策划的灵活性原则的关键:一是实施方案保持适当的弹性;二是要预先制定若干预备方案,有备方能无患。

9. 效益性原则

企业进行广告策划时,除了考虑策划的目标外,还必须考虑企业的资源状况。任何一个广告活动都应讲究投入产出,在取得尽可能大的广告效果的前提下尽量少花钱。讲究实际效果,要杜绝那些人情广告,杜绝毫无价值的广告活动,避免广告中的浪费。广告策划既要讲求广告对产品销售的效果,又要讲求对树立产品和企业形象的效果;既讲究近期可见的效果,也追求远期潜在的效果。讲效益是广告策划的基本特征,我们要把宏观效益与微观效益统一起来，把经济效益与社会效益统一起来，使广告策划为企业、消费者和社会都带来实际的利益。某些广告公司，老想撞上一个大客户，老想诱导或逼迫客户出大价钱，提出的策划方案往往极尽豪奢，也免不了把一些嫌贫爱富的表情写在脸上。殊不知，在广告策划的诸多原则中，至高无上的原则应该是为客户省钱，只有省钱的策划，才是真正的大创意。

10. 保密性原则

广告策划方案当然要使与营销活动有关的各部门理解，并在企业全体人员中加强沟通和了解，但是对外则要坚持保密原则。商场如战场，多加提防为好，特别是要防止广告策划方案流入竞争对手手中。因为广告一向被视为商战的大型武器，一旦广告计划泄露，为竞争对手获得，势必采取相应对策，攻我所短，制我所长，令我方广告目标落空。这会给企业带来难以估量的损失。因此，广告策划过程中一定要做好保密工作，尽量在制度和人员两方面都有所约束和检点，这一点十分必要。对于网络广告而言，更需强调保密性原则。因为网络作为信息广场，保密问题一直是它难以克服的最大难题之一。如保密技术日新月异，但解密技巧层出不穷，更为糟糕的是，掌握解密技巧的有可能就是竞争对手。加密与解密互相攀升，真有一种"道高一尺，魔高一丈"的感觉。在世界范围内，网络道德、网络法律都在积极建设之中，随着网络管理日趋规范，这类问题应该会越来越少。但在这一天到来之前，我们自己还是多加小心为好。因此，我们在最后强调保密原则，希望能引起网络广告策划人员的重视。

三、网络广告策划的意义

策划在整个广告活动中处于核心地位，其在现代企业营销战略中至少具备三个重要意义：

1. 网络广告策划的行业意义

国内广告业的发展时间较短,许多广告公司仅能提供广告版面设计、广告语言选择、广告口号制定等技术性服务,这与现代广告的要求相差甚远。现代广告要求充分了解企业的营销计划和商业活动整体,在广告信息探寻、广告整体策划,广告制作发行,广告效绩考查的基础上,全面代理企业的广告业务。这要求突破小规模技术服务的狭小范围,进行整体广告策划,整体广告策划是广告业成熟的标志。网络广告的核心环节是网络广告策划,网络广告在信息探寻、网络广告制作、发布、预算、反馈等环节的本质上与传统广告并无二致,网络广告策划更多体现网络广告的本质,网络广告策划是网络广告的突破口。

2. 网络广告策划的现实意义

网络广告策划中需要回答对谁做网络广告、对谁做、在什么时间和地区做、用什么网络广告方式、怎样更具高效等具体问题。现代企业营销活动拥有立体的多维广告形式,传统媒体与网络媒体的整合能使广告活动更加多样、更加有效。网络广告策划对效果的监控充分保证网络广告的有效性。网络广告策划可以使各个环节达到最优化配置,使广告活动发挥最大功能,减少不必要的损耗。

3. 网络广告策划的战略意义

广告活动包括广告目标、广告对象、广告时间、广告地区、广告战略、广告战术、广告主题、广告媒体、广告预算、广告效果测评等多个要素,广告策划应将其当成一个整体。把广告策划放到营销战略全局来看,网络广告策划关乎企业网络营销及整个营销战略,从此立场出发,真正认识网络广告策划在企业营销战略中的战略地位。

第三节 网络广告策划的内容

网络媒体的特点决定了网络广告策划的特定要求。如网络的高度互动性使网络广告不再只是单纯地创意表现与信息发布,广告主对广告回应度的要求会更高;网络的时效性非常重要,网络广告的制作时间短,上线时间快,受众的回应也是即时的,广告效果的评估与广告策略的调整也都必须是即时的。传统广告的策划步骤在网络广告上运用可以说是应有很大的不同,因此,网络广告有自己的策划过程,具体如下。

一、网络广告目标策划

所谓广告目标,简单地说就是广告所要达到的目的;具体地说就是指企业通过广告活动所要达到的效果,这种效果可以表现为知名度、美誉度的提升,也可以表现为销售额、市场占有率等的提高。确定网络广告目标,是指根据企业的经济状况、营销策略,以及企业总体广告战略,制订出一个合理的、通过网络广告所能够达到的广告目标。网络广告目标是广告总体目标的一部分,是分目标。网络广告目标制订的影响因素有广告经费、时间性、差异性、服从性等。例如,雅芳美容化妆品针对 15~25 岁的少女推出的彩妆 Up2u 以 "美由你做主" 作为诉求点,配合孙燕姿代言的电视广告和 Up2u 少女组在北京、上海等城市的现场推介活动,也在网上进行广告宣传,网络广告宣传的目标是:配合全新彩妆产品上市,推进产品的传播力;采取的推广策略是:通过线上推出与线下活动相呼应的主题活动,营造一种彩妆新品上市的缤纷气氛。

广告目标指引着广告的方向,这一点在网络广告中也同样成立。随后进行的各种行动都取决于广告目标。只有明确了网络广告活动的总体目标之后，广告策划者才能决定网络广告的内容、形式、创意，甚至包括网站的选择、广告对象的确定。

网络广告目标可以分为直接目标和间接目标。直接目标又称为心理目标，是指广告本身对网民所发生的直接作用和影响。

传统广告中用于衡量效果的通常为知名度、认知度、信任度、偏爱度等指标，但这些指标并不容易得到精确的统计。网络广告中则可以借助信息技术特点使得效果易于评估，可以通过点击率或 E-mail 的回复率等来统计，这便使得广告目标的制定更明确，量化的可能性越大，达到预期目标的可能性也就越大。

间接目标即经济目标，包括销售目标、营利目标、市场目标等，但要实现这些目标的影响因素很多，网络广告只是其中的一种，因此一般而言应将重点放在直接目标的策划上。在进行直接广告目标的策划时，根据目标受众的范围不同，又可分别确定大众沟通目标及个体沟通目标。值得强调的是，在制定个体沟通目标时，应事先对来自个体的反应测试结果存档，建立顾客数据库，根据数据库中详细的个人信息分析该消费者所处的阶段，从而制订出广告沟通目标，实施针对个人跟踪性沟通。

网络广告目标的策划有以下三方面的要求。

（1）时间要求，即设定发布广告及达到广告目标的时间，它分为长期广告目标及短期广告目标，由于互联网发展变化较快的特点，网络广告更强调中短期目标的实现，而且通过中短期目标的不断调整来实现长期目标。

（2）多重性要求，即策划网络广告目标时要具备一定的伸缩性，针对不同的目标受众设置微目标。

（3）量化要求，即制定目标时尽量以数量化的形式表现出来，指标提高的百分点等。

二、网络广告的目标受众策划

确定网络广告的目标群体,简单来说就是确定网络广告希望让哪些人来看,确定他们是哪个群体、哪个阶层、哪个区域。只有让合适的用户来参与广告信息活动,才能使广告有效地实现其目标。

企业的产品特性是准确定位广告目标群体的关键。因为广告的目标群体是由企业的产品消费对象来决定的,网络营销人员要深入调查和分析目标群体的性别、年龄、职业、爱好、文化程度、素质水平、收入、生活方式、思想方式、消费心理、购买习惯、平时接触网络媒体的习惯等。了解了目标群体的特征,才能有的放矢地调整企业的营销策略。

网络浏览或网上购买者是具有一些时代特征的。目前网络人口主要呈现年轻化、受教育程度较好、收入较高的特点。这是因为计算机网络操作要求具有这方面的基本知识和技能;同时,由于网络搜索的工作特性多于它的娱乐性,因此要求网络广告目标群体对网络本身具有较浓厚的兴趣。

在网络广告中,还要清楚了解目标群体的网络操作水平,这决定着网络广告表现时所能采用的技术程度和软件,针对那些熟悉网络操作技能的广告受众,可以采用较复杂的展现形式和增加广告的互动操作来提高网络广告的活泼性和趣味性。

由于现在开发的广告管理系统具有定向发布和定向反馈的功能,使得网络营销人员能更准确地了解广告目标群体的情况。企业在进行网络营销时,必须分析网络的既有群体与企业整体营销策略的目标市场之间的重合度有多大,以避免盲目的网络营销决策。企业应充分考虑网络广告目标群体的容量,这主要包括目标群体的人数、购买力及偏好。同时,还要考虑公司、产品及竞争对手在消费者心目中的形象。

三、网络广告的主题策划

在对网络广告策划的过程中,一旦在分析广告对象的基础上明确了目标之后,就要考虑选择什么样的主题以达到预期的目标。网络广告主题的策划是网络广告灵魂的塑造。一则广告如果没有主题,就会使人们看到后不知所云,没有印象。广告主题要做到简洁、鲜明、新颖、便于记忆才能给人留下深刻的印象。例如,惠普公司为 Photo Smart 7960 数码照片打印机做的广告标题是"您的生活多姿多彩,万千色彩任挥洒",非常简练地传达了该打印机彩色打印分辨率高的性能特征,抓住了消费者的心理。

四、选择网络广告发布渠道及方式

网上发布广告的渠道和形式众多,各有长短,企业应根据自身情况及网络广告的目标,选择网络广告发布渠道及方式。在目前,可供选择的渠道和方式主要有:

1. 主页形式

建立自己的主页,对于企业来说,是一种必然的趋势。它不但是企业形象的树立,也是宣传产品的良好工具。在互联网上做广告的很多形式都只是提供了一种快速链接公司主页的途径,所以,建立公司的网络主页是最根本的。从今后的发展看,公司的主页地址也会像公司的地址、名称、电话一样,是独有的,是公司的标识,将成为公司的无形资产。

2. 网络内容服务商(ICP)

如新浪、搜狐、网易等,它们提供了大量的互联网用户感兴趣并需要的免费信息服务,包括新闻、评论、生活、财经等内容。因此,这些网站的访问量非常大,是网上最引人注目的站点。目前,这样的网站是网络广告发布的主要阵地,但在这些网站上发布广告的主要形式是旗帜广告。

3. 专业类销售网

这是一种专业类产品直接在互联网上进行销售的方式。走入这样的网站，消费者只要在一张表中填上自己所需商品的类型、型号、制造商、价位等信息，然后按一下搜索键，就可以得到你所需要商品的各种细节资料。

4. 企业名录

这是由一些 Internet 服务商或政府机构将一部分企业信息融入他们的主页中。如香港商业发展委员会的主页中就包括汽车代理商、汽车配件商的名录，只要用户感兴趣，就可以通过链接进入选中企业的主页。

5. 免费的 E-mail 服务

在互联网上有许多服务商提供免费的 E-mail 服务，很多上网者都喜欢使用。利用这一优势，能够帮助企业将广告主动送至使用免费 E-mail 服务的用户手中。

6. 黄页形式

在 Internet 上有一些专门用以查询检索服务的网站，如 Yahoo!、Infoseek、Excite 等。这些站点就如同电话黄页一样，按类别划分，便于用户进行站点的查询。采用这种方法的好处，一是针对性强，查询过程都以关键字区分；二是醒目，处于页面的明显处，易于被查询者注意，是用户浏览的首选。

7. 网络报纸或网络杂志

随着互联网的发展，国内外一些著名的报纸和杂志纷纷在 Internet 上建立了自己的主页；更有一些新兴的报纸或杂志，放弃了传统的"纸"的媒体，完完全全地成为一种"网络报纸"或"网络杂志"。其影响非常大，访问的人数不断上升。对于注重广告宣传的企业来说，在这些网络报纸或杂志上做广告，也是一个较好的传播渠道。

8. 新闻组

新闻组是人人都可以订阅的一种互联网服务形式,阅读者可成为新闻组的一员。成员可以在新闻组上阅读大量的公告,也可以发表自己的公告,或者回复他人的公告。新闻组是一种很好的讨论和分享信息的方式。广告主可以选择与本企业产品相关的新闻组发布公告,这将是一种非常有效的网络广告传播渠道。

五、网络广告地区和时间策划

1. 网络广告地区策划

网络广告地区策划主要是分析确定企业需要在哪些地区实施有针对性的广告活动,广告要覆盖多大的范围。由于网络媒体具有开放性,网民可以在网上随意访问任何一个开放式的网站,因此网络广告发布的区域性主要是指某些网站在某些地区的知名度比较高,从而成为一个地区的优势媒体,在这个网站上发布广告的效果会比较好。当然,与传统媒体相比,网络媒体的开放性同时又有它的缺点,即缺乏较强的地区针对性。而传统媒体的地区性传播优势比较明显,如有线电视、城市报纸、地方电台的地区受众群体比较固定,比较有利于配合地区性销售活动的开展。与传统的地方性媒体的有效整合,可以弥补网络媒体广告在地区性覆盖方面上的不足。

网络广告地域的选择需要考虑多方面的因素:企业的营销目标、当地网络媒体的特征,如网络的普及程度和当地网民接触网络媒体的状况等、该地区的风土人情与宗教文化特点、目标受众的特点(性别、年龄、文化层次、收入水平、消费习惯、购买动机、购买心理等)、同类产品的知名度和美誉度及市场占有率、企业对这一地区的认可度、这一地区对企业产品的认可度等。这些与地域相关的间接因素,都会影响到网络广告策划对每一项具体细节的实施。

2. 网络广告时间策划

网络广告的时间策划是其策略决策的重要方面。网络广告与传统广告的一个相同问题就是广告都有时间限制，怎样在有限的时间内传递出企业的产品信息？怎样最有效地节约广告时间成本？是网络广告面对的问题，对这一问题的确定与安排就是广告策划的时间因素。网络广告的时间策划包括对网络广告时限、频率、时序及发布时间的考虑。

网络广告的时间策划分为集中速决型和持续均衡型两种。集中速决型就是在短暂的时间里，向目标市场大量投资，利用各种媒体发起强大的网络广告攻势，使网络广告刊播的频率高、信息密集，对目标公众的刺激性强，适用于新产品投入期或流行商品引入市场期，也适用于一些季节性很强的商品。采取持续均衡策略，为的是不断地给消费者以信息刺激，以保持消费者对产品的持久记忆，适用于产品成长期、成熟期。由于网络广告活动持续的时间长，如果始终采取密集型信息传播，花费太大，久之也会引起消费者的逆反心理。如果网络广告信息传递太疏，前后网络广告之间相距时间太长，又可能造成消费者对产品品牌的遗忘。因此，科学地利用人们的遗忘规律，合理地安排网络广告推出次数和各种网络广告之间的时距以及各个时间段里的网络广告频率，便成为网络广告策略中重要的课题。

事实上，在具体网络广告的时间策划中，人们常常把集中速决型和持续均衡型综合运用，或者交替运用，这样均衡中既有变化，又有不均衡。因此，具体的网络广告推出方式，或者说一系列网络广告组合方式，便呈如下几种样式。

（1）集中式。这是集中速决策略的网络广告组合方式，在短时间内，把密集的网络广告信息通过各个网站送到目标市场。这种方式，在一定意义上说，是"迫使"公众接受网络广告信息。

（2）周期式。周期式又称阶段式，就是把网络广告时限划分为若干段，例如，把一年划分为6段，每段两个月，逢双月发布网络广告，单月中止；或者每季度头两个月发布网络广告，第三个月中止。这样，网络广告就成为一种周期出现的状态。它实际上是两种网络广告时限的综合运用。总的网络广告时限较长，如一年。每一周期的网络广告时限较短，如一个月、两个月。每一周期形式上是独立的。

（3）闪光式。闪光式可视为周期式的变种，网络广告时间和间隙时间都比较短，如网络广告三天、停歇两天，或网络广告一周、停歇一周，等等。由于间隙时间短给人一种连续网络广告的错觉。在网络广告期限内，网络广告像是闪光灯一样，一亮一灭。其主要好处是花较少的钱达到连续网络广告的效果。

（4）连续式。连续式是持续均衡策略所采用的网络广告组合方式。在网络广告时限内，以均衡的方式，如每天或隔天连续推出网络广告。网络广告出现的频率较集中式低，其特点概括为低频率、长时间、连续不断。但它与前后两个相邻周期又有内在联系，这样就使网络广告具有一种内在的持续性。其网络广告推出的频率，在均衡中又有不均衡。周期与周期之间，时间间距比较均衡，各网络广告周期的时限也较为均衡。然而在整个网络广告活动时限内，网络广告信息频率则又很不均衡。两个周期之间，网络广告中止，频率是零。在网络广告刊播周期之内，频率则高于连续网络广告方式，但比全方位高密度集中式网络广告的频率要低。

（5）脉冲式。脉冲式是连续式和周期式的一种结合形式。它的组合方式是很少量的连续网络广告加上周期性的加强网络广告。少量的连续网络广告能以少量的网络广告费延续网络广告时限，周期性地加强以周期性的频率把网络广告推向高潮。

六、网络广告策略策划

网络广告策略包括定位策略、广告主题策略、表现策略、与传统广告媒介的组合策略、与网上促销的整合策略等。所谓网络广告定位，即网络广告宣传主题定位，就是确定诉求的重点，或者说是确定商品的卖点。就其实质而言，网络广告定位也就是网络广告所宣传的产品、劳务、企业形象的市场定位，是在消费者心目中为网络广告主的产品、劳务或企业形象确定一个独特的位置。网络广告表现策略是广告表现的方式、风格等的策略。网络广告离不开电子商务，与网上促销的结合是进行网络广告策划时需要考虑的重要内容，为网民提供信息服务、购买服务、售后服务、信息反馈等一站式服务也是网络广告营销传播的独特优势。

1. 个性化策略

所谓个性化策略，是指以目标网民为中心，根据其需要、品位、兴趣取向、上网习惯、消费习惯为个人特别定制和定向发布特定广告的策略。应该看到，受众是基于特定的需求动机来接触媒体的，接触媒体的过程就是满足需求的过程。按照"我需要才点击"的逻辑，网络广告只有符合个人需要，才有可能促使网民产生互动的可能，否则必被漠然视之。另一方面，广告要适应个人习惯，互动要简易方便。前提是要有相关的个人资料。个性化互动策略表现在广告的定制和定向发布两个方面。

定制广告通常是智能代理根据个人提供的资料，归类配出广告内容套餐，实现自动的"分众化"、甚至类似"个人化"创作的广告，一般同时设置"参与"的窗口。例如，在 Parent–Time 网站上，凡是输入小孩年龄的家长，在得到相关的育儿信息的同时，还会看到专为这个年龄段所做的广告，得到极好的反馈效果。在电子刊物和电子邮件广告中，可以根据网民的需求和个人资料定期传播"量身订做"的广告。

定向发布广告是根据不同类型广告主的不同需求，准确地收集并判断网民的行为特征，选择最适合的对象投放相关广告，从而最大限度地提高广告的到达率和转化率。"定向"实际上是对受众的筛选，即根据访问者的不同情况决定广告的显示。如果一位注册会员登录新浪网，那么他的个人资料立即通过一种广告管理系统被广告商获知。根据资料和他正在浏览的网页内容，广告商可以从备选的横幅广告中选出他乐于接受的广告并发送出去。如果这位访问者是年轻女士，她所看到的页面上闪动的广告是玉兰油系列化妆品广告，广告会诱导她主动查询免费提供的美容技巧。若你是一位男士，摆在你面前的可能是菲利浦剃须刀的广告。可见，个性化广告能够迅速抓住网民的"关切点"，激发好奇心和参与欲，诱发行动。

2. 体验式策略

指通过利用虚拟现实等技术，引导网民参与使用品牌（产品或服务），以预先获得消费体验，对该品牌（产品或服务）产生了解、认同和共鸣，从而达成广告目的。在网络广告中，这种"感受"是多感官立体式和即时的。这种策略可以完成从知名—试用—进一步说服甚至购买行动的多层次交互效果，并通常具有娱乐性。市场营销理论认为，"求新"是消费者的基本购买动机。新的品牌、产品或服务，容易激发试用欲望，网上免费的、带有趣味性的"使用"，自然会引发互动效应。比如柯达胶卷的旗帜广告中显示一群儿童运动的照片，广告中的镜头取景框能随着鼠标移动，当移动到适合位置时，取景框中的画面会变成彩色。此时，只要按下鼠标，就能完成摄影，并及时显示效果和销售信息。又如某一面粉在广告中引导网民体验使用面粉做馅饼的感觉，网民利用鼠标控制每一环节，既有趣又切合主题。

体验策略要让消费者体会到品牌或商品的优良品质，享受附加的心理价值；另外，体验模式要有多种选择，满足其自主和娱乐需求。

3. 游戏式策略

即以娱乐为诱因，以互动游戏为载体，在受众参与的过程中传播广告讯息，从而达到潜移默化诉求的广告效果。网络互动、自主的传播特性，使受众可以只"点击"他们感兴趣的广告，这要求网络广告更加具备服务性或娱乐性，或者两者兼备，只有这样才能增强网络广告的黏合力和吸引力。按照广告内容和游戏的融合程度，游戏策略分成两个层面：①在网站提供的免费游戏的开头、中间、结尾，或者游戏的四周发布广告。品牌（产品）特性与游戏内容无明显关联。广告成为"免费游戏"的"附带条件"，由于受众比较投入，对广告的注意值也较高。②用互动游戏技术，将品牌（产品）讯息嵌入游戏环境当中，通过网民的互动游戏，产生更强的说服效果。可以特别定制，也可以改编已有游戏。如可伶可俐护肤品把油脂比喻成虫子，把产品比喻为快枪，通过游戏（枪打虫子）来吸引网民，突出产品功效。互动性、趣味性的游戏，使网民不仅从网页上简单获得产品讯息，还能在游戏中和游戏后出现的动画的过程中加深对产品印象。

4. 激励式策略

在网络广告活动中，设置即时可以获得的"奖励"，以诱导目标受众主动参与，从而达到深度诉求的效果。从心理学的角度来看，行动源于需要而发于诱因，网上互动要有驱策力。"奖励"诱因是目标受众对行销活动产生行动的原动力。比如免费赠品、优惠、奖品、会员卡、荣誉等。"有奖促销活动"是网民最能接受的网络广告，网民"点击广告"其实是消耗成本，需要"奖励"作为回报，否则，互动难以实现。互动策略是网络广告活动成功的法宝，比如，福特汽车为了测试电视广告片的效果，举行"积累点数赢得奖品"的活动，在这次活动中，网民可以访问福特公司的主页，通过回答一些选择性的问题，网民可以选择自己认为合适的福特汽车的电视广告的脚本。根据大家的选择，将有四个脚本被选出并陆续播放，在每一支广告片播放的中间，参加此一活动的网民可以继续登录网页，对播放过的广告片进行投票，同时还可以提出自己对下一则播放的广告片的设想，网民还能够通过参加这次活动累积点数从而获得奖品。电视广告在网上的有效"移植"，不但使广告达成很好的接触率，还实现了"选择—投票—参与创作"的交流式、递进式的深层次效果，这一切主要归因于福特的品牌价值和奖品的吸引力。这种策略适用于新产品广告、收集资料和测试等。

5. 悬疑式策略

这是指通过设置疑问，为受众创造行动导向，实现层层递进诉求的广告目的。它的核心是利用受众的好奇心、参与欲望和解惑的需求，并且广告提供的讯息能够满足这一切。它依赖的不是娱乐式的猎奇动力，而是寻求问题答案的驱策力，倾向于理智型。一般有疑问型、欲语还休型、邀请行动型等。悬疑策略使受众从不自觉的被动状态变为自觉的主动状态，最后达到促使受众积极查询讯息、提问、注册等互动效果。例如，当网民把鼠标移到 IBN 四个颜色各异、不断上浮的透明气泡标识广告时，会分别出现四个与 Com 公司的成败相关的电子商务的问题。点击后，"答案尽在下一代的电子商务"进一步地引导信息出现，并自动链接到 IBN 网站，访问者可以查询更多产品讯息、解决方案及在线注册（会员能下载更多资料和获得线下的免费权威报告）。IBN 使用的几种网络广告形式和多层导向，通过"解惑"实现互动，达到扩展与推广深层的宣传讯息，创造出品牌与顾客之间的一对一的沟通关系，引发对品牌的兴趣。悬疑策略的有效实施，关键在于要能提供确实的解决办法和足够的讯息。

七、网络广告的反馈策划

一项网络广告成功与否要看其实际对产品的销售起了多大的效果。评价其效果的指标是多样的，比如市场占有率、公众认知度、公众信任度、品牌忠诚度、年或季度销售量等指标，这些指标数的获得就依赖于网络广告反馈系统是否科学合理，一个成功的网络广告总是有一套与之相匹配的反馈系统，有了这样一个系统才能把网络广告的效果检测出来。

网络广告反馈系统的另一功能是传递商业环境的变化信息，商业环境的多变使得任何一则网络广告都会马上失效，甚至起反作用的危险。网络广告反馈系统的传递功能及时把环境的变化因素传递给网络广告设计人员，以便及时对网络广告计划做出修正。这在网络广告环境中更显必要，网上的信息更新速度十分惊人，也能对商业环境的改变做出及时反应，如果网络广告不能适应这种特性，则会对商业活动带来负面影响。

一个灵敏的反馈系统是网络广告策划人员精心安排的结果，在网络广告中，可以利用相应的软件进行信息自动跟踪和整理，这对于一个熟悉网站运作的技术人员来说是轻而易举的。网络广告人员可以与网站进行良好的合作，借助网站的技术优势来完成这一步骤。

八、网络广告预算策划

网络广告与传统广告一样，也要考究广告的投入和产出，追求广告效果的最大化，这就要求对网络广告的投入和支出计划做出合理的安排。用于网络广告的预算额度，应在与同等情况下用于传统媒体广告的预算进行比较后，再根据要达到的销售目标进行适当修订，并考虑传统媒体广告费用与互联网广告费用的一般比例，综合加以确定。

任何广告都有一定的投入成本,企业要在广告投入与广告效果之间力求最优化。在具体策划中,要依据企业的广告目的和广告整体方案,做出最低成本、最优效果的广告预算安排是广告投资预算策划的目的所在,有助于广告主形成理性化的广告行为。

网络广告预算是由一系列调研、分析、预测、协调等工作组成的。这些工作应遵循一定的科学步骤进行,才能保证预算编制的合理性和有效性。广告预算大致可分为调查研究、综合分析、拟订方案及落实方案等阶段。具体程序为:

1. 调查研究影响网络广告预算的主要因素

企业在着手编制网络广告预算之前,必须对企业所处的市场环境、竞争环境、经济与社会环境进行全面且系统调查;同时又要对企业自身的情况和竞争者的情况进行详细的比较和研究。正所谓"知己知彼,百战不殆",这是制定网络广告预算的先决条件。

2. 分析企业上一年度的销售额

企业在制定下一年度网络广告活动预算时,应先对上一年度的销售额进行细致分析,以了解上一年度的实际销售数量和销售额是否符合上一年度的预测销售量和预测销售额。通过此项分析,可以预测下一年度的销售情况,从而安排适当的广告经费,以适应实际销售和推销活动的需要。

3. 分析历年来本企业产品的销售周期性

产品销售跟随着该产品的整个经济周期的变化也呈现出周期性变化的规律性,要充分研究计划期产品销售所处周期阶段,对网络广告经费做出合理的预算。大部分产品在一年的销售中,由于受季节、节假日等因素的影响,也呈现出一种周期性的变化,即在某些月份销售额上升,而在另外几个月中销售额又下降,有销售的淡、旺季的更替。通过对企业产品销售周期的分析,可以为网络广告的总预算提供依据,从而确定不同月份的广告费用的分配，做到因时而异。

4. 确定广告投资总额

通过上述对市场现状的调研和分析后，提出网络广告投资总额的计算方法和理由，从而确定投资总额的多少。

5. 网络广告预算的具体分配

根据前几项工作得出的结论，确定一个年度中广告经费的具体分配。企业可根据自身的实际情况及市场状况，将网络广告费用分配到合适时间和地区，从而使总预算落实到每一个具体的活动细节上。

6. 制定控制与评价的标准

在网络广告预算的编制中，还应确定每笔广告支出所要达到的目的或效果，以及对每个时期每一项广告开支的记录方法。通过这些标准的制定，就可以结合广告效果对广告费的支出进行控制和评价。

7. 确定机动经费。网络广告预算中还应对一定比例的机动支出做出预算，如在什么情况下可投入机动开支、机动开支额的大小、效果如何评价等。

第四节 网络广告策划的操作过程

网络广告策划在本质上仍然属于广告策划的一种，因此，在实施过程中的环节与传统广告有很多相同的做法。具体可以将网络广告策划分成准备阶段、制作阶段、检测阶段、实施阶段。

一、准备阶段

准备阶段的主要工作是将前一期的调查信息加以分析综合，形成正式的研究报告。前一期调查的信息是广告策划的基础，是广告实施中的依据，在相当程度上决定着广告策划及广告实施的效果和成败。广告信息的调查包括从产品、顾客到市场，甚至媒介的方方面面，比如企业状况、消费偏好、顾客收入、宗教文化等。在准备阶段，要充分利用已有信息对下一阶段的实施提供一个成型的计划。广告学本身是一门基于实践的应用性学问，广告策划更多的是实践的总结而不是学术的演绎。因此，广告过程的每一个环节充分考虑到实践的因素是比理论更重要的。在现代企业，尤其是跨国企业中，广告的操作更是体现实际商业活动的特色，也几乎没有任何广告学能涵盖所有广告中的每一环节。所以说在广告策划准备阶段，也许其他学问和知识更能起作用，比如美术、摄影、色彩、心理学等知识。因此，在策划的准备阶段，对知识的准备也是必要的。很难想象一个没有一定艺术天赋和心理学基础的人会在广告设计中成功。

二、制作阶段

制作阶段是广告策划的实质性阶段，在这一阶段首先要对成型的资料经过汇总，综合、分析、整合，从而得出初步结果，这个结果对下一阶段的实施具有指导意义。这一阶段的首要工作仍然是整合资料，是对上一阶段整合的继续，其中关键的环节是对人员及分析工具的选取上，因为这是一个创造性的分析过程，在不同人手中、在不同的分析工具下、有可能得出不同的结论，甚至有些会是互相矛盾的。那么，对人员及分析工具的选取就显得关键，一般来说，有多年广告经验，对企业情况，包括产品，企业文化等有较多了解的人会更好一些，同时，制作主体应该非常熟悉广告信息，并有一定的分析综合，去伪存真的能力。在分析工具上更多的是使用电脑技术和互联网。但是，电脑中决不会进行创造性思考，充其量在信息加工上有一定的作用，因此，这一阶段的工作更多的是依靠人脑来完成经过分析与整合后，就需要对这些零散的信息形成一个较具体的纲要。广告信息是为广告实施服务的，广告的实施依赖于这些信息，但又不是这些信息的简单复制，在分析整合的基础上，要对广告目标、广告媒介、广告载体、广告语言、广告时间、广告地域、广告对象等问题，形成初步的书面材料。这一过程即是前一阶段分析结论，又是下一步行动的开始，因此，每一点的形成都不敢有任何失误，否则将影响后来一系列计划，其所谓失之毫厘，谬以千里。在这一计划的形成过程中，不仅广告设计的全体人员应参与其中，而且企业的产品设计者、生产者、企业经营者、企业决策层都应参与其中，群策群力才能形成能统领企业整体战略的广告计划。这一计划一旦形成，任何个人都不应轻易改动，既使有明显的商业环境改变，也应请示决策层集体做出决定，除非突发性事件下来不及这样做。

纲领性的计划书一旦形成，广告策划的操作过程就已过半。但计划的形成并不是一次完成的，在后来的实践中还应对不足之处作出修正，甚至反复多次修正才最终形成稳定的计划书。在修正过程中，既要考虑到产品的时间性、企业的发展重点，企业战略的方向这些自身因素，而且，更多地应看到商业环境的变化，比如竞争对手的异军突起、广告地域的自然灾害、广告对象的政治环境改变，新产品的问世等外在的商业环境因素。这些因素的改变有可能使整个广告计划面临全线改组的命运，但真要是有了变化，这种改变是必须的。否则，一项无效的广告计划不仅耗费时间、金钱，而且会对企业形象带来消极影响。在网络广告中，这一点尤其如此，网络本来就多变化，这一媒介有传统媒介不能比的时效性和新颖性，在网络上从事广告也必须适应网络本身的特点。因此，对网络广告来说，计划的随时修改更正可能更频繁一些。

经过修正的计划就要进入实施阶段，在这一阶段首先要由某个设计人员写出一份具体的执行计划，这项计划不仅体现了操作过程的内容，而且，对具体实施中的细节也要考虑周到。力求做到具体、详实、可靠、全面。比如，网站的选择，投入费用、费用计算、播放时间、播放频率、图形设计、语言选择、误差纠正、广告更新、版面调整、经济周期、产品季节性等非常具体的方面。具体的执行计划并不需要太多的人参与其中，只要对广告全过程及公司运作有一定了解的人都会胜任此工作。这项计划是广告实施前的最后蓝本。

三、检测阶段

检测阶段是对最后出台的广告实施计划的审定和测评，这一阶段将上一阶段拟制的稿件送给广告主或企业主。呈送过程中有必要把更加具体详细的实施计划向企业主进行解释说明，解释者应该是这项计划自始至终的参与者和制定者，因为他才能从实质和核心上去把握这则广告。解释者应该以公正，坦诚的心态与企业主进行勾通，以便二者真正达成一致共识，这直接关系到广告设计与实施者与企业的合作状况，从而影响广告的整体效果。这一过程是一个勾通与协调的过程，使广告与产品真正达成浑然一体。这对二者的利益关系也有潜在的影响，如果这一协调过程失败或没达到圆满，很有可能在未来的实施过程中留下很多后患。

评议者收到计划后一般会提出一些修改意见，这时的修改与广告设计人员和执行人员没有关系，主要是企业主的意见反馈，是对稿件来自非设计人员的审定，也是整个广告计划的最后审定工作，其目的是更加有效地提高广告效果，一般来说，企业主的修正与广告设计人员的设计不会有根本性的冲突，因为二者在总体目标上没有利益冲突，但是也显然会有一些不合的地方，这时广告制作者应充分听取企业主的意见，因为企业主对该种产品的商业环境有更充分更深刻更准确的把握。广告设计者毕竟只是从某些方面出发去把握产品，很难做到全面。当然，在明显的失误面前，广告设计者应坦诚地提出来并讲明道理，相信企业主会理解的。在实践中，许多广告人埋怨企业主专横、武断，这也许是二者在勾通上存在困难，这一阶段的勾通应该是很重要的，它不仅关心到广告的实施，而且对双方敬业精神也是一个考验。只有坦诚的合作，才会有双方的敬业，才会带来广告的成功。

四、实施阶段

网络广告操作的最后一个阶段是实施阶段。经过设计人员的测评与修正，最后还要经由企业主的测评和修改。整个计划就确立了下来。确定好的策划方案呈送到广告主手中，广告主再与网站勾通进入实施阶段。这几方的权利义务关系在实施阶段也需要从书面上以合同的形式加以确认，合同一经签订，整个网络广告的策划工作可谓大功告成。签约方可以根据合同中的权利义务具体行事。只要在上述过程中不出现大的问题，设计者、执行者能坦诚相待，广告的实施只需按部就班，并不复杂。关键的环节在实施之前，这之中如果有某个环节出现问题，则有可能导致整个计划失败，因此有人说网络广告的成功在文字背后，就是指网络广告策划的操作过程是至关重要的。

第四章 网络广告创意

　　网络广告策划之后，广告活动就进入了实质性的创意阶段。此时，广告创作者要考虑的是如何充分、艺术性地表达阐释广告主题的问题。成功的广告战略首先来自不同凡响的卓越创意。创意是引起消费者注意，激发消费者购买欲望的驱动力。

　　创意，在英语中以"Creative, Creativity, Ideas"表示，是创作、创制的意思，有时也可以用"Production"表示，但用的最多的还是"Creation"，它是广告活动中的专用词汇，它以塑造广告艺术形象为其主要特征。著名的美国广告大师大卫·奥格威指出："要吸引消费者的注意力，同时让他们来买你的产品，非要有很好的特点不可，除非你的广告有很好的点子，不然它就像很快被黑暗吞噬的船只。"奥格威所说的"点子"，就是创意。

　　网络广告的目的就在于制作出色的创意从而吸引消费者的注意力并鼓励其进行点击。网络广告策划中极具魅力、体现水平的部分就是创意。一是内容、形式、视觉表现、广告诉求的创意；二是技术上的创意。网络广告的创意因素主要来自互联网本身，互联网是一个超媒介，它融合了其他媒介的特点。互联网因为不同的传播目的、传播对象，可以承载不同的广告创意，同时互联网是电脑科技和网络科技的结合，注定这个媒介的高科技特性，也带来了更加多变的表现方法，为网络广告创意提供了更多的创意方向。

第一节　网络广告创意概述

一、创意、广告创意与网络广告创意

1. 创意

创意是广告宣传的生命线，创意不仅直接决定了广告宣传活动的品位及由此而形成的市场吸引力，而且间接影响着企业形象的塑造。因此，广告界历来重视创意，认为没有创意，也就无所谓一流的广告作品，更没有优秀的广告宣传活动。

创意是"创造意象之意"，介于广告策划与广告表现之间的艺术构思活动。威廉·伯恩巴克认为："创意是广告的灵魂，是'将广告赋予精神和生命'的活动。"

在艺术领域，创意这个词较少用，用得更多的是"创造"或"创作"。在英文里，"创造""创作"和"创意"都可以用Creative，Creativity，Ideas 表示，有时也可以用 Production 表示。

根据韦氏大辞典的解释，"创造"的意思是"赋予存在"（to Bring into Existence），具有"无中生有""原创"的意思。"创意"从字面上理解是"创造意象之意"，从这一层面进行挖掘，则广告创意是介于广告策划与广告表现制作之间的艺术构思活动。即根据广告主题，经过精心思考和策划，运用艺术手段，把所掌握的材料进行创造性的组合，以塑造一个意象的过程。简而言之，创意就是广告主题意念的意象化。

2. 广告创意

所谓广告创意就是广告人对广告创作对象所进行的创造性的思维活动，是通过想象、组合和创造，对广告主题、内容和表现形式所进行的观念性的新颖性文化构思，创造新的意念或系统，使广告对象的潜在现实属性升华为社会公众所能感受到的具象。

就字面而言，创意就是创造意境、创造意念、创造意象。但是什么是创意，不同的学者基于不同的实践，提出了许多不同的看法。例如，大卫·奥格威认为好的点子就是创意。詹姆斯·韦伯·扬则说："创意是商品、顾客以及人性诸事项的组合，广告创作应着眼于人性，从商品、顾客与人性的组合上去发展思路。"美国广告学者 Alber Szent Gyorgri 说："创意就是发现人们习以为常的事物的新含义。"另一位广告专家 Shirey Polkoff 指出："创意就是用一种新颖而与众不同的方式来传达单个意念的技巧与才能。"芝加哥一家广告公司的创意总监认为："创意是这样一个过程：策划人员收集所有能够帮助解决问题的材料，如产品信息、商品定位、媒介状况、市场调查数据、广告费用等，然后对这些材料进行分类、整理，归纳出所需传达的信息，最后将其转化为极富戏剧色彩的传播作品。"概括而言，这些看法分为两种：一种观点认为创意就是构思过程，是设计剧情、安排情节的过程，强调的是以写实化的意境来表达某种观念、思想；另一种观点认为创意是创新过程，是提出与众不同的活动方案、拟定出奇制胜的措施的思维过程，主要强调新颖问题，创意的结论往往是某种点子、主意。应该说，这两种观点都有其科学性。其实，创意既有构思的成分，又有创新的色彩，是创新与构思的结合体。

根据创意融创新与构思于一体的特性，可以对广告创意作出如下界定：广告创意就是广告人员根据市场调查结论、品牌形象特性和公众心理需求，立足广告战略，运用联想、直觉、移植等创造性思维方法，提出新颖的主题设想，设计广告宣传意境和表现情节的构思过程。广告创意有的时候表现为"灵感""顿悟"过程。但是，"灵感""顿悟"并不是广告创意的全部。

3. 网络广告创意

网络广告创意应该是由网络广告策划人员在全面策划的基础上提出的网络广告活动的主题，再由网络广告创意人员就如何表现主题来构思，这和一般广告创意完全一致。因此，网络广告创意应该遵循广告创意的一般原则。对网络广告创作而言，创意是指表现广告主题的独创性的意念或新颖的构想。

无论是静态的网幅广告，还是动态的按钮广告，又或是精美的屏保广告、富有情节的视频广告，总想吸引网民的眼球，得到受众的关注和点击。然而只有那些具有最新创意的网络广告才能获得良好效果，将互动的网络广告借助技术融入创意，才能发挥出它自身的优势。成功的广告创意在于它的想象力和独创性，且有鼓吹的力量，能使人们幻想，而又有积极的说服力和感染力，敢于独辟蹊径，不同凡响。不能大胆创新，缺乏创造力，是无法产生伟大的创意的。

二、网络广告创意的特点

与传统的广告创意相比，网络广告的创意具有如下特点：

1. 互动性

网络广告与传统广告最本质的区别在于网络广告的互动性。在网络广告的传播过程中，受众可根据自己的需求主动浏览并点击网络上的广告，甚至可与广告主进行交互性对话。所以网络广告的创意要强调互联网本身的媒介特性，即交互性和实时互动性。

互动性表现在网络广告上对受众群体来说往往是一种乐趣，它传达的是一种体验。网络广告的互动是实时、多次和持续的互动。它使交互可以借助图形、声音，可以超越交互双方的知识范围。以实现人性化双向互动交流，能直接和广告受众进行互动。这种新型置入式行销，使消费者不但可以浏览产品信息，还可以将产品把玩在手指之间，这也是网络广告具有魅力的地方。他们可根据自己的个性特点,根据自己的喜好,选择是否接收,接收哪些广告信息,这大大缩短了消费者的消费活动时间,达到了从单一告知性广告转变成互动性产品的比较。

好的网络广告更能唤起用户发动身边好友去共同感受。只要受众对该广告感兴趣,仅需轻按鼠标就能进一步了解更多、更为详细、生动的信息。最能够体现网络传播交互性的是电子商务网站,这类网站对商品分类详细,层次清楚,可以直接在网上进行交易。受众在信息获取方面有了更多自主权的同时,媒介交互功能也大大增强。既是"反馈"的渠道,又是"评说"的平台。这正是交互性网络广告的比较优势。网民在浏览网络广告的时候,不仅可以快乐地欣赏,同时还可以积极地参与。网络广告使广告主、网民、目标顾客以及发布者之间都有很好的沟通和交流,

2. 链接性

具有链接性是网络区别于传统媒介的一个优势,网络广告可以充分发挥这一优势。网络广告不但可以供人看,还可以被点击,从而链接到下一个页面,而在这个页面里,又有更多可以点击的地方,链接到更多的下一层页面。当然,从下一层页面也可以轻松地返回上一层页面。在这不断的互相链接中,广告的信息被逐渐扩大化,人们不再是一下子接受全部广告信息,而是逐渐地、立体地接受这些信息,效果不言而喻。从创意上来说,利用网络链接性的特色,布局规划,将每一层的页面相互联系并融合成为一个整体,使网络广告展现优势。

3. 跃动性

广告创意不可避免地要受到媒介形式的影响。报纸是印刷媒介,因此报纸广告只能是平面广告;广播媒介以声音来传递信息,因此广告只能在声音上做文章;电视媒介声像结合,电视广告则可以非常生动,或展现一个生活场景,或表现一段生动的故

事情节。而网络媒介又具有其与众不同的特点,它的一条看似平板的条幅或标语却又可以跃动,不仅条幅中的文字、图画可以动,整个条幅或标语也可以动,这就使网络广告比报纸广告更富于动感。另一方面,电视广告也可以经过一定的技术处理放到网上来播放,例如,打开网页之后,一个视频广告从页面的右下方升上来,开始播放。这种跃动性也是电视广告不可比拟的。跃动性既是网络广告表现的特点,也是网络广告创意的特点,在进行网络广告创意的时候,牢牢抓住这一点,可以使网络广告更加精彩。

4. 多样性

网络广告有很多种形式,每种形式又有各自的特点。同时,一个企业要想在网上树立自身的形象,光在一个网站上做一种形式的广告是难以奏效的,它必须整合多种形式的网络广告(当然还要与传统媒体相结合)。这就要求网络广告在创意时要注意多样性的特点,抓住不同网络广告形式的不同特点,在保持内在一致性的前提下充分展示不同形式的网络广告优势。

三、网络广告创意的基础

网络广告只是在产品的价值链中起到一种沟通广告主与消费者之间信息的桥梁作用。所以,如果想产生有用的广告创意,广告创意人必须对营销原理有所了解;同时,必须从传播的角度去思考问题。

(1) 网络广告创意人必须了解自己的目标消费者和他们的需求,并了解如何与他们沟通。只有实现有效的传播沟通,广告才可能是成功的。

(2) 网络广告创意人一定要对需要做广告的产品或服务作充分的了解。如果是适合自己使用的个人消费品,广告创意人要尽量去尝试使用广告的产品或服务,去体验消费者使用商品或服务的真实感受。这一点说起来简单,做起来却实在不易。

(3) 网络广告创意人同时也要分析竞争对手的情况,了解他们的产品或服务有何优点和缺点,了解竞争对手的广告是如何做的。这样,才能给自己的创意找一个恰当的方向,选择一种合适的策略。最后,网络广告创意人在筛选提取销售信息时,必须考虑如果消费者看到这项或那项销售信息时,会有什么反应和行动。同时,广告创意人应思考消费者为什么会有这样或那样的反应和行动。目标消费者在看了广告后,是不是开始喜欢这个产品了呢?他们会去商场买这个产品吗?他们会直接通过广告邮购吗?他们看了这则网络广告后会立即在网上订购吗?广告创意人应该尽量把可能出现的情况预先想到,并从中做出最好的选择。

(4) 网络广告创意人还应该对网络广告进行预算。网络广告毕竟是一种商业广告,考虑收益与成本。广告创意人必须在网络广告预算限定的范围内开展创意,否则,广告创意就无法得以实现。网络广告预算是对网络广告创意人员在金钱方面的限制,并不是对创意的限制,很少的预算下同样可以产生好的创意。总之,网络广告创意人在创意之前应该考虑各种因素,尽量全面地掌握各方面的材料。

四、网络广告的创意原则

网络广告创意的原则作为一种特殊的广告形式,网络广告除了要遵循广告创意的一般原则之外,还有另外一些原则是必须遵守的。

1. 真实性原则

对于任何一种形式的广告来说,都有一个真实性的问题。但是,对于网络广告来说,这个原则性问题更加突出。人们经常说网络是一个虚拟的世界,这是因为网络具有匿名性的特点,人们并不知道坐在电脑对面的是一个正常的人或是一只狗。正因为如此，相对于传统媒介来说，人们对于网络上的信息更多的会持一种怀疑的态度。网络广告同样也会面临这样的问题。人们更加倾向于相信传统媒介上的广告，而对网络广告的相信程度要低一些。所以，基于与生俱来的特性，网络广告在创意上更应该遵循和坚持真实性原则。真实性原则就是指网络广告在创意的内容和形式上都不能有假的、骗人的东西。如果网络广告虚假成灾，必然导致网络广告失去发展空间。因此，对于期望通过价格便宜而影响广泛的网络来做广告的企业来说，首先在进行网络广告创意的时候就必须遵守真实性原则，为自身网络广告的可信度打下基础。

2. 针对性原则

资深广告人魏特·哈布奈斯说过："伟大的广告一定不只照亮了天空，它还要击中目标。"这里所谓的"击中目标"就是说广告创意的针对性原则。从技术上而言，网络广告可以更加到位地实现针对性原则。现有的 Web 技术使得网络广告可以按照受众所属行业、居住地点、用户兴趣、消费习惯、操作系统和浏览器类型来进行选择性投放，也可以控制同一条广告暴露给同一个受众的次数。这样的定向传播大大增加了广告的针对性。由于技术上的优势，网络广告在创意上更应该体现针对性原则。

3. 亲近性原则

亲近性原则是指广告创意要力求贴近消费者，将亲善、坦诚、友好、轻松的态度贯彻到广告中去，加强对消费者的感染力，在亲密的氛围中达到广告的目的。网络的互动性使得网络广告具有更加强大的亲和力，而在创意上遵循亲近性原则可以使网络广告事半功倍。利用网络的特性创造出亲近的氛围，给每一位访问者特别的感受，这正是我们强调网络广告亲近性原则的原因。

4. 创新性原则

广告大师大卫·奥格威曾经说过一句话："我最反对的就是规矩。"这句话非常适合广告创意活动。广告创意最反对的就是按部就班抑或拾人牙慧，而最推崇的就是独出心裁，想人之未想，想人之不敢想。在网络广告中，创新性原则也是特别值得强调的。因为，网络具有海量信息的特点，人们可以接触的网络页面数不胜数，而每个网页上的广告也不少，如何让自己的网络广告在这么多信息中突出重围、脱颖而出，创新性原则是制胜的法宝。网络广告的创新可以从形式和内容两个方面进行。从形式上来说，除了传统的横幅广告、按钮广告、弹出广告、漂移广告等之外，现在还发展出了很多新的形式，如与游戏相结合的网络广告目前正大受欢迎。从内容上来说，由于技术的进步，网络广告可以改变以告白为主的广告内容，而赋予广告更多的内涵，成为树立产品、品牌形象的利器。

5. 实效性原则

独创性是网络广告创意的首要原则，但独创性不是目的。网络广告创意能否达到促销的目的基本上取决于网络广告信息的传达效率，这就是网络广告创意的实效性原则，其包括理解性和相关性。理解性即易为广大受众接受。在进行网络广告创意时，就要善于将各种信息符号元素进行最佳组合，使其具有适度的新颖性和独创性，其关键是在"新颖性"与"可理解性"之间寻找到最佳结合点。相关性是指网络广告创意中的意象组合和网络广告主题内容的相关联系。

6. 简洁性原则

消费者的记忆是有限的，而且时刻都在接受各种广告的轰炸，消费者在网络中更是要接触海量信息，所以，网络广告与其他广告形式一样，要尽可能简单明了，即广告所传达的信息必须简洁、单纯和突出。好的广告一般每次只和消费者沟通一件事，只有这样消费者才可能印象深刻。

7. 系列变化原则

一种商品的推销必然是一个长期的过程，其网络广告应该在产品不同的发展阶段随之变化。大卫·奥格威说过，所有的广告都应该是系列广告的代表作，如果不能根据自己的创意发展出系列广告，那就不是杰出的创意。利用时间的连续性采用系列广告宣传一个共同主题不能不说是一种加强广告宣传效果的重要手段。

8. 及时性原则

成功的经营者一般都很注意将一些重要的事件与广告联系起来，利用一切机会来宣传自己的产品，这种原则在事件营销中最为重要。这就要求网络广告策划人能敏锐地捕捉到关键事件及产品的关联性，并及时创作出有创意的网络广告。

9. 吸引注意力原则

网络时代，以网络为基础的"新经济"从本质上讲就是"注意力经济"，在这种经济形态中，最重要的资源既不是传统意义上的货币资本，也不是信息本身，而是注意力。这一观点现已得到广泛的认同。注意力经济引入到广告传播领域，对于网络广告创意来说，要想获得价值，首先就要在网络广告形式上引起受众注意，通过形式上的变化，突破消费者的生理过滤层，吸引其注意力，进而进行感知。

10. 满足需求原则

人的需要、欲望和动机是紧密结合在一起的。人的某种需要没有得到满足的时候往往会产生冲动，想方设法去满足这种需要，从而就有了产生行为活动的动机。需要可以通过广告转化为强烈的欲望，有了欲望才会产生购买动机。根据马斯洛的"需要层次理论"，每一个人在不同的阶段有着不同的需要。需要是导致购买行为的基础，但并不一定会直接导致购买行为，只有在需要的基础上，加上内外因条件的激发产生强烈的欲望，才有可能形成购买动机。所以不同的网民会根据自己的需要，主动从互联网上获取不同的信息。网民接触广告时心理上的主动状态，使得网络广告形式在创意上呈现出按需发布的特点，如搜索引擎广告、窄告、分类广告、电子邮箱广告等正是基于此产生的。

网络广告形式创意就是运用网络平台，将广告形式不断推陈出新的创新过程。广告大师赛费尔特说：广告是一种对人们心理施加影响的形式，它通过运用有意义的方式来促进人们对其本身目的自愿接受、自我实现和传播。广告的最终目的就是通过让消费者去接受某种说服信号，实施符合广告特定导向的购买行为。所以一个好的广告创意，总是离不开对消费者心理的分析和理解。消费者对广告信息的接收有被动接受和主动搜集两种形式，在这个心理接受机制下，需要广告的形式创意既要引起注意，又要满足需求。网络广告也不例外。

第二节　网络广告创意的方法与过程

一、网络广告创意的方法

网络广告的创意方法有以下几个方面：一是针对网络广告主题进行创意，充分分析网络广告的主题并针对主题进行广告创意；二是以互动助推网络广告的创意；三是以简洁的广告信息使创意更加具有表现力；四是增强网络广告中的娱乐性，使浏览者对广告信息的接受更加自然；五是将先进的互联网技术融入到网络广告的创意中去，让技术为广告信息的传递服务。具体分析如下：

1. 广告创意要突出广告主题

广告主题是广告定位的重要构成部分，即"广告什么"。广告主题是广告策划活动的中心,每一阶段的广告工作都紧密围绕广告主题而展开,不能随意偏离或转移广告主题。特别是网络广告由于实际点击率较低,受众大多是一扫而过,更应该在有限的时间内突出主题。网络广告的创意首先应从分析广告商品新特性上开始,广告创意主题是恰当的展现商品特性。分析广告的主要诉求点,围绕商品特点展开创意联想,使广告创意引人注目又紧密体现商品特点,从而完成网络广告创意与表现完美结合。目前,网络上有很多创意好、视觉效果好、形式新颖的广告,但看后却记不起商品的具体信息,这样创意固然不是好的创意。一个好的创意除了视觉、文字之外,最关键是还有品牌、架构、声音、技术与认知。了解目的、认识品牌,才能知道要用什么样的视觉和口吻,用什么样的声音和技术,来跟目标受众沟通。如果少了任何一样,就没办法与消费者站在同一条线上达到真正的沟通,就更无法说网络广告是无距离的沟通了。

2. 广告创意要加强互动性

网络广告创意首先要考虑的是能否通过互动性给浏览者留下深刻印象。将互动结合到创意中去,使广告与浏览者的互动更深入,加强了广告信息的传播力度。受众在信息浏览中,了解商品的信息,通过互动建立对品牌及商品的认知。网络广告的创意应当充分利用网络广告能够与受众互动的优点,并在互动中巧妙传递产品信息,这样才能收到良好的用户反馈。

网络广告可以有效地吸引受众的参与、反馈,这种参与有在线、线上线下结合两种形式。先看在线参与,通过Java,Flash等技术手段,可以编制一定的程序,比如:可以将一个Banner制作成一个小游戏,或是在大幅广告内加入跟随鼠标移动的数字符号,或是有奖问答等,使目标受众参与到广告本身的互动中来,甚至产生在线购买行为。再看线上线下结合的参与,可以先在线下取得某种标识再上网抽奖(或摇奖)。比如饮料易拉罐拉环内有一个号码,用户得到这个号码后登录相应的网站,输入号码就可以得到一次现场摇奖的机会;也可以先在线上得到某种提示,再在线下进行交互活动。

网络广告创意时可以充分发掘、利用网络广告的互动性这一特点。好创意可以创造高点击率,更是优秀的用户体验,能唤起用户与用户之间的信息传递。

3. 网络广告信息要力求简洁

网络广告的创意在信息发布与设计方面还要注意到广告信息的简洁性,只有简洁而有创意的广告才能脱颖而出,留给浏览者深刻的印象。在组织信息过程中,广告信息的组织一定是围绕一个中心点的简洁的创意。"少即是多"提倡在网络广告中用最少的元素来表达最多的信息。如果网络广告信息繁杂,很容易使得信息传递不明确而使浏览者失去兴趣,导致广告信息传递的中断。

4. 网络广告创意要有趣味性

网络广告创意要采用情趣生动等表现手段,立足现实、体现现实,以引发消费者共鸣。但是广告创意的艺术处理必须严格限制在不损害真实的范围之内。特别是网络广告,为了不让消费者排斥,可以将娱乐注入广告。从媒体技术的角度来讲,传统媒体广告相比网络广告具有明显的强制单向性,受众不可能对电视广告的插播无视不见。网络广告则不同,受众掌握着页面的生杀大权。在广告创意中加入娱乐将更好地吸引观众的眼球。将广告营销重点和网络广告设计结合在一起,通过娱乐的方式将广告信息嵌入在网络广告的创意中去。但在网络广告中使用娱乐作为创意点也要注意一些问题。例如,奥美互动亚太区数码创意总监林淳分析:"那些真正打动人心的东西,目前来看,第一是有奖励,第二有好玩的东西,但是这些对品牌不一定有多大提升。"这"好玩的东西"就是指网络广告创意中的娱乐性。网络广告创意中的娱乐决不能为娱乐而娱乐，而是为企业品牌提升为目的的娱乐。

5. 网络广告创意表现与技术相结合

网络广告相对传统媒体广告有一个最大的特点，就是新技术与多媒体的完美结合。网络广告创意和网络技术相结合有利于创意的更好表现，通过新技术的融入，使广告创意更完美的展现。技术将影响广告创意，新技术可以带来更好的用户体验，使网络广告身处信息海洋脱颖而出。选择与品牌营销策略配合度高的技术才能真正驱动互动网络广告创意。

6. 网络广告创意要考虑链接性

具有链接功能是网络区别于传统媒体的一个重要特点，网络广告要充分发挥这一优势。网络广告不仅是供人看的，还要吸引人们点击。在进行网络广告创意时，无论图、文，都必须考虑到这一层面与下一层面（或是更多层面）之间的关系，这一层面表现什么，下一层面表现什么，它们之间如何衔接，等等，将每一层面相互联系并融为一个整体，让链接这一网络特有的属性在网络广告中发挥到极致。

7. 网络广告创意要注重原创性和关联性

所谓原创性是指创意的不可替代性，它是旧有元素的新组合，在广告业里，与众不同就是伟大的开端，随声附和就是失败的起源。原创精神是网络广告创意最鲜明的特征。关联性是指广告创意必须与广告主、广告商品相关联，还必须和目标消费者需求相关联，以取得树立品牌、促进销售的功效。詹姆斯·韦伯·扬说："在每种产品与某些消费者之间都有各自相关联的特性，这种相关联的特性就可能导致创意。"找到产品特点与消费者需求的交叉点，是形成广告创意的重要前提。

二、网络广告创意的过程

从操作来看,广告创意过程包括以下五个环节。

1. 信息开发

广告创意不是凭空想象,而是建立在客观信息基础上的创造性思维。因此,开展创意调查,对调查资料进行信息开发,不仅可以丰富广告创意的生活来源,而且有利于寻找广告创意的机会点。

开发广告调查资料,就是从纷杂的信息资料中判断出公众的心理需要和商品及品牌在公众心目中的实际形象,找出独特的、富有魅力的广告诉求点,形成广告的创意点子和创意方向的过程。为了提高广告创意信息开发的效果,应注意以下五个要求。

(1) 灵性。广告创意人员分析信息时,应当充分利用自己的"灵性思维",敏锐地发现问题、悟出信息的内在特点与潜在的宣传机遇,形成基于广告调查资料之上的创意点子。

(2) 快捷。现代社会是一个快餐式的社会,公众的消费呈现浪潮特征,以时尚更迭为周期,因此信息资料特别是消费资料都具有较强的时效性。广告创意人员应该及时对信息加以分析、研究,从中得出有用的创意性结论,并据此进行广告决策,开展促销宣传活动,这样才能产生巨大的宣传效应。

(3) 细心。绝大多数信息所包蕴的内涵,都不会显露于外,如果分析信息资料时粗心大意,就会让有价值的信息结论轻易地溜走。只有细心分析,认真判断,积极思索,才能从看似平常的信息中,发现有价值的创意性点子。

(4) 富有逻辑。对于从市场中收集得来的信息,不能孤立地、简单地进行主观判断,而应运用社会学理论和现代科学方法论,如系统论、信息论、控制论等,进行合乎逻辑的判断,使创意性点子符合事物内在的规律,使其具有较高的实用价值。

(5) 预见性。广告调查的信息资料，带有一定的静止性和过时性，但是其内部又往往蕴含了一定的趋向性动态发展内容。广告创意人员对信息资料进行分析、开发应用时，不能简单地就事论事，而应有意识地挖掘其中的动态信息结论，进行预测分析，以期掌握主动权。在信息开发过程中，进行预测性思维分析的常见方法有以下3种：①顺"势"预测。即根据某个事件已经形成的信息发展趋势，推测未来的变化状况，形成创意性点子。②顺"事"预测。即根据影响事物的某个关键要素的变化趋势，对某种公众现象的未来进行预测。这里讲的关键要素，有时可能是自然环境因素，有时可能是社会偶然事件，有时可能是政策因素，它们随着时间的推移，逐步落实到位，必然产生诱导性影响，给相关的商品、公众消费生活甚至社会格局带来相应的变化，只要能断定某个关键要素的发展趋势是必然可能的，就能轻而易举地预测出未来的公众要求，据此形成创意性思维。③顺"时"预测。即根据时间推移，尤其是时令季节变化，预见公众的需求趋势，分析出公众将来可能出现的要求。

2. 概念构建

进行广告创意的前提是找出明晰的概念，概念是广告创意的核心。广告创意人员通过调查了解了公众市场的基本情况，又通过信息开发形成了创意性点子，接下来的工作就是确定广告宣传的核心概念。

从哲学角度来看，概念是人们对事物本质的认识，是逻辑思维的最基本的单元和形式。从广告宣传角度来看，概念是用有意义的广告术语表达的精心阐述的构思。广告所有的创意都围绕核心概念而展开，所以说核心概念是广告创意的立足点，是策划的根源。

概念构建的过程，实质上就是把创意性点子发展为具体表述字词的过程。在这个过程中，需要回答以下问题。

问题1：谁接受广告信息？从角色上看，接受广告信息的公众主要分为三类，即消费倡议者、消费决策者和消费购买者。从与商品的关系来看，接受广告信息的公众包括非公众（即不可能成为商品消费者的抽象型虚拟公众）、潜在公众（即未来一定时期内可能购买商品但是目前不可能购买商品的公众）、知晓公众（即目前已经了解商品并有可能购买商品但是还没有购买计划的公众）和行动公众（即具有明确消费方向并打算近期购买或者已经购买某种品牌商品的公众）。

问题2：广告作品和宣传活动给公众输送的主要益处是什么？是分享信息、提供生活榜样、增进沟通、提供娱乐、传播新知识还是其他什么内容？

问题3：公众获得该益处（如娱乐）的主要场合在哪里？大型公共场所、公众居住场所、公共娱乐场还是会议礼堂？

问题4：公众获得的益处属于什么类型？是实用性的生活信息、象征社会地位的心理感觉还是情感的寄托？根据这些问题的判断，就可以形成多个宣传核心概念。

概念1：情感亲善概念，营造温馨的生活氛围、友善的人际关系，渲染情感主题。

概念2：古典怀旧概念，展现过去的某种生活风情，引导公众回忆昔日情怀。

概念3：浪漫憧憬概念，营造美好生活情景，给公众提供一个近乎"做梦"的机会，引导公众产生无限遐想。

概念4：实用信息概念，向公众传播关于商品性能、原料特性、技术成就、形象特色的实体性信息以及各种促销活动、服务活动的程序性信息。古典怀旧概念、情感亲善概念以上四个方面的概念，从纵向和横向两个方面，以商品和品牌为原点，形成自由度很大，但是总体相对封闭的坐标式概念"围城"，广告的创意人员坐在原点，遥想四方，便可思如泉涌，行云流水，从中随心所欲地找出自己需要的创意核心概念。

3. 主题构思

基于信息开发而形成的、带有朦胧意识的创意性点子，经过深思、挖掘、整理，形成宣传核心概念后，就可以进行主题构思了。所谓主题构思，就是以广告宣传核心概念为轴心，明确广告作品和宣传活动的中心思想、主题基调、核心内容的思维过程。在这个过程中，广告创意人员要善于运用想象、组合、调整、颠倒、比喻、删节、写实等手法，把广告作品和宣传活动视为文学作品、影视作品、戏剧小品，进行编写、编导、编演，广告宣传作品或体现价值，或温馨浪漫，或情调展示，或激情诱惑，既有明确单一的主题思想，又有丰富愉快、感性化强的美好梦想，从而赢得公众的注意，有效地影响公众的消费心理。

4. 创意表达

广告宣传核心概念、主题定位后，即可围绕核心概念、中心主题确定创意的具体表达方式。创意表达包括以下三个方面内容。

（1）拟定广告宣传文案。广告宣传文案包括标题、标语、口号、正文等，是广告宣传核心概念、主题思想经过艺术加工而形成的文字，既要切合概念、主题，又要富有文字感染力。否则，尽管概念、主题定位准确，但是表达文案没有冲击力，广告作品和宣传活动仍然无法有效地影响公众。

（2）编制宣传作品的表现情节与图案。在这个过程中，主要是围绕广告核心概念、中心主题以及宣传文案，创作、编写广告宣传作品的情节性剧本（针对电视广告及网络广告），设计广告图案（针对平面广告及网络广告），借助视觉符号，以感性素材形象地烘托出意境的氛围，强化商品的影响力。

（3）确定广告作品的音乐音响。在电子传播媒介中，音乐音响的表现力虽不及画面情节，但是借助听觉符号，也可以有效地展示广告主题、烘托宣传意境，它们不仅可以准确地表现广告意境，而且可以影响公众的心理。因此，我们不能忽视音乐音响的创作和组合。

以上四项工作结束后，标志着广告创意初步结束，其成果就是一个相对完整、近乎一体化的初步性创意方案。

5. 创意评论与分析

在创意构思阶段，编制了某个广告作品的宣传概念、图案、画面情节、模特、文案、颜色、音乐、音响、节奏诸方面的内容以及作品的组合方式，接下来就可以进行评论分析了。广告创意的评论分析可以从两方面进行：一是运用广告学及其相关科学知识，如创意谋略学、市场营销学、社会心理学、公共关系学、技术美学、文化美学、人体美学，对广告作品的各个组成部分进行理论性分析，判断出广告作品的可取之处、存在的问题和公众的可接受性程度；二是运用相近的成败实例，进行对照分析，看广告作品在哪些方面与成功的广告作品有异曲同工之妙，哪些方面超越了成功的广告作品，在哪些方面与失败的广告作品存在相似乃至类同之处，这样，就可以从对比中发现广告作品的优劣，找出问题之所在。然后，就可以制定出相应的调整对策，提出宣传核心概念、文案、设计、编制诸方面的修正意见，最后把这些结论和对策方案综合起来，形成可执行的广告创意方案。

三、网络广告创意技巧

也许有人会认为，网络广告没有创意，不过就是做几个动画而已。这种看法未免有点片面。确实，与报刊、电视比起来，网络广告的创意有许多局限，而且在很大程度上受到技术的制约，但是网络广告不能不讲创意。为什么在同等的技术水平下，有的网络广告能给人留下深刻的印象，能吸引人们去点击，而有些却引不起人们的兴趣，过后很快就忘了呢？应该说，这其中创意起到了很大的作用。网络广告的创意技巧可以从以下几方面来考虑。

1. 图文结合

在网络广告中，图像和文案都是重要的表现手段，图像通过视觉效果引导访问者，而文案内容则是决定网络广告能否吸引人的内核，两者相互结合，才能创作出完美、高效的网络广告。特别是网络广告一般幅面较小，难以展示生动的画面，文案就显得特别重要。即使是那些制作成动画的网络广告，人们仍然是从文案中来接受主要的广告信息。有时为了避免所占空间太大或是传输速度太慢，画面可以简单一些，利用一些突出的图形来表现主要的、关键性的信息，用红色字体标出折扣率，用粗体字来显示联络方式等。对以信息内容为主体的网络广告来说，文案则占主要地位，画面的任务就是如何凸显文字，使浏览者的视线如何尽快注意到主要信息。

2. 动静结合

由于动画形式比静态图形更能吸引人，许多网络广告都采用了动画形式。网络广告画面的"动"法有很多种。就一幅广告整体而言，有弹出式的动，有悬挂式的动，有收放式的动，有游动，有飘动。就一幅广告之中的因素而言，有闪动，有移动，等等。广告创意要注意动静结合，如果画面中景和物是动的，文字就最好不要动；如果文字是动的，画面就应保持相对的稳定。比如网上有一种游动广告，会在网页上到处游走，令上网者不看都不行，像这种广告的文字就不能闪动得过于频繁，否则就难以观看。一般来说，由于文案在网络广告中起到表述主要信息的作用，宜尽量少动或不动。

3. 大小结合

这有两方面的意思。一是指在一幅网络广告中，景、物、文字的大小都要搭配得体，相映成趣。现在有些网络广告，本身面积就小，其中的文字就更小，人们即使注意看也不一定看得清楚，何况上网者一般还不会去注意看，因此要注意视觉要素的大小适宜。景、物小一点不会有太大关系，只要大家知道是怎么一回事就行，但文字要大，一定要让浏览者能看清。二是利用网络的超文本链接。第一层面的广告，可以小一点，主要起到吸引目光、诱使点击的作用，下一层面的广告则可以大一些，任务是表达主要信息。通常第一层面是在商业网站上，面积越大收费越高，不妨小一点，但要把关键信息表达清楚，最主要的是要能吸引上网者的注意。第二层面是介绍商品或企业自身的页面，收费就要低得多甚至为零，广告面积大一点也就无妨。这样，合理的大小结合的网络广告，就能在有限的广告投入中收取最大的广告效果。

由于网络广告还处于快速发展的阶段，目前网络广告创意的技巧，应该说还不是很全面、很完美的。制作者可以参考这些技巧，并在实践中总结出更多、更实用的创意技巧。

4．链式文案诉求

链式文案诉求指围绕同一广告主题诉求，利用网民的瞬时记忆规律，将多个片段式短文案"链接成"完整的长文案，从而达到深度诉求的效果。每个文案一般不能独自完成诉求，各句之间环环相扣，缺一不可，逻辑关系非常强。网络阅读容易使人疲劳，并且网络广告面积比较小，因此，在网民普遍的"链接式"阅读心理状态下，网络广告的文案诉求，特别是引导式文案应该句式短而意未穷，通过层层诱导，使网民对广告由无意接触转为主动参与交流。如在菲利浦纯平彩电旗帜广告的三帧画面中，第一句文案是"未来电视处在动感的时代"，明确提出电视的消费潮流的主张，以此与目标高端消费群体达成认同和共鸣；后两句文案是"拥有菲利浦纯平彩电，确保画面动感流畅"及"100Hz数码扫描，确保观看舒适"，分别作出产品利益承诺和技术支持的理由。三句文字连续出现，自动组合为整体，一气呵成，使人产生信服。链式文案诉求的突出特点是瞬时组合链接，多层信息的递进式传播更能符合网民的急切求知心态和求知逻辑。实施时要确保句与句之间清晰、严密的逻辑关系，第一句要与后面的文案保持内在的内容关联，否则，断裂式文案使人不知所云。

5. 自由行动导向

自由行动导向指在引导网民参与广告信息传播的活动中，以个体自愿、自主为出发点，以人性化的、坦诚的沟通策略为核心，创作网民拥有自由选择是否参与号召行动的文案。互动性和主动性是网络广告的主要特征，互动意味着网民的行动，这也是我们追求的主要目标和效果。网民的广告参与行动导向应该建立在尊重个体、满足期望的基础上，而不是强制的，或"善意欺骗式"的，或依赖过度刺激产生广告点击的诱导，不然受众容易产生失望甚至逆反的心理。自由行动导向包含两层含义：一是文案要能够刺激受众参与的欲望并产生即时行为的冲动。如果只有欲望，而没有即时行为的冲动产生，那么网络广告从注意、兴趣、信服到行动"一站式"的独特传播价值就难以实现，也没办法调动网民与品牌的"对话"沟通。如宝洁公司的reflect.corn 化妆品网站的网络广告语是"美容的条条框框有成千上万，但他们都是错误的"，首先给爱美的女性一个心理震撼，有效引导消费者到网站上看个明白；品牌网站在挑选美容用品方面发出了女性自己的声音，与受众进行以服务为前提的对话交流，树立了"美容顾问"的良好品牌印象。二是行动的号召、诱导文字要以网民为中心，实现传受双方的平等、相互尊重，与网民自由选择的心态相吻合。这一方面指上一层的广告引导诉求要与下一层的品牌（商品）信息内容保持一致性，不能"题文"脱节；另一方面指诱导、邀请的文案语态必须符合网民自由、民主、平等的心境，否则，广告必将被规避，使网民产生厌恶的心理。

6. 符合网络广告语境

融合印刷媒体和电子媒体沟通优势的网络广告传播，具有独特的、以目标网民为中心的个性化沟通语境，因此，文案的语言形式创意必须营造和适应这一语境。网络广告语境主要表现如下：一是口语交流感，即文案具备互动式的、一对一式的、"面对面"的人际交流特性，尽量脱离书面语言的制约，增强口语化和生动性。口语化的话语特性使广告很好地保持了网络中生活的原生态，广告语境和网民的情境得到相互渗透。二是满足个性张扬的需求。在线广告行为的自由性，一方面表现为网民习惯按照信息需求选择广告来阅读，即所谓"拉"出信息；另一方面表现为网民对体现自我个性、风格的广告情有独钟。三是语调的调侃性。调侃语态营造出轻松与娱乐的氛围，有效地激发兴趣，便于广告的渗透影响。发现和创造快乐诗篇是文案的信息中心。如在李宁舞蹈鞋旗帜广告中，"安装"了螺旋桨的舞蹈鞋不停飞翔，三帧画面轮替跃出的文案依次是"来抓我呀""更轻的运动感受""李宁有氧舞蹈鞋，更轻盈的设计"。"来抓我呀"充满着调侃和口语意味，极具生活化。文案创意与画面表现浑然一体，既巧妙地表现了产品的年轻个性，又激发了网民潜在的"生活游戏"兴趣。网络广告传播最具温馨、人情味和人性化，是最接近人际传播层次的沟通。又如"尝试网上'堆'雪人，网上如何去堆？有雪吗？是游戏？哈哈！"点击后看到的是 Intel 公司的雪人贺卡，文案充满鲜明的调侃性和交流语感，激起网民的极大兴趣。由此可知，网络广告文案只有以个性化、生活化、口语化的语境为创作基础，才能获得有效的广告接触、沟通和劝服效果。

7. 文案信息多向性

文案信息多向性主要指文案信息传播包含主题诉求、社会生活形态、娱乐、购买服务等信息，强化整合性。网络广告的物理空间受限制，这给文案创作提供了广阔的场地，网民仍然是从文案中来接受主要的广告信息。为了突破消费者接触广告时的预先处理态度，广告文案内容除了主题诉求，还应加入更多的社会形态和娱乐体验信息，与消费者在其他意识流中达成默契，这样才能形成主题信息与消费者之间的深入沟通，并且主题信息被有效地接受，最终达成广告的劝服效果。在线的购买服务信息则把广告效果快速地转化为销售效应，发挥网络广告诉求的注意、兴趣、欲望、行动的整合优势。如在移动公司的"动感地带"广告活动中，在"M-zone 年轻人的通讯自治区"的品牌概念指导下，首先，以引导广告语"我的地盘，听我的"鲜明地张扬品牌魅力，充满个性或反叛性；其次，将品牌网站做成虚拟的年轻人"自己"的卧室，内容包括"自选套餐""八宝箱介绍""专卖指南"等消费导向信息；再次，为了强化品牌，以"移动鼠标观看第十套广播体操""移动鼠标三分钟学会太极！"为主题的多媒体广告，通过目标受众在初中时非常熟悉的广播体操和太极拳等生活中的熟悉场景，来唤起他们的认同感，并把品牌主张巧妙地融入其中。广告活动创造的3万多个注册用户的效果说明多维信息整合的有效性和必然性，既是网民的心理需求，也是网络广告信息传播的独具优势。

四、网络广告创意的表现形式

一个好的广告战术需要用好的形式来表现。随着网络技术的成熟，网络广告可运用的创意形式越来越多。

1. 互动性的创意沟通

网络广告最具有划时代的优势就是它的互动性，传统媒体中的信息是单向传播，受众被动接收信息，而网络广告的互动是实时、多次和持续的，网络中的交互借助于图形、声音、来超越交互双方的知识范围使基于人机的交互更胜于人与人、面对面的互动。互动的形式可以让人们在短时间内感受到商品的特性、优点，观众可以参与其中，在参与中增加了对产品的认识和了解，加深印象。

2. 创新的叙述方式

广告的叙述方式多种多样，鉴史、幽默、制造悬念、鲜明对比、夸张、比喻等富有创造力的表达方式会给人与众不同的感受与刺激。慧聪网的"天降黄金屋"广告以深受大家喜爱的大富翁游戏情境置入，清新又趣味十足的画面和游戏设计引人入胜，人们在熟悉的情境下进行互动，激起受众对广告的浓厚兴趣。创意离不开想象，丰富的想象力来自深厚的文化底蕴、艺术积累和生活经历，来自幽默快乐的心情、轻松愉悦的生活状态以及富有联想的创造性思维。

3. 画面的形式美感

透过不同的广告可以欣赏到不同风格的艺术，网络广告做到了科学与艺术的结合，主要体现在以下几方面。

（1）声光电的动感效果。第一，网络是具有声光电综合传播能力的媒介，带有音响效果的虚拟网络空间越来越接近现实生活。网络广告富有创意的音响效果可以有效地拉近消费者与商品之间的距离，使其有身临其境的感受。第二，运用不同的软件创造动感十足的特效是网络广告不同于平面广告的主要特点。动画本身就比静态图像更具有吸引力，再加上独特的创意和完美的艺术形式，使动态广告在网络上占据了重要的地位。第三，富有创意的弹出效果也会给本来一般的页面带来令人耳目一新的感觉。极具冲击力又富有趣味性的创意取得了良好的广告效果。优秀的创意加上身临其境的声音动感效果使网络广告的设计锦上添花。

（2）别具一格的艺术风格。以简洁和谐的画面、时尚绚丽的色彩、对比强烈的构成、绘画风格等富有视觉冲击力的艺术方式做为广告的整体表现尤为吸引人的眼球,给人不同的视觉体验。广告以一种艺术的形式来传达信息,即愉悦了观者的心境,也吸引了消费者去了解广告所传达的商业信息,达到了良好的传播效果。

互联网因其科技性的技术支持,有着信息无限传播、多媒体合一以及交互性的特点,具有声光、影像、文字的传输功能,可以结合多媒体制作,展现电视、电影、广播、报纸、杂志、书籍等传播媒体的特性。未来的网络广告创意应当更加充分地发挥互联网的媒介特质,更好地提供同目标对象的交互机会,并通过交互来更好地传播信息,网络广告成为将各种广告形式中创意表现最强的媒介,目前全球网络广告面临着一个非常好的发展机遇。

一般说来,以下四种形式是网络广告创意中经常用到的。

(1)横幅广告。横幅广告(banner)又称旗帜广告,此类广告一般为长方形,类似于旗帜散布在网页上的固定位置。这种广告形式是网络上最常见的、也是广告主比较喜欢的一种形式,因为,横幅广告往往位于网页上比较显眼的位置,如网页上方的首要位置等。

横幅广告既可使用静态图形,也可使用动画图像,甚至可以采用一些 HTML,Flash,Java 等计算机语言使其产生交互性。

横幅广告往往只是提示性的广告,可能只是一个标题,或者某些提示性的语言,点击之后可以进入下层页面,看到更多详细的广告信息。

一般来说,这种广告形式在创意的时候要注意其对浏览者的"吸引力"问题。由于横幅广告是不能移动的,因此,它必须在第一时间吸引浏览者的"眼球"。所以,横幅广告的面积虽然不大,但多采用动静结合的画面,主题广告语通常极具诱惑力和煽动性,力求在方寸之间展现无穷魅力。

(2)按钮广告。按钮广告(button)又称图标广告,是将公司或产品图像与图标结合,一般被放置在网页的左右两边。按钮广告是纯提示性的广告,一般由一个标志性图案构成,没有广告标语,更没有广告正文,信息量十分有限。

为了使按钮广告更具有吸引力,往往在图标上要下一些工夫,对于一些已经名满天下的大公司来说,按钮所用的图标往往是商标或厂徽,如可口可乐、IBM、SONY 等。但是也可以用更有创意的图标来做按钮,特别是对于不知名的公司来说,这点可能更重要。

除了在按钮本身上下工夫之外,现在很多按钮广告还与漂移广告相结合,即按钮不再是固定在网页上的某个位置,而是可以随着鼠标的移动而漂移,有些还专门设置为挡住网页的关键性内容,如果浏览者不点击这个按钮,就无法看到那些关键性内容。按钮广告漂移起来,无疑增加了广告的被注意率,但有时候也会适得其反,浏览者由于在浏览网页的时候总是被按钮广告"骚扰",对其产生反感,进而衍生为对广告产品的厌恶,这样的事情也是屡见不鲜的。

(3)全屏广告。当浏览者打开网页时,广告画面逐渐扩大,覆盖全屏,这种广告称为全屏广告。有的全屏广告在显示 3~5 秒之后,会收缩至页面顶部成为横幅广告;也有的全屏广告,除非浏览者点击它,否则不会收缩。应该说,全屏广告的受关注度是非常高的,因为无论浏览者愿意不愿意,只要他打开相应的网页,都会"被迫"观赏全屏广告。同样的,如何做得有创意是全屏广告成功的关键,否则也很容易招来浏览者的厌恶。

(4)游戏广告。游戏广告是利用互动游戏技术将嵌入其中的广告信息传达给浏览者的广告形式。将广告引入游戏是一个创新,往往能产生强烈的广告效果。麦当劳在台湾和一款名为"椰子罐头"的游戏结合,在游戏中,麦当劳的汉堡变成了可以提升玩家战斗值的新武器,并且在用该汉堡打斗的时候,也会由玩家控制的系统发出"更多欢乐,更多欢笑,尽在麦当劳"的宣传口号和音乐。有数据显示,这个"汉堡"武器每天都有上万次的购买和使用,也就是说麦当劳的互动广告可以在游戏当中出现上万次。

　　游戏广告有多种形式。一种广告游戏采取的方法是仅仅把产品或品牌信息嵌入到游戏环境中去,使游戏在含有广告信息的环境中进行。一旦广告游戏的内容和主题与广告信息产生直接或内在的联系时,这种形式的广告游戏就能有效地引起消费者对产品的联想,从而潜移默化地加强品牌宣传效果。

　　另一种广告游戏的方法是把产品或与此相关的信息作为进行游戏必不可少的工具或手段来使用。在游戏中,广告信息本身就是游戏的内容。通过对它们进行反复特写展示,以此来加强消费者对品牌的认知和记忆。由于这种广告游戏形式可以使广告信息得到最高程度和最多次数的曝光,因此目前它也是广告游戏最常用的形式之一。

　　第三种形式是在广告游戏中通过提供产品的真实内容：让消费者在游戏的虚拟空间中体验产品,通过与消费者互动的方式来提高传递广告信息的效果。不言而喻,这种让消费者通过游戏体验产品的"演示性"方法,能最大限度地提高品牌宣传的效果。因为它能完全控制消费者的注意力,让游戏者通过游戏达到如同试用一般的切身体会,从而加深了品牌印象,提高了品牌传播的程度。

　　除此之外,网络广告的形式还有声音广告、邮件广告、电子公告板(BBS)广告、插入式广告、搜索引擎广告等多种类型。无论广告主或广告代理商使用何种广告形式,或者使用几种形式的结合,成功的关键就在于如何与广告战略、广告战术有效的结合,发挥无限创意,吸引人们的"眼球"。

第三节 网络广告的创意理论

创意策略 creative strategy 就是对产品或服务所能提供的利益或解决目标消费者问题的办法,进行整理和分析,从而确定广告所要传达的主张的过程。网络广告创意是使广告达到广告目的的创造性的想法意念,在商业广告中能使广告达到促销目的独特主意。它是决定广告设计水准高低的关键环节。

一、USP 理论

USP 策略又称独创性销售主张(Unique Selling Proposition)简写为"USP"。该策略的原创者美国广告专家罗素·瑞夫斯认为:"广告,是以最低成本,将一个独特性销售主张,灌输于最多数人头脑中的一门艺术。"只有当广告能指出产品的独特之处时才能行之有效,即应在传达内容时发现和发展自己的独特销售主题。USP 有三个主要特点。

(1)必须包含特定的商品效用。即每一广告都要对消费者提出一个说辞,给予消费者一个明确的利益承诺。

(2)必须是独特的、唯一的。这是其他同类竞争商品不具有或没有宣传过的说辞。

(3)必须有利于促进销售,即这一说辞一定要强有力到能招来数百万计的大众。由于科学技术急速发展,人类社会不断向前推动,单靠一般化、模式化的广告创意和表现已不能引起大众的注意和兴趣,必须在产品中寻找并在广告中陈述产品的独特之处,即实施独特的销售主题。这一新的广告创意策略一经问世便立即在广告界引起热烈响应,并在 20 世纪 50 年代得到普遍推广。

二、品牌形象理论

品牌形象理论产生在第二次世界大战后的美国，由大卫·奥格威提出。当时产品的同质化越来越高，这样寻求产品的"独特卖点"就越来越难。大卫·奥格威认为，在产品完全同质的基础上，谁更有独特气质，谁就能脱颖而出。因此，应该为品牌产品建立一个个性和发起一个成功广告运动是非常重要的。企业必须决定品牌要一个怎样的形象（Image），即个性。广告不仅要挖掘产品本身的卖点，同时还要赋予产品人格化的形象，即一个产品就像一个人，要有自己的个性，就是这个形象决定了在市场的地位：是成功还是失败。在关于如何建立形象的问题上，他认为，广告不是娱乐，而是要提供信息，促使顾客购买的不是广告的形式，而是广告的内容。这个广告内容是什么呢？按照形象理论看法，这个内容就是包含着创意（Creative）的个性形象。所以，形象论认为，一个好的广告应该让人们感觉这不是一个广告，不强卖，而是应该让顾客在无意识下去购买你的产品。罗杰·瑞夫斯对 USP 理论与品牌形象理论的关系做过一段评价：USP 和品牌形象之间的关系是：一个演讲者的穿戴、气质、说服力就是品牌形象，演讲内容是 USP，并主张将二者结合起来，认为纯粹的 USP 和纯粹的品牌形象都不可取。换句话说，USP 是内核，而品牌形象是外壳。因此说 USP 仍然是一个广告的关键。USP 理论并不会随着时间的推移而暗淡无光。

当今的市场已进入"形象消费"的时代，品牌形象的好坏，往往是企业成败的关键。因此，在进行广告创意活动时，采用品牌化印象策略建立或加强商品的品牌印象，无疑是网络广告具有开拓和占有市场销售的有力保障。

三、定位理论

定位（Positioning）是由著名的美国营销专家艾尔·莫瑞斯（AlRies）与杰克·特劳特（Jack Trout）于20世纪70年代早期提出来的。定位理论的产生源于信息爆炸造成的人类各种信息传播渠道的拥挤和阻塞，几乎把消费者推到了无所适从的境地。

定位的对象是从产品开始，可以是一件商品、一项服务、一家公司、一个机构，甚至是一个人，也可能是你自己。

定位并不是要你对产品做什么事情，而是要将你的产品在未来的潜在顾客的脑海里确定一个合理的位置。也就是说，定位是要针对潜在顾客的心理采取行动。因此，定位是对顾客的头脑进行争夺的理论，其目的是在潜在顾客心中得到有利的地位。定位的真谛就是"攻心为上"，消费者的心灵才是营销的终级战场。要抓住消费者的心，必须了解他们的思考模式，这是进行定位的前提。《新定位》一书列出了消费者的五大思考模式。

模式一：消费者只能接收有限的信息。在超载的信息中，消费者会按照个人的经验、喜好、兴趣甚至情绪，选择接受哪些信息，记忆哪些信息。因此，较能引起兴趣的产品种类和品牌，就拥有打入消费者记忆的先天优势。

模式二：消费者喜欢简单，讨厌复杂。在各种媒体广告的狂轰滥炸下，消费者最需要简单明了的信息。广告传播信息简化的诀窍就是不要长篇大论，而是集中力量将一个重点清楚地打入消费者心中，突破人们复杂的心理屏障。

模式三：消费者缺乏安全感。由于缺乏安全感，消费者会买跟别人一样的东西，免除花冤枉钱或被朋友批评的危险。所以，人们在购买商品前（尤其是耐用消费品），都要经过缜密的商品调查。而广告定位传达给消费者简单而又易引起兴趣的信息，正好使自己的品牌易于在消费者中传播。

模式四：消费者对品牌的印象不会轻易改变。虽然一般认为新品牌有新鲜感，较能引人注目，但是消费者真能记到脑子里的信息，还是耳熟能详的东西。

模式五：消费者的想法容易失去焦点。虽然盛行一时的多元化、扩张生产线增加了品牌多元性，但是却使消费者模糊了原有的品牌印象。美国舒洁公司在纸业的定位就是一例。舒洁原本是以生产舒洁卫生纸起家的，后来，它把自己的品牌拓展到舒洁纸面巾、舒洁纸餐巾以及其他纸产品，以至于在数十亿美元的市场中，拥有了最大的市场占有率。然而，正是这些盲目延伸的品牌，使消费者失去了对其注意的焦点，最终让宝洁公司乘虚而入。难怪一位营销专家以美国人的幽默方式发问：舒洁餐巾纸，舒洁卫生纸，到底哪个牌子是为鼻子而设计的呢？

四、共鸣理论

1998年，美国电影《泰坦尼克号》成为全世界人们讨论的热门话题，它创造了人类电影史上的新纪元。该片获得了包括最佳影片在内的共11项奥斯卡金像奖，同时也创造了人类营销史上的奇迹，上映3个月就赢得了12亿美元的票房收入。分析其原因，《泰坦尼克号》正迎合了人们的怀旧情结，引起了专家与观众的共鸣。这种以怀旧方式挖掘了人的情感，创造了广告创意策略的重要理论就是共鸣论。

主张在广告中述说目标受众珍贵的、难以忘怀的生活经历、人生体验和感受，以唤起并激发其内心深处的回忆，同时赋予品牌特定的内涵和象征意义，建立目标对象的移情联想。通过广告与生活经历的共鸣作用而产生效果和震撼。该策略最适合大众化的产品或服务，在拟定广告主题内容前，必须深入理解和掌握目标消费者。常选择在目标受众中所盛行的生活方式加以模仿。关键是要构造一种能与目标受众所珍藏的经历相匹配的氛围或环境，使之能够与目标对象真实的或想象的经历联系起来。侧重的主题内容是：爱情、童年回忆、亲情等。情感共鸣意在以直观真实的情景打动消费者，是现代广告活动中最常用的一种方法。

五、ROI 理论

ROI（Relevance Originality Impact，简称 ROI）理论是一种实用的广告创意指南，是 20 世纪 60 年代的广告大师威廉·伯恩克创立的 DDB 广告国际有限公司根据自身创作积累总结出来的一套创意理论。该理论的制造者伯恩克是广告唯情派的旗手，是艺术派广告的大师，他认为广告是说服的艺术，广告"怎么说"比"说什么"更重要。

ROI 理论的基本主张是优秀的广告必须具备三个基本特征，即关联性（Relevance）、原创性（Originality）、震撼力（Impact）。三个原则的缩写就是 ROI，其主要内容有：

（1）好的广告应具备三个基本特质：关联性（Relevance）、原创性（Originality）、震撼性（Impact）。

（2）广告与商品没有关联性，就失去了意义；广告本身没有原创性，就欠缺吸引力和生命力；广告没有震撼性，就不会给消费者留下深刻印象。

（3）同时实现"关联""创新"和"震撼"是个高要求。针对消费者需要的"关联"并不难，有关联但点子新奇也容易办到。真正难的是，既要"关联"，又要"创新"和"震撼"。

（4）达到 ROI 必须具体明确地解决以下五个问题：

①广告的目的是什么？

②广告做给谁看？

③有什么竞争利益点可以做广告承诺？有什么支持点？

④品牌有什么独特的个性？

⑤选择什么媒体是合适的？受众的突破口或切入口在哪里？

ROI理论体现了一种广告思维方式的转变，即从产品到消费者，从诉求到表现的转变，强调广告的艺术表现力，一改原来陈腐的广告风格，为业界纷纷仿效。实践也同样证明，凡真正领会到了它的真谛的，都会在这个方面有所收获；但如果只是盲目模仿，很可能会适得其反。比如，同是润喉片广告，草珊瑚含片请歌星代言，而"金嗓子"则请球星（罗纳尔多）代言，撇开原创性和冲击力不谈，后者在关联性上就明显的出了大问题，如果改为球星进球后向呐喊助威的球迷表示感谢奉上喉宝，似乎效果会更好。曾经有一个保健类的获奖平面广告，题目是"油条骨头"，原创性和震撼力显然是有的，关联性似乎有一点，想到了消费者（骨头），却忽视了产品，至少没有把自己的产品与同类产品区别开来。

六、认知失谐理论

认知失谐是心理学中的一个重要理论，有时会被拿来创意传统媒体广告。但是通过比较人们会发现网络与传统媒体相比具有十分鲜明的特点，这些特点决定了网络广告的创意更适合运用认知失谐理论。

认知失谐理论是由美国社会心理学家费斯廷格于1957年提出并形成的一套理论。这一理论认为人的认知体系由许多认知因素组成，这些认知因素之间有些是相互独立的，有些是相互关联的。而相互关联的认知因素之间又存在两种情况，一是两个关联因素之间呈协调关系，二是两个关联因素之间呈不协调关系。例如："吸烟有害健康"和"适量饮酒有利健康"是两个相互独立的认知因素，"我每天喜欢饮用少量的酒"和"适量饮酒有利健康"是呈协调关系的相互关联的认知因素，而和"医生要求我戒酒"是呈不协调关系的相互关联的认知因素。当人们认知体系内呈协调关系时，就会设法保持这种协调关系，避免接触与已有认知因素相矛盾的信息，当人们的认知体系内发生了不协调，就会设法去减轻或解除这种不协调状态。

在通常状况下，人们总是习惯于在相互协调的认知体系内接受各种信息，从而使个人的认知体系处于一种动态的平衡之中。但是在现实的信息接触过程中，由于个人差异的存在以及所接触到信息的不确定性等因素，使得人们不可能只接触符合自己认知体系的信息。

有的信息可能完全是新信息，有的信息则可能是与自己原有的认知相矛盾的信息。当这种异化信息冲击个体的认知体系时，就会与原有的认知因素呈现出不协调的关系，从而导致认知失谐和心理紧张。上面提到的"我每天喜欢饮用少量的酒"和"适量饮酒有利健康"是某个个体的关联协调认知。但当出现"医生要求我戒酒"的认知时，该个体一直以来的协调认知就可能被打破。此时，个体为了解除紧张会使用改变认知、增加新的认知、改变认知的相对重要性、改变行为等方法，来力图重新恢复平衡。在刚才的例子中，该个体有多种选择可以恢复平衡，如遵守或忽视医生的建议等。

在传统媒体广告中，利用认知失谐理论来引起受众注意，从而改变受众认知的广告创意也是存在的。但是由于报纸、电视等传统媒介具有主体传播性强、传受双方互动性弱等缺点，使得受众不容易消除紧张、恢复认知协调，从而限制了认知失谐理论在广告创意方面的发挥。

网络广告与传统的广告相比，具有明显的特点，而这些特点又克服了在传统媒介中运用认知失谐理论创意广告的种种不足，为认知失谐理论的运用提供了丰厚的土壤，因而将该理论更多地运用到网络广告的创意中就成为了可能。

（1）网络广告传播的非强迫性使得认知失谐理论的运用成为一种必然。非强迫性使得注意广告成为浏览点击广告的前提，所以如何使网民在众多的网页信息中率先主动地注意到广告并产生一定吸引力就成为创意的关键。由于人们习惯于在协调的环境中接受信息，网页中偶然出现一两条"反常态"的广告往往会迅速地抓住网民的眼球。

（2）真正的多媒体技术为认知失谐理论的运用提供了多种途径。网络广告是建筑在高速信息通信和多媒体技术基础上的，具有光、电、声、讯的综合动画效果，对各界网民产生了巨大的吸引力。而且随着技术的发展和互联网带宽的提升，越来越多的视频广告已经出现在了网络中。可以说多媒体技术的应用使人们能在网络广告创意中尽情地展现各种认知失谐的表现形式。

（3）网络广告中强烈的主体与主体间的互动为认知失谐提供了很好的解决办法。认知失谐后的认知恢复是受众对广告创意的必然要求。传统的媒体广告创意中认知失谐运用受限，很大程度上是由于主体与客体之间互动性差，失调之后受众往往嫌麻烦不愿或很难找到合适的途径恢复平衡。比如报纸广告有时故意设置悬念造成受众的认知失谐，而受众又不会通过主动寻找更多的信息去恢复它，因此很多人选择了回避广告，从而影响了广告效果。但在网络中，各种悬念广告、游戏广告、投票广告等，受众只需轻点鼠标就能得到答案从而恢复平衡。因此，网络广告中解决认知失谐的方法简单了。

第四节　网络广告的诉求策略

广告的诉求指的是广告中用以吸引消费者注意或兴趣和影响其对产品或服务的感觉的基本方法。它体现了整个广告的宣传策略，往往是广告成败关键之所在。倘若广告诉求选定得当，会对消费者产生强烈的吸引力，激发起消费欲望，从而促使其实施购买商品的行为。广告诉求是广告内容中很重要的部分，是创意性的企图和讯息传播者为了改变讯息接受者的观念，在传播讯号中所应用的某些心理动力，以引发消费者对于某项活动之动机，或影响其对于某种产品或服务之态度。

一、理性诉求策略

理性诉求指的是广告诉求定位于受众的理智动机，通过真实、准确、公正地传达企业、产品、服务的客观情况，使受众经过概念、判断、推理等思维过程，理智地做出决定。这种广告策略可以作正面表现，即在广告中告诉受众如果购买某种产品或接受某种服务会获得什么样的利益，也可以作反面表现，即在广告中告诉消费者不购买产品或不接受服务会对自身产生什么样的影响。这种诉求策略一般用于消费者需要经过深思熟虑才能决定购买的产品或接受的服务。从心理学角度看，理性诉求广告要达到预期的最佳效果，须遵循下列策略或准则。

（1）拟定说服的重点。说服重点是目标消费者的心理特点与产品特点的结合。

（2）论据比论点、论证更重要。论据一般分为人和物两种形式。人，一是选择具有权威人物，或有影响力的人物；二是选择用过该产品的消费者。物，以物作为论据的形式有：实物演示、实验数据、图表等。所有这些演示、数据、图表所反映的内容都必须是真实的、经得起重复实验的。

（3）适度利用"恐惧唤起"。美国心理学家施肯认为，宣传必须使人们的内心感到有压力与威胁，只有听从劝告，按宣传者说的去做，才能消除心理上的负担。许多广告，尤其是药物广告不断告诉人们，你现在的状态如何，发展下去会如何；用了这种药物又会如何，以此作为说服消费者的手段。如螨灵霜的祛痘产品广告就是利用唤起恐惧达到宣传效果的。

（4）运用双向信息交流，增加可信度。在大力彰扬产品优点的同时，也说出产品的一些不足之处，以增强广告信息的真实可信。

二、情感诉求策略

情感诉求广告也称情绪诉求广告，是指广告制作者通过极富人情味的诉求方式，针对消费者的心理、社会或象征性需求，表现与企业、产品、服务相关的情感和情绪，通过引起消费者情感上的共鸣，引导消费者产生购买欲望和行为。在进行广告创意的过程中，创作人员会把情感诉求作为创意的切入点，试图用情感来影响消费者，通过对消费者心理需求的研究，运用合理的艺术表现手法进行广告创作，寻求最能够引发消费者情感共鸣的出发点，从而促使消费者在动情之中接受广告，激发购买行为。情感方式则是通过非理性知觉通道传输到大脑中枢。这条通路较之理性知觉通路要短得多，也直接得多，因而传递速度也就快得多，并能够更加深刻地"印刻"在人们的心灵中，产生巨大的感染力与影响力。在广告中运用情感诉求的方式不仅是重要的，也是可能的。这里介绍几个常见的表现手法。

（1）以充满情感的语言、形象、背景气氛作用于消费者需求的兴奋点。一类产品能满足消费者某类或某些情感需求，广告制作者必须为消费者的利益着想，并且抓住消费者需求的兴奋点。因为消费者的需求决定着其感情心理活动的方向和结果。因为消费者的需求是情绪、情感产生的直接基础，客观刺激必须通过以消费者的需求为中介才能发挥其决定作用。一旦触发了他的需求兴奋点，其情绪必然高涨，而情绪高涨则满足需要的行为也将更快、更强烈地出现。产品要想深入消费者的内心，就可以从其需求入手，把产品与某类需求紧密相联，使得消费者一出现这类需求便想到此产品，则广告就已取得良好的促销效果，达到广告主最大最终的希望。情感诉求正是诉求产品能满足消费者某类需要，自然能实现上述效果。

（2）利用谐趣幽默的语言作用于消费者的兴奋点。莎士比亚说："幽默和风趣是智慧的闪现。"幽默化广告创意策略，是科学和艺术的智慧结晶。现代心理学认为，幽默是对人们心理的一种特殊适应，它是对心理理性的一种特殊反叛，是以突破心理定势为基础的。所谓心理定势，是指人们由于过去生活体验而形成对周围环境中事物相对固定的感知、评价的惯性。当今社会商品经济高度发达，大量的信息符号通过广告向社会传播，使受众目不暇接，在一定程度上已显现饱和状态，受众在精神上产生了保护性抑制情绪。在这种情形下，广告创意采用幽默化策略，可有效缓解受众精神上的压抑情绪，排除其对广告所持的逆反心理。在一种轻松、快乐、谐趣的氛围中自然而然地接受广告所传递的商业信息，并完成对商品的认识、记忆、选择和决策的思维过程，幽默化广告创意策略，可以克服众多广告商业味太浓、艺术情趣匮乏、严肃刻板有余、生动活泼不足的弊病，有趣、有效地达成广告目的。

（3）增加产品的心理附加值。作为物质形态的产品与服务，本来并不具备心理附加值的功能，但通过适当的广告宣传，这种心理附加值便会油然而生。美国广告学者指出："广告本身常能以其独特的功能，成为另一种附加值。这是一种代表使用者或消费者，在使用本产品时所增加的满足的价值。"人类的需要具有多重性，既有物质性需要又有精神性需要，并且这两类需要常处于交融状态，即物质上的满足可以带来精神上的愉悦；精神上的满足有时又需要物质作为基础。人类的如此心态，便给广告制作者辟出了一个发挥聪明才智的广阔空间。

三、情理结合的诉求策略

广告诉求的两种最主要诉求方法各有优势也各有欠缺。理性诉求对完整、准确地传达广告信息非常有利,但是由于注重事实的传达和道理的阐述,往往会使广告显得生硬、枯燥,影响受众对广告信息的兴趣。感性诉求贴近受众的切身感受,容易引起受众的兴趣,但是过于注重对情绪和情感的描述,往往会影响对广告信息的传达。因此,在实际的广告运作中,时常将两种诉求方法合起来,即在广告诉求中,既采用理性诉求传达客观的信息,又使用感性诉求引发受众的情感,结合二者的优势,以达到最佳的说服效果。这种诉求策略,就是情理结合的广告诉求策略。

情理结合广告在内容方面最突出的特性就是理性内容和感性内容的完美结合。理性内容偏重于客观、准确、公正,较有说服力,感性内容偏重于亲切、自然、生动,在亲合性方面更为突出,二者结合能够最大限度地加强广告信息的趣味性和说服力。

情理结合诉求的广告文案,就是将感性诉求和理性诉求两者有机地融合在一起的广告文案。

情理结合诉求的广告文案既采用理性诉求的方式传达客观的信息,又使用感性诉求的方式引发受众的情感共鸣,将两者的优势结合起来,最大限度地加强广告信息的趣味性和说服力。

情理结合手法在广告实际运作中更为常用,但前提是产品的特性、功能、实际利益与广告的情感性内容有合理的联系。如牙膏产品最常使用情理结合诉求手法,如果强调美白牙齿的功能,就要在理性示范美白效果的同时,向关心自身形象的青年消费者做"让你的笑容更灿烂""让你更自信"等内容的感性诉求;如果突出兼顾牙齿的功能,就要在理性示范兼顾牙齿效果的同时,向家庭消费者,尤其是年轻母亲,做爱护家人的亲情诉求。

情理结合诉求的广告策略应从以下几方面着眼。

(1) 诉求内容全面。情理混合诉求的网络广告既有人们进行理性分析所需要的有关企业、产品和服务的适用性、功能性的信息内容，又有能满足人们心理需求的情感内容，这就使人们在精神上和物质上都能得到满足。情理混合诉求，既能准确传达信息，又能引发诉求对象的向往之情。

(2) 诉求表现情理并举。情理混合诉求的网络广告在诉求表现上既通过陈述、论证、比较等理性诉求的方式，把企业、产品和服务的信息尽可能清晰而详尽地给予消费者，也通过煽情性的感性诉求的方式调动消费者的情绪，激发他们的购买欲望。

(3) 诉求语言庄谐并用。情理混合诉求的网络广告的语言既有理性诉求网络广告对企业、产品、服务实用性、功能性信息的稳重、严谨而平实的介绍，又采用感性诉求网络广告中形象生动、幽默风趣、富于情绪化的语言，让消费者感受到丰富的情感信息。

第五章　网络广告发布

网络广告活动按照广告计划执行，到完成广告创作并形成网络广告作品之后，经过广告主的最后审核同意，即可送到预定的网络媒介发布传播。网络广告发布与传统广告有所不同，不仅有技术上的差异，也有形式、规范等方面的迥异。网络广告的发布，包括网络广告的代理发布、网络广告的发布形式和途径、网络广告发布的规范及趋势三个方面的内容。

第一节　网络广告的代理发布

一、广告发布代理制

广告发布代理制指的是广告代理方（广告经营者）在广告被代理方（广告客户）所授予的权限范围内来开展一系列的广告活动，就是在广告客户、广告公司与广告媒介三者之间，确立广告公司为核心和中介的广告运作机制。它是国际通行的广告经营与运作机制。广告业现代化的主要标志之一就是在整个产业结构中广告代理公司处于中心地位。而对于相对滞后的我国大陆的广告业而言，媒介处于中心和强势地位，有"强媒介弱公司"的说法。广告发布代理制的最终确立与实施仍是广告业今后发展的努力方向和基本趋势。

广告代理制是国际上通行的广告经营机制,它随着广告业的发展而逐步形成,是广告业发展到一定历史阶段的产物。实行广告代理制,即由广告客户委托广告公司实施广告宣传计划,广告媒介通过广告公司承揽广告业务,广告公司处于中介地位,为广告客户和广告媒介提供双向服务。简单地说,广告代理就是广告客户不直接通过媒体发布广告,而必须委托有相应经营资格的有关广告公司代理其广告业务。

对广告主而言,广告代理制有利于保证其广告计划的顺利实施。如果广告主不通过广告代理,直接委托媒介单位发布广告,由于缺乏有熟练技能的广告专业人员,广告宣传过程中缺少市场调查、总体策划、广告创意、媒介计划等环节,那么广告效果势必受到影响。同时,实行广告代理可以使企业获得全面的广告服务,并避免企业广告费的浪费。对媒介而言,随着规模的扩大、发行量(收视率、收听率)的提高,广告收入成为其重要的经济来源。而媒介的主要任务、主要力量是办好媒体本身,因此媒介不可能去培养一支庞大的专业广告队伍。实行广告代理制后,媒介的广告业务委托给广告公司,媒介可以集中人力、物力办好版面和节目,提高媒介自身的质量和竞争力,同时,媒介的广告业务可以由广告部按业务属性对口若干家广告公司,统一了广告业务渠道,有利于克服媒介单位内部拉广告所产生的不正之风,避免产生媒体腐败。另外,由于不与广告主直接打交道,而是与信用良好的广告公司之间发生关系,也使媒介单位减少了财务上的风险。

实行广告发布代理制,可以使广告业内部形成良性运行秩序,最大限度地发挥广告主、广告公司与媒体的长处。在健全的市场经济中,广告活动应该是通过广告代理商进行的,广告代理商可以帮助广告主针对产品的特点制定长期的广告投放计划,而不是随意进行广告的投放行为。

目前，我国的广告发布代理制度并不完善，广告活动中有相当一部分是广告主与媒介直接发生的，广告主与代理商之间的业务联系更多的是短期行为，这对广告市场的发展不利。

网络广告代理发布制度的规范，到目前为止，并没有全国性的法律法规正式颁布，实际操作中更多的是依靠行业自律和一些约定俗成的行业惯例。作为广告代理新的发展方向，网络广告的代理发布应该得到进一步的规范。

二、网络广告的代理与发布

传统广告的发布媒介比网络广告要更为广泛，而网络广告的发布形式则更为多样，发布时段、位置更为自由。所谓网络广告发布，就是指将制作好的网络广告，以一定的形式，按照预定的时间和位置在网络媒体（如知名的新闻网站）上发布，供受众浏览、点击。与传统广告的发布一样，网络广告发布大多是通过广告发布代理制实现的，即由广告主委托广告公司实施广告计划，广告媒介通过广告公司来承揽广告业务。当然在当前情况下，也无法避免广告主直接通过媒介发布或者广告主自行建立网站自行发布。

（一）通过广告代理商发布

这是一种规范的、也是一种主要的发布方式。网络广告代理商可以分为两种：网络服务商与传统的广告代理商。网络服务商是随着网络媒体的出现而同时出现的，但仍很不完善，尚不具备承揽全部网络广告业务的能力；而传统的广告代理商虽然对网络媒介不是很了解，但熟悉相关广告业务，能提供相应的广告服务，是网络服务商的强劲竞争对手。面对这种情况，广告主就有了三种不同的选择：

1. 与网络服务商合作

广告主将其全部广告业务（网络广告与非网络广告）委托给网络服务商并由其制订、执行广告计划，并完成广告的创意、制作，最后交由各个媒体发布。

2. 与传统广告代理商合作

广告主将其全部广告业务委托给传统广告代理商。具体又存在两种不同的情况：一是传统广告代理商自己运作传统广告业务，把网络广告业务转交给网络服务商，由网络服务商制定、执行广告计划，然后再交由某个网络媒体发布；二是传统广告代理商（主要是一些实力雄厚的大型广告公司）采取积极措施，招聘一些既懂网络媒体知识又懂广告的人才，在传统广告代理公司内部设置一个专门运作网络广告业务的部门，或是直接购买小型的网络公司作为其下属机构专门从事网络广告业务。

3. 并行代理制

并行代理制是将传统广告业务交由传统广告公司代理，将网络广告业务交由网络服务商代理。由于传统的广告代理商虽然熟悉传统广告业务，但不熟悉网络广告制作技术，缺乏网络广告代理经验。而网络服务商虽具有技术上的优势，但在广告业务运作方面又明显逊于传统的广告代理商。采用并行代理制就可以发挥各自的优势。

（二）广告主自行发布

广告主通过建立自己的企业网站发布产品和服务信息。在网络技术快速普及的情况下，广告主尤其对于那些具有较高的知名度、企业规模较大的广告主，拥有自己的网站已经不仅仅是塑造形象的需要，这类网站在某种程度上已经是广告主与客户交流的平台之一。因此，广告主自行发布广告就成为一种新的选择。当然，广告主在选择自主发布广告的途径时，他们同样有两种不同的选择。

（1）广告主直接与网站接触，利用自己的网络技术人员来完成网络广告的创意、设计、制作，仅仅是将发布、管理的部分交给网络媒体执行，就是广告主自身完成网络广告流程的大部分环节，最为重要的是绕开了网络广告代理商，不借助任何广告代理，直接通过网络媒体进行发布。在网络广告规范程度不高的情况下，专业的网络广告代理商并没有成为网络广告市场的主宰，国内大部分的网站都成立了专门的广告部门，主要的职责就是为自己的网站承揽广告业务。特别是一些大型的网站，如新浪、搜狐、网易三家网站2000年广告收入总和占国内网络广告收入总和的80%左右，这样的知名网络媒体已经有相当的知名度，是网络广告的稀缺媒体资源。

　　广告主直接与网络媒体接触，自然对于广告主和媒体都是双赢的交易，因为网络媒体更了解自身的内容和受众群体，可以提供给客户更有针对性的广告投放，广告的效果更为明显。同时网络媒体直接承揽广告，节省了代理费，广告主与媒体都可以得到更多的利益。然而凡事有利必有弊，这种方式的劣势在于：网站直接承揽广告客户，缺乏有效的第三方监督，其提供给客户数据的可信度会大大降低，尤其在一些关键数据，例如点击率等方面可能产生造假的嫌疑。与广告代理商相比，网络媒体出于利益考虑和广告专业素养的不足，并不能站在客户的角度上，从整体行销层面上为客户提供专业的行销方案。

　　2. 广告主自己建立网站，自行发布广告信息。既然各大企业都拥有自己的企业网站，并且都有专门的技术人员进行日常的维护，这些人员就可以负责本企业内部的网络广告制作发布，这样可以节省大笔的广告代理费。但是建设网站往往需要大量的资金投入和大批专业技术人员的加盟，非一般中小型企业所能承受。而且，随着网络媒体发展的复杂化与多样化，网络广告的要求会越来越高，广告主面临日趋激烈的竞争，将没有时间和精力也没有相应的水平来处理专业性的网络广告业务。可以预见，随着市场经济的成熟和网络媒体的发展，广告主自行发布网络广告的情况会逐步减少，网络广告代理必将成为网络广告发布的主流。

广告网络的直线发展说明广告主和站点发布商都能够接收这种新的代理方式，参加广告网络发布使广告客户及站点发布商都从中获得了相应的利益。媒体购买者愿意与广告网络合作有多种原因，这些原因促使他们将库存空间放置在网络上。

使用广告网络对于网络站点发布商来讲，有三个主要益处：第一，广告网络通过致力于网络的、富有进取心的、敏锐的网络广告管理销售队伍来取代或增强内部的销售部门；第二，通过广告网络来销售站点的所有广告库存，可免去站点在复杂昂贵的广告管理软件上的投资；最后，广告网络能减少剩余的库存空间。

对广告客户的益处也体现得很明显，首先，广告客户可以通过与一个销售代理的合作完成多个站点的购买；其次，广告客户能够通过网络的规模经济获得有竞争力的价格；再次，还可以依据站点的记录进行定位，降低无效的印象次数。

广告网络与代理公司之间的差别：广告网络和代理公司都是广告空间的经纪人，但他们在销售进程中的侧重点不同。两者都可作为销售力量的补充或替代方式，但代理公司则只代表某个站点。而另一方面，广告网络通常将它的网络类别销售给广告客户，并能代表一个整体的所有成员站点。换句话说，网络可能代理四个关于运动的站点，因此他们会在网络的运动类别站点上，而不是在某一单个的站点上销售广告空间。

网络通常会借助将它的会员站点合并归类的凝聚力来销售它的库存空间，如金融类站点或运动类站点。与之相对的，代理公司则只代表独立站点本身。

另外，代理公司通常会要求与站点之间达成一个独家代理的协议，因而他们是站点唯一的外部销售力量。他们这样做的目的

第五章 网络广告发布

是为了限制当站点的内部销售队伍、广告网络或代理公司一起进行销售时所造成的混乱——每一家都有不同的价格及不同的库存空间。

三、网络广告代理商的选择

互联网作为"第四媒体",在某种程度上是搭建了一个媒体的平台,个人或者组织都可以在上面发布信息。面对如此庞杂的互联网,广告主很难选择合适的媒体来发布自己的广告,而通常选择一个恰当的媒体发布广告是广告成功与否的重要因素。因此,尽管代理商的佣金相当高,通常是广告费用的 30% ~ 50%。但一些广告主还是比较愿意跟代理商合作,因为它们在选择合适站点这个问题上有丰富的经验;另外,广告主如果与代理商合作只要面对代理商即可,而不必去面对众多的网络媒体并讨价还价。那么,如何选择一个合适的广告代理商呢?从目前情况来说,可以从以下几方面来进行衡量选择。

(1) 如果不与代理商合作,自行组织小组来发布广告,本公司的广告活动目标是否能有效地、低成本地实现?(这个问题看起来似乎是多余的,但只有认真考虑了这个问题才能更好地与代理商合作。)

(2) 代理商从业时间有多长?

(3) 代理商以往的业绩如何?

(4) 代理商以往代理的广告活动是与本公司互补的,还是相互竞争的?

(5) 代理商是否推荐广告空间购买的价格和打折的方法?

(6) 代理商具有多大程度的讨价还价的能力?

(7) 广告费用是很固定还是可砍价的?

(8) 代理商是否有能力提供从开始到结束的全程服务?

(9) 一旦广告空间购买成功,对其管理是否还需要代理商?

（10）公司掌握操作技巧后，这个代理商能否为公司组织一个部门完成后继工作？

（11）服务合约有效时间是多长？

（12）佣金是不是在合约完成后再付？

对于以上问题，广告主可综合考虑自身实际情况与需要，结合网络广告代理商的服务特色，进行比较与选择。

在实际应用中，广告主由于受到社会、经济、环境、技术、资金等各种外在、内在因素的制约，同时由于目前国内网络广告代理制度的不完善，对于代理商的选择需要考虑的因素可能更为复杂。

第二节　网络广告代理商的运作模式

对于网络广告代理商来说，由于各自市场定位的不同，就会设置不同的职能部门，建立不同的运作流程，确定不同的管理环节。但同时，各网络广告代理商在运作模式上也存在一定的共性。

一、客户导向型运作模式

客户导向型是网络广告代理公司常用的运作模式。具体而言，网络广告代理公司的客户导向型运作模式主要包括以下步骤和内容：与广告主洽谈业务项目，通告代理服务收费标准；联络沟通广告公司相关职能部门，将公司讨论意见反馈给广告主并确定业务项目；拟订网络广告初步方案，完成网络广告活动提案；听取广告主对提案的意见反馈并确定代理服务费用，修改网络广告提案并反馈给公司相关部门；整体执行网络广告业务活动，就广告运动进展和广告营销效果与广告主沟通，向广告主提交广告实施情况和广告效果测评资料；收取广告代理费用并与广告主保持长期联系。

客户导向型运作模式是从接触与了解广告主开始的。无论何种市场定位的网络广告代理公司，每一工作项目业务流程的开展均始于客户服务部，也终于客户服务部，以客户广告目标的实现及其满意为一切工作的导向。

网络广告代理运作流程首先从客户服务部的客户主管（account executive，简称 AE）开始，客户主管既是广告主广告业务的代言人，又是广告公司广告业务的负责人，是两者之间最主要的沟通桥梁。其主要工作是收集、分析并追踪广告市场和广告主的动态信息，接触、了解、洽谈、选择、联络广告主，把广告主的需求及时传达给广告公司的相关职能部门，同时，把广告公司的业务优势、经营能力、收费标准、广告建议等信息反馈给广告主，在市场调查、广告定位、广告策划、广告创意、广告制作、媒介购买、效果测评等具体广告运作中促使二者达成共识，以实现预期的广告效果和营销目标。

与传统广告客户主管有所区别的是，网络广告代理公司的客户主管还承担着一项重要工作，即宣传推广网络广告，向广告主说明网络技术力量和网络广告的整合营销效果，培育并发展网络广告市场。

客户导向型广告代理商的主要服务内容有：

（1）掌握广告主及其产品服务的整体情况，包括广告主的生产经营能力、产品或服务的市场地位、行业市场现状和竞争对手等背景信息，以客观、全面、准确地进行网络广告定位，确定网络广告诉求重点。

（2）了解广告主的整合营销目标和整体广告预算，根据整合营销目标，确定网络广告的发布对象、发布区域和发布网站，根据整体广告预算安排广告计划、广告制作和广告发布，将网络广告活动与企业营销活动紧密衔接,充分发挥网络广告的传播效应和促销作用。

(3) 与广告主洽谈广告代理服务费用,就广告代理业务的内容、权责、标的、结算以及违约处置等方面的有关规定签订有效合同。

(4) 与广告主充分沟通,深入了解广告主需求,提供专业性意见和建议,与广告主保持长期联络,用优质的代理服务不断开发新广告主,巩固稳定老客户。

二、网络广告代理服务业务

广告主在企业运营过程中引入整合营销传播,网络广告代理的运作理念、运作模式和运作水平不断向前发展。网络广告代理公司要根据不同广告主的产品或服务特点、市场竞争现状和广告运动环境,提出创新的广告创意和可行的广告计划,运作包括市场调查、广告定位、广告策划、广告创意、广告制作、媒介购买、效果测评在内的广告运动各环节,为广告主创造性地解决整合营销传播中的相关问题。

网络广告代理运作的起始点是市场调查和营销分析,核心是广告创意和广告计划,终点是网络广告效果评估。每一环节,都关系到广告活动的成败。网络广告代理公司要根据自身的市场定位和资源优势,充分了解广告主需求和征求广告主意见,提供有效率的广告代理服务,以获取良好的网络广告效果,从而赢得广告主的信任。

在网络广告运作过程中,网络广告代理公司自始至终要考虑,相关业务活动就网络技术而言是否具备可行性。

全面服务型网络广告代理商的业务大致可分为四个阶段:网络广告调研阶段、网络广告决策阶段、网络广告执行阶段与网络广告评估阶段。其具体内容如下:

1. 网络调研阶段

网络广告代理公司接触、筛选、确定广告主,商定代理业务之后,要广泛收集广告主产品和服务的市场信息,通过市场调研,了解市场竞争环境、消费者行为与心理、产品或服务的特征。要深入分析这些背景资料和最新信息,撰写具有科学性的市场调研报告,为设立营销目标和制定广告决策提供有力依据。

2. 网络广告决策阶段

经过深入的市场调研,网络代理公司客观、准确地进行网络广告定位,找准网络广告诉求重点,有针对性地制定营销目标和广告目标,对广告运动的整体过程和具体环节进行战略和策略的决策及计划。这是整个广告运作过程中最重要的部分,决定着广告运动的战略方向和指导方针。一旦广告战略明确下来,便需要制定实现广告战略的具体策略,包括网络广告创意策略和网络广告发布策略,还要编制广告预算。网络广告策划小组成员要负责撰写广告计划。

3. 网络广告执行阶段

广告战略、策略一经确定,就进入执行并实施广告战略与策略的工作阶段。客户服务部向创作部、媒介部、技术部及市场部工作人员详细说明背景信息、营销策略、广告策略。相关部门全面展开网络广告的创意、设计与制作,收集背景资料,评估网络媒体,制订媒体计划,购买网络媒体;或利用自身掌握的优势网络媒体资源,正式推出网络广告的最终成品。

4. 网络广告评估阶段

网络广告发布后,收集、测量目标市场的信息反馈和销售反应,评估网络广告的传播效果和促销效果,与计划预期相比较,总结网络广告活动经验,并撰写业务项目总结报告,提交广告主。

第三节 网络广告的发布途径

网络广告与传统广告不同的地方在于,互联网仅仅是一个平台,你可以选择网络媒体如一些知名的网站,你也可以自己组建网站来发布自己的产品信息,你还可以通过其他的途径来发布自己的广告信息。新技术的应用带来的最大好处就是使得技术殿堂的门槛降低,但是并不意味着所有的途径都可以达到预定的目的。正如以下所介绍的网络广告发布的途径,他们并不是适合所有发布形式,而且随着技术的发展,这种发布途径与发布形式的调整也一直在进行之中。

网络广告的发布途径与网络广告的发布形式并不是泾渭分明的,很多发布途径本身就是一种发布形式。例如电子邮件广告,作为网络广告一种有效的发布途径,它本身就是一种广告形式。因此,我们介绍的网络广告发布形式与发布途径不可避免地存在一定程度的重合。

一、公司网站形式

广告主建立自己的主页对于大公司来说是一种必然的趋势。这不但有利于树立企业形象,也是宣传产品的好形式。

在互联网上做广告,归根到底要设立公司自己的主页。主页是公司在互联网上进行广告宣传的主要形式。其他的网络广告形式,无论是黄页、工业名录、免费的互联网服务广告,还是网上报纸、新闻组,除了能供浏览,还都提供了一种快速链接至公司主页的功能。所以说,在互联网上做广告,建立公司的 Web 主页是必要的。一个公司的主页地址也会像公司的地址、名称、标志、电话、传真一样,是独有的,是公司的标识,将成为公司的无形资产。

从这一角度讲,我们就不难理解为什么一些境外公司会不遗余力地去抢注知名企业、品牌的域名,对于著名的企业来说,必然建立属于自己的网站,不仅仅是宣传自己产品的需要,还是宣扬自己的企业文化、推广品牌形象的需要。

二、直接销售网

这是一种专业类产品直接在互联网上进行销售的方式。现在有越来越多的这样的网络出现,著名的如 Automobile Buyer's Network,Auto Bytel 等。以 Automobile Buyer's Network 为例,消费者只要在一张表中填上自己所需汽车的类型、价位、制造者、型号等信息,然后轻轻按一下 Search 键,计算机屏幕上就可以马上出现完全满足你所需要的汽车的各种细节,包括何处可以购买到此种汽车的信息。

对于汽车代理商和销售商来说,这是种很有效的互联网广告方式。汽车商只要在网上注册,那么他所销售的汽车细节就进入了网络的数据库中,也就有可能被消费者查询到。与汽车销售网类似,其他类别产品的代理商和销售商也可以连入相应的销售网络,从而无需付出太大的成本就可将公司的产品及时地呈现在世界各地的用户面前。

三、电子邮件和邮件列表

与传统广告中的邮寄广告相类似的另一种网络世界的广告发布途径是电子邮件广告,这种形式正在被更多的商家所利用。传统的邮寄广告是广告主把印制或书写的信息,包括商品目录、货物说明书、商品价目表、展销会请柬、征订单、明信片、招贴画、传单等,直接通过邮政系统寄达选定的对象的一种传播方式。电子邮件广告是广告主将广告信息以 E-mail 的方式发送给有关的网上用户的一种传播方式。

电子邮件广告成本低廉，而且效果好，有着巨大的发展潜力，如果运用得当，可以收到很好的效果。但值得广告主注意的是，多数上网者对硬塞给他们的电子邮件非常反感。广告主如果不清楚允许和硬塞电子邮件（垃圾邮件）之间的区别，不加区分地发送电子邮件广告，就可能给自己带来非常不利的后果，从而损害公司的形象。上网者通常把垃圾邮件和没有信誉的公司联系在一起，大多数网民碰到垃圾邮件一般都是先删了再说。聪明的广告主很少用垃圾邮件来做广告，因为他们知道这样做不但不会吸引潜在的消费者上门，反而会让潜在的消费者却步。

Internet 还有一种可供使用的资源，就是电子邮件列表。电子邮件列表非常流行。如果要使用电子邮件列表的话，可以有两种选择。

一是建立自己的邮件列表服务器。邮件列表服务器可以生成相当于大宗邮件的电子邮件。假定你的公司在一个地区新建了一个分公司，现在想把这个消息发送给当地客户，就可以使用电子邮件列表：向自己的电子邮件列表服务器发送一个消息，服务器就会把这一消息和该地区客户的电子邮件地址混合在一起并发出相互独立的电子邮件消息，这样不仅比邮局投递快捷省力，而且无需邮票。

另一种方式是租借其他公司的电子邮件列表。利用电子邮件列表需要收集足够的电子邮件地址，这往往要花费很多时间和精力。一种越来越大众化的获得电子邮件地址的捷径是从其他公司租借电子邮件列表。这种列表是最常用的商业广告列表，它们可以使你发送的电子邮件相当于传统广告中的直接邮寄广告。有的公司提供的电子邮件列表常常是那些自愿加入的、想要接收特定主题的电子邮件广告的人，如果租用这样的电子邮件列表是有利可图的。如果能租借到这样的电子邮件列表，就可以向目标客户发送电子邮件广告,而不用担心会激怒他人,并且所花费的费用要比采用普通邮寄广告方式廉价得多。

四、软件广告网

一种新的网络广告发布途径是软件广告网,就是软件下载与网络广告相结合的商业模式。受众在选择下载所需要的软件时,会在下载的页面上看到一些广告,软件的免费下载使用以接受网络广告作为补偿。这样,既可以使广告得到有效的发布,受众也能够获取自己需要的免费软件。如下载工具 Flash – get、网络蚂蚁等,他们在未进行注册时,都有一条 banner 在软件界面的顶端显示。软件与广告的结合,甚至被视为将来软件发行的一个重要渠道。软件作者通过加入广告网络来获得收入,而用户则通过浏览广告节省购买软件的费用。

五、综合性网站

在互联网上有许多较为著名的网站,例如新浪、搜狐、网易等,在这样访问量比较大的网站上发布公告在某种程度上与在传统媒体上发布公告有较为相似的作用,但是针对性更为明显、价格相对低廉。在这样的综合性网站上发布广告,更大程度上与传统广告的发布有相似的地方,为了谋求更多的受众浏览,从这种意义上来讲,在综合性网站上投放网络广告更多是出于与传统广告同样的目的。并且随着一些著名综合性网站的人气飙升,网络广告的报价也大大提高,但是这种途径依然被众多广告主所看好。

一般来说,这些综合性网站都拥有自己的广告销售队伍以及完整的广告发布流程,因此在这些综合性网站上发布广告必须遵循它们的广告发布流程。

六、网络黄页形式

在互联网上有一些专门的用以查询检索服务的网络服务商的站点如 Yahoo，Baidu，Google 等，在一些综合性的网站上也会有相关的搜索引擎。这些站点（搜索引擎）就如同电话黄页一样，按类别划分便于用户进行站点的查询，搜索结果的页面上，通常会在上部留出一定的位置给企业做广告。比如在 Excite 上，你在搜索栏中填入关键字 auto mobile，Excite 页面的中上部就会出现某汽车公司的广告图标。在这些页面上做广告的好处是：①针对性好，在查询的过程中都是以关键字区分的，所以广告的针对性较好；②醒目，处于页面的明显处，较易为正在查询相关问题的用户所注意，容易成为用户浏览的首选。

七、企业名录

一些互联网服务提供者（ISP）或政府机构、行业协会会将一些企业信息融入他们的主页中。如香港商业发展委员会（Hong Kong Trade Development Council）的主页中就融有汽车代理商、汽车配件商的名录。只要用户感兴趣，就可以直接通过链接，进入相应行业代理商（或者配件商）的主页上。广告主可抓住这一广告机会，将有关自己产品的信息及时地发布在自己的网站主页上，以便用户随时浏览。

八、网络报刊杂志

在互联网日益发达的今天，新闻界也不甘落后，一些世界著名的报纸和杂志，如美国的《华尔街日报》《商业周刊》，国内的《人民日报》《文汇报》《中国日报》、新华社、中央电视台，纷纷将触角伸向了互联网，在互联网上建立自己的站点。更有一些新兴的报纸与杂志，干脆脱离了传统的纸质媒体，成为真正的网络媒体。网络报纸或杂志更多的是专业性的媒体，受众更为明确。对于注重广告宣传的公司，在这些网上杂志或报纸上做广告也是一个较好的传播渠道。

九、BBS论坛以及博客网站（blog site）

BBS论坛是一种常见的互联网服务，它与公告牌相似。人人都可以订阅它，成为BBS论坛的成员，成员可以在其上阅读大量的发贴，也可以发表自己的帖子，或者回复他人的帖子。BBS论坛是一种很好的讨论与分享信息的方式。同样，专业论坛一般是志趣相同的一些网民在网上的固定集聚社区，他们往往对一些专业的问题较为感兴趣，对于广告主来说，选择在与本公司产品相关的新闻组上或者专业论坛上发表公告和帖子将是一种非常有效的、传播自己的信息的渠道。此外新兴的博客网站也为网络广告的发布提供了新的空间场所。

十、友情链接

建立友情链接要本着平等的原则，平等有着广泛的含义，网站的访问量、在搜索引擎中的排名位置、相互之间信息的补充程度、链接的位置、链接的具体形式（图像还是文本方式，是否在专门的resource网页，或单独介绍你的网站）等，这些都是在建立友情链接时需考虑的事情。

建立友情链接，首先发出邀请函，告诉对方自己所提供的产品或服务，与他们有相同或相近的主题，可以提供其有价值的信息给对方访问者。如果与访问量大的网站建立友情链接，可从搜索引擎中查找网站，然后浏览结果列表前面的网站，选择与你的主题相似或互补的网站。建立友情链接不仅仅是为了增加访问量，还应对自己网站内容起补充的作用，以便更好地服务自己的用户。此外，互惠链接一个基本的原则就是诚实，不要随意删减他方的链接,维护合作方的利益的同时,就是维护了自己的利益。

十一、IP电话和网上传真

IP是英文"Internet Protocol"的缩写,我国标准译名叫"网际协议",是利用网络进行通信交流必须遵守的网上通信协议。IP电话就是以IP为基础的网络电话。目前所称的IP电话严格讲就是互联网电话,主要有四种方式:电脑对电脑、电脑对电话、电话对电脑、电话对电话。IP电话的传输方式主要是借助网关服务器或电脑软件将语音信号转换为数字信号在因特网上传输。

使用IP电话首先要确定用哪一个电信服务商的IP电话网,目前国内的电信服务商基本都提供IP电话服务:中国联通、中国电信、中国网通、铁通等。网络电话有在固定电话上使用电话卡、手机上加拨电信服务商的快捷拨号方式如中国联通的17911、街头的电话吧直接拨号,中国移动和联通公司的移动IP电话以及在上网的计算机上利用拨号软件实施PC与电话的通话。

由于电信服务商之间的协议及服务范围的不同,目前开通IP电话的电信服务商能够拨叫的区域范围有所不同,广告主可以根据自身的业务覆盖范围决定选择使用哪一家电话网。这种通过IP电话来进行广告发布的途径严格意义来讲与传统的电话广告更为相似。

网络传真是通过互联网络使传真件发送到普通传真机上或对方的E-mail信箱中的服务,这种服务的开通为互联网用户提供了便捷的通讯方式,而且传真通讯费用降至普通传真的70%左右。网络传真除了具有价格优势以外,与普通传真相比还具有灵活方便的特点。使用网络传真时,如果遇到对方不在或占线,可以免去等待,只要把传真内容、传真号码交代清楚,以后的工作就由互联网来完成。

网上传真的一种形式是以 E-mail 方式发送。当用户将包含有传真内容的电子邮件发送到离传真目的地最近的一台网络服务器（这是由提供服务的公司来考虑的）后，网络服务商就会利用自己与公共电话或其他方式的连接将用户的传真内容发送到所要求的普通传真机上。这种方式是从 E-mail to Fax。

第二种方式是在 Web 页面发送传真。一般各 FAX 公司在自己的页面上都为用户准备了一种简单方式，只要按要求正确填入内容，就可以发送了。例如在 TPC 公司发送传真的页面上，提供了"Send a fax from your Web Browser"和"Send a fax from your E-mail software"两种方式。第一种方式是在 TPC 公司的网页上，按格式填写，然后发送。第二种方式是用 E-mail 软件发送。这类站点的缺点是作为英文站点，它不支持中文 FAX。

第三种方式是使用专门的软件发送传真。为了使用户的网上传真业务更加便捷，各 FAX 公司都推出自己的专用软件，如 TPC 公司提供的 HQFax 传真软件、Symantec 公司提供的 Winfax 传真软件。

十二、搜索引擎竞价排名广告

搜索引擎营销是一种基于搜索引擎平台的网络广告营销方式，是通过利用人们对搜索引擎的依赖和使用习惯，在人们检索信息的时候尽可能将营销信息传递给目标客户。其核心无疑是优化企业与业务相关的关键词，达到在搜索引擎上最好的排位，让互联网用户最容易搜索到。如何才能让投放的关键词有一个好的排位呢？我们认为，一是要选好关键词，二是要把握好关键词竞价。这两点缺一不可。

网络营销中的主导地位网站，他的关键词选择需要因为这样的关键词不但被目标消费群体搜到的概率大，而且转化率高，有助于企业花最少的钱,招揽更多的顾客。但是,同类型企业往往具有相同的关键词,这就意味着企业在投放关键词广告时会与竞争对手发生直面竞争,这就是关键词竞价(而这也正是百度、Google这些搜索引擎服务商之所以赚钱的关键所在)。正因如此,关键词的选择才至关重要。

一些企业核心的关键词就那么多,且用户在搜索时往往也比较关注这些关键词,而这也就是所谓的"热词"。显然,如果企业都选择这些关键词,根据搜索引擎关键竞价原理,谁出的价高谁就会排在前面。因此,一些资金实力较强的企业往往会长期以重金来"占据"这些关键词,而一些资金实力不强的企业显然在投放这些关键词时,往往就会起不到什么作用。这是不是就意味着那些资金实力不强的企业就必须放弃这些关键词呢?显然不是!根据搜索引擎关键词搜索原理,搜索结果支持的是最核心、最通用的基础关键词相关信息排在前面。比如旅游行业,"旅游"一词就是最核心、最通用的关键词。如果有企业以最高价格来竞买这个关键词,根据搜索引擎关键词搜索原理,搜索结果中排在前面的信息就应该是这类信息。但同时,凡是含有"旅游"这个词的关键词也会根据相关算法逐一显现,比如:"特色旅游""红色旅游"等。这就为企业投放更多差异化的关键词提供了机会。而这也就意味着企业在投放关键词时,既要注意避免过热的词从而与竞争对手差异开来,又要注意用户的习惯,避免投放一些生僻的词——用户根本不用这些词进行搜索,而达不到推广的作用。

十三、无线网络短信息广告

手机短信广告是网络广告的一个新的形式,虽然广告的接受终端是手机,而非计算机,但是目前大量发送的手机短信息广告是通过互联网来完成。广告发布者通过通信运营商与网站的合作，利用网络进行手机短信息的编写与群发。较为简单的是利用网络媒体提供的界面直接操作，复杂一些的需要专门的设备来进行操作。

第四节 网络广告发布的技巧

网络广告的发布中有一些小的细节，广告主自己要了解一些网络广告的必要知识，掌握好发布网络广告的要诀，如果稍加注意，网络广告发布可以起到事半功倍的效果。

一、选择合适的发布媒体和媒体位置

即使 CPM 价格一样，在不同访问量、不同受众层次的网站所做的广告效果完全不同。高访问量的网站使你获得所需效果的时间大大缩短，从而为你赢得了时间。在选择好网站之后，发布的广告位置也极为重要，一般说来网页上方比下方效果好，应该避免只考虑网站的首页。网络受众相当一部分是通过快速浏览来获取信息的，如果在第一时间没有注意到网络广告，可能就会被忽略。统计表明，许多受众不愿意通过拖动滚动条来获取内容，因而放在网页上方和网页下方的广告所能获得的点击率是不同的。同样，不要仅仅盯住首页广告，首页虽然可以更容易看到，但是想要吸引受众的点击，在其他页面的效果与首页相差不多，但是价格差异较多。

二、通常靠近网站最主要内容的广告受到的注意力要多一点

通常综合网站都会有发布最新新闻的位置，或者是滚动字幕，或者是专题，这个位置通常是网民上网首先关注的热点，人气较旺，因此广告如果放在这位置附近会吸引更多人的注意。同

样，网络广告的发布面积越大越好，大尺寸的广告更容易吸引注意。现在许多网站采用的巨型广告就迎合了这种观点，显而易见，一个大的广告图形更容易吸引用户的注意。

三、网络广告发布后的问题

网络广告发布以后，并非就是万事大吉了，应该经常更新广告内容，例如更换图片、动画等。适当运用动画图片。统计表明动画图片的吸引力比静止画面高3倍。但是如果动画图片应用不当则会引起相反的效果，如太过花俏或文件过大影响了下载速度。所以通常广告商会限制图片的大小。研究表明，当同一个图片放置一段时间以后，点击率开始下降。而当更换图片以后，点击率又会增加。所以保持新鲜感是吸引访客的一个好办法。

四、不可忽视纯文字的作用

在电子邮件杂志中可以放置纯文字广告，由于纯文字广告通常可以表现100字左右的文字内容，而且几乎不影响下载速度，因此措辞得当的纯文字广告甚至可获得很高的点击率。采用合适的语句，吸引受众的注意力。广告中使用的文字必须能够引起访客的好奇和兴趣，例如采用不同寻常的语句，如"不是老板的不要进来"也可以是时间性的如"最后机会"，还可以是"免费"的大旗，这种看起来落入俗套的词语却能够起到戏剧性的效果。

五、连接页面

将广告链接到最终需要受众浏览的页面，而不是客户网站的首页。没有人喜欢七弯八绕才能获取自己所需的内容，因此广告应该链接到你最想宣传的那个页面。因此网络广告的链接应该是直截了当，节约受众的精力和时间。

第五节　网络广告定向发布

一、定向广告

定向广告是指网络服务商利用网络追踪技术（如Cookies）收集、整理用户信息，并对用户按照年龄、性别、职业、爱好、收入、地域等不同标准进行分类，记录储存用户对应的IP地址，然后利用网络广告配送技术，向不同类别的用户发送内容不同的"一对一"式的广告，从而最大限度地提高广告的到达率与点击率。

"定向"实际上是对受众的筛选，即根据访问者的不同情况决定广告的显示。先进的广告管理系统能够提供多种多样的定向方式，如按照访问者的地理区域选择不同的广告出现，根据一天或一周中不同的时间出现不同性质厂商的广告，根据用户所使用的操作系统或浏览器版本选择不同的旗帜广告格式等。

目前定向广告多采用著名环球网上广告方案公司DoubleClick公司提供的DART技术，即广告动态报告及目标定位管理系统。这一系统的稳定性和精确管理性很高，可以处理所有目标定位、传送、汇报及记账等工作。可以根据不同类型的客户对目标人群的不同需求，准确地判断受众的特征，选择最符合客户需求的上网人群投放广告，从而最大限度地提高客户广告的命中率。

二、定向广告的优缺点

（一）定向广告的优点

1."一对一"传播模式的实现

定向广告的出现，提升了网络媒体"一对一"的传播优势，使"一对一"的传播真正得以实现。广告主可以针对不同的网民发送相应的信息，即特定的广告针对特定的受众，信息传受模式表现为一对一的映射关系，即在广告信息和目标受众之间达成一对一的信息匹配。

定向广告这种"一对一"式的传播能够大大提高网络广告发布的效率，使得广告能在最合适的时间以最合适的方式传达至最合适的消费者。定向广告增强了广告投放的针对性，使广告主可以精准地选择目标受众，有效地将信息传递至细分的目标市场。

2. 顺应现代4C营销理念

定向广告的诞生顺应了现代营销学的4C营销理论的潮流，体现了以人为本的营销思想，标志着在线广告已进入了个性化定制时代。传统的大众媒体使企业远离了顾客，而定向广告则拉近了企业和顾客之间的距离。它完全以消费者的需求作为信息传播的出发点，提高了消费者在整个营销过程中的地位。它更加注重沟通，更加人性化，能够为互联网用户提供精准合身的广告信息服务。

3. 促进互动行销格局的形成

网络媒体的最重要的特点是互动，包括了网络广告和网络用户之间的互动和默契。定向广告最能体现互动特点，并且能够直接与销售挂钩，促进网络互动行销格局的形成。

广告主可以根据消费者对信息的不同需求，设计几种备选的广告方案。如某位用户的个人资料显示他对某种颜色具有偏好，广告主在宣传商品时就可以根据消费者对颜色的喜好提供适合他的商品包装及广告宣传。再辅助网络媒体本身所具有的互动性，消费者可以在看到适合自己口味的广告的那一刻就完成在线购物。

（二）定向广告的缺点

1. 受网络技术条件的限制

定向广告的运用要求有相应的技术支撑。首先要有网络追踪技术对用户信息的收集、整理；其次要运用网络广告配送技术，将广告发送出去。这些网络技术是定向广告能够实施的基础性前提，如果网络服务商不具备这些技术条件，那就无需再谈定向广告的诸多优势。

2. 运作成本高

定向广告的特性很大程度上在于"量身定做"，这需要为不同的用户制作不同的广告，在无形中增加了广告制作成本，另外还要考虑庞大的广告传送量，总计下来定向广告的运作成本就要比"地毯式轰炸"类的广告高出一些。

三、定向广告的发布方法

目前，在国际网络广告界比较常见的定向广告的方法多达十几种，在国内比较常用的定向广告的方法分别是：

1. 内容定向

内容定向即定位不同偏好的受众。内容定向是最常用的定向方法，也是广告管理软件最基本的功能之一。选择 Banner 出现的位置，主要取决于广告主对受众广度的要求，分类页面的访问者一般已经有了明显的内容偏好倾向，在上面投放相关内容的广告更容易引起访问者的注意和点击，所以内容定向是最直接的一种定向。

2. 时间定向

时间定向即按照时间段和特殊日期进行广告促销。正如儿童食品广告常常在下午 6 点左右的动画片前后投放电视广告一样，网络媒体更加能够通过标准的计算机系统时间来决定广告投放的内容。一般来说，商务类的广告适合在白天上班的时间出现，休闲娱乐类的广告适合在晚上出现。甚至有一部分广告适合在某些特定时刻出现，如一些通过网络订购快餐的服务最适合出现在午间和晚间用餐的时间。而有些具有时效性的广告就更需要时间定向，如限时抢购活动等。

3. 地域定向

地域定向即针对某一地区进行广告渗透。由于绝大多数的网络媒体受众是通过固定 ISP 上网的，这就意味着每个在线用户的 IP 地址是相对稳定的，根据国内各 ISP 所属网段，可以很方便地根据访问者 IP 地址判断他所属的地域。有了这个功能，我们就可以做针对某一地区的广告，如地方性的活动等，也可以使地方广告主在全国性网站上登载的广告更具效率。

4. 广告出现频率定向

广告出现频率定向即减少同一广告对同一访客的曝光次数，减少广告投放的浪费。为了将单个的广告暴露给更多的人，广告主往往希望自己的广告不要在某一个人面前严重重复出现太多次数。根据调查资料显示，单个的广告重复 4 次以后，广告效率开始下降。应该多使用频率定向的功能，尽量将单个的广告暴露给更多的人。因此频率定向工具应能够通过在用户计算机的 Cookie 目录中存放记录文件夹来判断这个用户是否应该继续接受这个广告。

5. 域名定向

在国际上，对访问者域名的判断一般集中在". com"和". edu"两类上，前者主要定向商务人士、公司白领；后者主要定向大学生。目前困扰国内网络界的一大问题就是很大一部分网络用户是缺乏消费能力的学生，一些广告主也因为有这样的顾虑而不愿意投入较多的广告费用，其实，通过对". edu"域名的排除就可以很方便地解决这个问题。大学生来访时，这些广告就不会出现。这些广告主也不会因为这样的访问而付钱，而学生访客可以被定向去接受那些新书广告、技术产品广告等。

6. 操作系统与浏览器定向

由于一部分横幅广告（Banner）使用了 Rich Media 形式，因此不是所有的浏览器都能顺利查看，这部分广告就需要特别定向给那些使用较高版本浏览器的访问者，以避免广告资源的浪费和广告主的损失。

此外还有几种方法：强度定向（intensity targeting），是一种轰炸式广告投放，是完成短期促销的有效手段；次数定向（numeral targeting），是一种规定印象次数或点击次数的投放；百分比定向（percent targeting），是一种规定广告投放数量分配比例的投放。

第六章　网络广告媒体

广告活动与传播密切相关，而传播活动是通过媒体来实现的，所以广告要达到预期的效果，就要通过媒体传送信息来实现，而这种向消费者传达广告主的有关经营（产品、劳务、观念等）信息的中介物质，就是广告媒体。广告活动的一个重要方面，就是要运用广告媒体战略，充分发挥各种广告媒体的传播优势，及时、准确、巧妙地把有关信息传递给目标消费者。

第一节　广告媒体与网络广告媒体

媒体一词源自于英文中的"medium"，复数形式"media"。它大约出现于19世纪末20世纪初，其义是指使事物之间发生关系的介质或工具。从传播学角度看，媒体通常是指"介于传播者与受传者之间，用以负载、扩大、延伸、传递特定符号的物质实体。"当被运用向消费者传递广告信息的时候就是广告媒体。一般说来，我们在讨论广告媒体的概念时，把它当作一种工具来认识；在制定广告媒体策略时，将涉及具体的传播媒体机构；广告媒体能够及时、准确地把广告主的商品、劳务和观念等方面的信息传送给目标消费者，刺激需求，指导消费；能够吸引受众阅读、收看（听）有关的信息；能够唤起受众接触媒体的兴趣，使消费者有可能接受到相关的广告信息；能够适应广告主的选择应用，满足对信息传播的各种需求。通过广告公司的代理，广告沟通了广告客户和消费者之间的联系，使信息发送和接收成为可能，以开展广告公司的业务活动。广告媒体使得企业的信息交流能够顺利进行。通过广告和公共关系，企业加强整合营销传播，而广告和公共关系都需要通过媒体传播有关的信息，直接或间接地影响消费者，达到沟通的目的。广告和媒体相互依存。在大众传媒经营活动中，大众传媒提供各种信息服务，需要一定的资金支持，而广告收入则是其主要的经济支柱。作为一种信息服务，广告传播需要依存于节目、版面中，凭借公众对大众传媒的信任和好感而达到一定的效果。这种相互依存的关系促进双方的发展。[1]

广告媒体可以分成很多类。根据受众规模的不同，把传统媒体分为大众传播媒体和小众传播媒体两大类。随着科学技术的进步，新媒体崛起后成为传播广告信息的一支生力军，我们把它们归为一类：新媒体。

二、网络广告媒体

网络广告媒体是随着科技的发展、互联网的出现而出现的一种传播广告信息的媒体。1994年10月14日，美国著名的Wired杂志推出了网络版并在其主页刊发横幅广告，为广告客户开辟了一条崭新的广告媒体。我国最早的网络广告是1997年3月www.chinabyte.corn上发布的英特尔公司旗帜广告，2000年5月，国家工商局向全国27家网络公司（包括新浪网、搜狐网等）颁发"广告经营许可证"，开展网络广告经营登记试点工作。互联网的发展带动了网络广告的发展，网络广告收入增长率远高于其他媒体，并继续呈现快速增长之势。

（一）网络广告媒体的特点

1. 数字化。传统的传播手段所传播的信息，无论是面对面的交流还是两地间的电话，无论是印刷媒体的文字、图像还是电子媒体的声音、图像，都是以模拟形式出现的，不同的信息形式之间很难相互转化。而网络传播中所有的信息都是数字化的，其贯穿于信息的采集、传送、发布、接收、管理、查询等各个环节，不同信息形式之间可以很方便地实现相互转化，大大提高了工作效率。此外，数字压缩技术也使信息的传送和储存更方便、更有效。

2. 交互性。交互性是网络传播最具革命性的特征，正是这一特点，网络传播表现出和传统大众传播的本质区别。传统的大众传播是掌握信息来源的传播机构或少数人，通过媒体的制作，向数目庞大的公众进行传播。信息的流动是单向的，主动权完全掌握在媒体手里，受众反馈滞后、低效、不充分。在这种情况下，受众很容易被传媒操纵和导向。网络传播打破了传播中这种不平衡的现象。在网络里，信息的传送和接收是交互进行的，每一位网民都可以成为信息的接收者、传播者和发布者，这不仅使反馈可以及时、高效、充分进行，而且使传者和受者之间的界限变得模糊，而信息的最终形态也常常取决于传受双方，而非传者一方。

3. 兼容性。在传统的传播活动中，人际传播和大众传播之间区别明显，如电话是人际传播媒体，电视是大众传播媒体。互动性强、反馈充分、点对点是人际传播的基本特征，而单向、缺乏反馈、点对面则是大众传播的基本特征。互联网的出现实现了人际传播和大众传播的兼容，在网络中，我们既可以利用电子邮件、实时聊天工具等进行一对一的延时或实时交流，也可以在门户网站中实现新闻事件的大众传播，这为信息传播提供了一个更广阔、自由度更大的信息交流平台。

4. 时效性。网络传播的时效性包括两方面：一是即发即得的及时性，传统媒体由于出版周期和播出时段的限制，时效性差，网络的出现实现了信息的同步制作、同步传输和同步接收，由此，信息能够及时传送、随时刷新；二是即需即得的即时性，网络强大的信息储存和保真能力，使信息的接收可以在任何方便的时间进行，信息不会丢失或失真，这和传统媒体顺序播出、过时不候的传送方式相比，是传播的权利再次从传者转移到了受者。

5. 共享性。在传统媒体中，信息来源渠道都掌握在大的传媒机构或少数人手里，信息的流向是从这些机构或个人那里流向普通大众，信息资源不具有共享性，而互联网的技术特点使所有联网的计算机点对点连接后构成网状结构，信息可以在所有计算机之间实现共享。

6. 多媒体。传统媒体的传播方式常常是单一媒体，如书信、报纸通过文字和图片传递信息，电话、广播通过声音传递信息，电视实现了声像合一，但却不能定格、回放和重播，也不能让听音乐、看文字同时进行。而在互联网上，用户既可以读到文字报道的即时新闻，又能看到美丽的图片，既能一边工作一边听广播，又能欣赏到精彩的电视画面，多种媒介形式可以根据需要自由转换，并能随时定格、回放和重播，实现了多媒体信息的自由转换和同时进行。

7. 易统计性。传统媒体发布广告，很难精确的指导有多少人阅读了广告信息。而网络广告可以通过监视广告的浏览量、点击量等指标，统计出多少人看到了广告，以及这些客户查询的时间和地区分布，从而有助于广告主正确评估广告效果。

（二）网络广告媒体的局限

网络广告虽然有其他广告媒体无可比拟的优势，但在其发展过程中还存在着以下几项不足之处：

1. 受众规模有限。其一，在中国，计算机对于普通家庭来说价格比较高，还没在所有家庭中得到普及。其二，上网费用居高不下，极大地限制了上网的次数和时间。其三，只有具备一定文化水平的人或网络知识的人才有可能阅读网络广告，这就限制了网络广告的人数。

2. 主动性差。由于网络媒体具有较强的互动性，使得受众在阅读过程中占有主动性，降低了广告自身的主动性。网络广告不带有强制性，只有等待用户上网查询、阅读，从而影响到网络广告的收视率。

3. 缺乏权威性和可信度。消费者习惯于一手交钱一手交货，或看过实物后付款，由于网上交易，消费者要先付款后送货，消费者看不到实物，对网络的真实性会出现猜疑，例如，淘宝网的广告信息。同时，有些网站发布虚假广告欺骗消费者，更加剧了消费者对网络广告的不信任，对整个互联网发展将是更大的损害。

(三) 网络广告媒体的营销特征

作为一个虚拟的网络平台，互联网本身并不创造任何现实的物质产品和经济价值。但与生俱来的革命性特征，使其在营销领域拥有其他大众媒体不具备的一系列独有特征，成为商业营销领域最为重要的营销平台。

1. 一对一营销成为可能。传统的大众媒体是一对多的传播模式，互联网则是一对一和多对多的传播模式，它可以通过人口统计信息、注册、Cookies 文件等方式精确锁定目标受众。这种传播模式使营销领域一直以来追求的一对一营销成为可能，企业可以利用互联网这一巨大优势精确地寻找到自己的目标消费者，并根据目标消费者的喜好和需求提供商品及服务信息。

2. 数据库营销简单易行。互联网的出现使用户数据的收集变得容易，企业可以利用用户注册资料或跟踪顾客上网记录收集、组织关于顾客或潜在顾客的综合数据,这些数据可为当前的、可接近的和潜在的营销目的所用,引导其销售产品或服务、维持客户关系。

3. 多种营销目的同时达到。在互联网中,用户的每一次互动行为都会为企业带来更进一步的营销机会,比如用户一旦点击了他所感兴趣的广告,就会进入该广告产品的企业网站,在一定程度上达到宣传公司形象与产品的目的。同时,企业可以利用这一机会实现销售产品或让顾客订购产品的营销目的,还可以通过注册会员的机会收集顾客数据,并进一步达到关系营销的目的。

4. 广告价格低,易评估。在传统大众媒体中,广告都是面向"大众"进行,这不仅造成广告费的大量浪费,还使广告的成本居高不下。网络广告则可以通过一对一、定制化等方式使每一次广告投放都发生在有效受众身上,这不仅降低了广告成本,而且可以实现直接的产品销售,节省了销售成本。另外,互联网强大的技术优势还使广告效果的评估简单易行,如千人成本、到达率、暴露频率等都可简单、准确地统计出来。

5. 受众主动,效果佳。在传统媒体中,无论是节目还是广告,受众往往是被动接受的,但互联网用户的网上行为都是主动的,用户既可以选择看哪个广告、不看哪个广告,点击哪个广告、不点击哪个广告,也可以通过网络广告屏蔽软件阻止所有广告页面的弹出。这样一来,所有广告的点击者都是该广告产品或服务的感兴趣者或潜在消费者,广告的效果大大增强。

6. 反应迅速,调整快。当今市场瞬息万变,及时了解市场情况并迅速做出反应是企业竞争的制胜法则。互联网拥有传播迅捷、互动性强、定位准确等强大的技术优势,企业可利用这些优势随时了解市场情况和用户反馈,并根据市场情况和用户反馈迅速改变广告投放、调整产品或服务、改变价格或促销组合等,为其在竞争中争得主动权。

7. 广告形式多样。通过网络媒体投放广告，其广告形式的多样化是其他媒体无法比拟的。企业可以利用门户网站的固定广告位置投放标题广告，并可自由选择买断式、轮换式、随意式等投放形式，还可以利用电子邮件广告实现"病毒"营销，利用插播技术投放插播广告，通过赞助频道或栏目实现频道广告或赞助广告的投放，利用流媒体等富媒体技术投放富媒体广告等，这些都是传统媒体无法实现的。[2]

第二节 网络广告媒体的类型

一、门户网站

(一) 门户网站及其特征

门户（Portal），门户网站，是指通向某类综合性互联网信息资源并提供有关信息服务的应用系统。门户网站最初提供搜索服务、目录服务，后来由于市场竞争日益激烈，门户网站不得不快速地拓展各种新的业务类型，希望通过门类众多的业务来吸引和留住互联网用户，以至于目前门户网站的业务包罗万象，成为网络世界的"百货商场"或"网络超市"。从现在的情况看，门户网站主要提供新闻、搜索发动机、网络接入、聊天室、电子公告牌、免费邮箱、影音资讯、电子商务、网络社区、网络游戏、免费网页空间等。在我国，典型的门户网站有新浪、网易和搜狐等。

(二) 门户网站的特征

一般来讲，门户网站具备的基本特征有：

1. 信息与服务具有行业的专业性；
2. 信息的准确性与服务的高效便利性；

3. 信息的丰富性；

4. 信息与服务的经济性。

（三）门户网站广告的优势

门户网站广告具备的优势主要包括以下几点：

1. 网络广告的传播冲破了时间和空间的限制。

2. 网络广告的受众是最年轻、最具活力、受教育程度较高、购买力较强的群体，网络广告可以直接命中最有可能的潜在用户。

3. 网络广告的载体基本上是多媒体、超文本格式文件，受众可以对感兴趣的产品了解得更为详细，使消费者能亲身体验产品、服务与品牌。

4. 利用传统媒体做广告，很难准确地知道到底有多少人接收到广告信息，而在互联网上可通过权威公正的访客流量统计系统精确统计出每个广告被多少用户看过，以及这些用户查阅的时间和地域分布，从而有助于广告主正确评估广告效果，审定广告投放策略。

5. 交互性是网络媒体的最大优势，它不同于传统媒体的信息单向传播，而是信息的互动传播，用户可以获取他们认为有用的信息，厂商也可以随时得到宝贵的用户反馈信息。

6. 社论式广告成为广告主的有力工具，他们常把社论式广告与万维网刊物融为一体。

广告主可以把自己名称编入广告文章中，借此建立信用，扩大接触面，如果运用得当，这些社论式广告可以进行各方面的宣传，从产品使用的小窍门到土特产、食谱等。

（四）门户网站的发展趋势

1. 更加注重整体设计。强调风格的一致性，平台的一体性，内容的整合性。各大网站均对频道页面、栏目页面采取相对一致的设计风格。页面布局、文字排版、装饰性元素基本相同，广告、图片、视频在网页中出现的位置等细节处理上都体现了一致性。各大网站的主体程序均集成了整站管理功能,采用分布式数据管理中心,在统一的数据接口中保存、读取和管理网站信息,使网站成为一体化平台,用户的信息检索和使用更为方便。新浪、搜狐、网易、腾讯等主流门户网站在这方面做得更为突出。各大网站均注重数据结构的合理化设计,使信息内容的整合程度更加紧密。比如:新闻、评论、博客、论坛以及社区基本融为了一体。网站用户中心的整合更为紧凑。内容的整合为多渠道索引提供了基础和前提。

2. 更加注重全面服务。把民生信息作为重点来展示,在新闻栏目中重点报道与百姓生活相关的信息;把网民在评论、博客、社区、论坛中提出的诉求摆放到重要位置。改变以往文字、图片为主的形象,整合视频、播客、动漫、影视、微博等栏目,使网站更加贴心。围绕用户的生活增加供求信息、天气预报、咨询问答等业务。

3. 更加注重个性体验。主流网站一般都有专门的调查页面,根据调查情况适时更改网站页面和功能设计,以适应用户使用习惯。有的网站提供了自主选择功能,页面的色调可根据个人习惯自主设置。还有的网站在用户中心,提供了自主设置页面的功能。

4. 更加注重特色服务。主流门户网站都对自己的特色功能进行了提升,用特色服务带动访问量。比如:腾讯的即时通讯、搜狐的搜索、网易的邮箱、新浪的博客,这些特色功能相比专业性网站毫不逊色。

5. 更加注重商务功能。新浪网主推无线增值业务,并与企业合作搞好商业活动。搜狐网整合了焦点房地产,拓展了无线业务,强化了搜索引擎。网易在开发基本增值业务的基础上,建立了自己的电子商务平台。

二、搜索引擎

（一）搜索引擎

搜索引擎是指根据一定的策略、运用特定的计算机程序从互联网上搜集信息，在对信息进行组织和处理后，为用户提供检索服务，将用户检索相关的信息展示给用户的系统。搜索引擎包括全文索引、目录索引、元搜索引擎、垂直搜索引擎、集合式搜索引擎、门户搜索引擎与免费链接列表等。百度和谷歌等是搜索引擎的代表。

（二）搜索引警擎的种类

1. 全文索引

全文搜索引擎是名副其实的搜索引擎，国外代表有Google，国内则有著名的百度。它们从互联网提取各个网站的信息（以网页文字为主），建立起数据库，并能检索与用户查询条件相匹配的记录，按一定的排列顺序返回结果。根据搜索结果来源的不同，全文搜索引擎可分为两类，一类拥有自己的检索程序（Indexer），俗称"蜘蛛"（Spider）程序或"机器人"（Robot）程序，能自建网页数据库，搜索结果直接从自身的数据库中调用，Google和百度就属于此类；另一类则是租用其他搜索引擎的数据库，并按自定的格式排列搜索结果，如Lycos搜索引擎。搜索引擎的自动信息搜集功能分两种。一种是定期搜索，即每隔一段时间（比如Google一般是28天），引擎搜索引擎主动派出"蜘蛛"程序，对一定IP地址范围内的互联网站进行检索，一旦发现新的网站，它会自动提取网站的信息和网址加入自己的数据库，以备用户查询。另一种是提交网站搜索，即网站拥有者主动向搜索引擎提交网址，它在一定时间内（2天到数月不等）定向向你的网站派出"蜘蛛"程序，扫描你的网站并将有关信息存入数据库，以备用户查询。当用户以关键词查找信息时，搜索引擎会在数据库中进行搜寻,如果找到与用户要求内容相符的网站,便采用特殊的算法——通常根据网页中关键词的匹配程度、出现的位置、频次、链接质量计算出各网页的相关度及排名等级,然后根据关联度高低,按顺序将这些网页链接返回给用户。这种引擎的特点是搜全率比较高。

2. 目录索引

虽然有搜索功能,但严格意义上不能称为真正的搜索引擎,只是按目录分类的网站链接列表而已。用户完全可以按照分类目录找到所需要的信息,不依靠关键词进行查询。目录索引中最具代表性的莫过于 Yahoo、新浪分类目录搜索。与全文搜索引擎相比,目录索引有许多不同之处。

首先,搜索引擎属于自动网站检索,而目录索引则完全依赖手工操作。用户提交网站后,目录编辑人员会亲自浏览你的网站,然后根据一套自定的评判标准甚至编辑人员的主观印象,决定是否接纳你的网站。

其次,搜索引擎收录网站时,只要网站本身没有违反有关的规则,一般都能登录成功。而目录索引对网站的要求则高得多,有时即使登录多次也不一定成功。尤其象 Yahoo 这样的超级索引,登录更是困难。

第三,在登录搜索引擎时,我们一般不用考虑网站的分类问题,而登录目录索引时则必须将网站放在一个最合适的目录(Directory)。

第四,搜索引擎中各网站的有关信息都是从用户网页中自动提取的,所以用户的角度看,我们拥有更多的自主权;而目录索引则要求必须手工另外填写网站信息,而且还有各种各样的限制。更有甚者,如果工作人员认为你提交网站的目录、网站信息不合适,他可以随时对其进行调整。目前,搜索引擎与目录索引有相互融合渗透的趋势。

3. 元搜索引擎

元搜索引擎（META Search Engine）接受用户查询请求后，同时在多个搜索引擎上搜索，并将结果返回给用户。著名的元搜索引擎有 InfoSpace、Dogpile、Vivisimo 等，中文元搜索引擎中具代表性的是搜星搜索引擎。在搜索结果排列方面，有的直接按来源排列搜索结果，如 Dogpile；有的则按自定的规则将结果重新排列组合，如 Vivisimo。

4. 垂直搜索引擎

垂直搜索引擎为 2006 年后逐步兴起的一类搜索引擎。不同于通用的网页搜索引擎，垂直搜索专注于特定的搜索领域和搜索需求（例如：机票搜索、旅游搜索、生活搜索、小说搜索、视频搜索等等），在其特定的搜索领域有更好的用户体验。相比通用搜索动辄数千台检索服务器，垂直搜索需要的硬件成本低、用户需求特定、查询的方式多样。

5. 集合式搜索引擎

集合式搜索引擎类似元搜索引擎，区别在于它并非同时调用多个搜索引擎进行搜索，而是由用户从提供的若干搜索引擎中选择，如 HotBot 在 2002 年底推出的搜索引擎。

6. 门户搜索引擎

门户搜索引擎如 AOLSearch、MSNSearch 等虽然提供搜索服务，但自身既没有分类目录也没有网页数据库，其搜索结果完全来自其他搜索引擎。

7. 免费链接列表

免费链接列表（Free For All Links 简称 FFA）：一般只简单地滚动链接条目，少部分有简单的分类目录，不过规模要比 Yahoo！等目录索引小很多。（参见百度百科《搜索引擎》）

（三）搜索引擎的工作原理

搜索引擎的工作原理大致可以分为以下 3 种：

1. 搜集信息

搜索引擎的信息搜集基本都是自动的。搜索引擎利用称为网络蜘蛛（Spider）的自动搜索机器人程序来连上每一个网页上的超链接。机器人程序根据网页连到其他的超链接，从少数几个网页开始，连到数据库中所有的其他网页的链接上。理论上，若网页上有适当的超链接，机器人程序可以遍历绝大部分的网页。

2. 整理信息

搜索引擎整理信息的过程称为"建立索引"。搜索引擎不仅要保存搜集起来的信息，还要将它们按照一定的规则进行编排。这样，搜索引擎根本不用重新翻查它所有保存的信息就能迅速找到所要的资料。

3. 接受查询

用户向搜索引擎发出查询，搜索引擎接受查询并向用户返回资料。搜索引擎每时每刻都要接到来自大量用户的几乎是同时发出的查询，它按照每个用户的要求检查自己的索引，在极短时间内找到用户需要的资料，并返回给用户。目前，搜索引擎返回主要是以网页链接的形式提供的，正是通过这些链接，用户才能到达含有自己所需资料的网页。

三、网络社区

（一）网络社区

是指包括BBS/论坛、贴吧、公告栏、群组讨论、在线聊天、交友、个人空间、无线增值服务等形式在内的网上交流空间，同一主题的网络社区集中了具有共同兴趣的访问者。网络社区就是社区网络化、信息化，简而言之就是一个以成熟社区为内容的大型规模性局域网，涉及到金融经贸、大型会展、高档办公、企业管理、文体娱乐等综合信息服务功能需求，同时与所在地的信息平台在电子商务领域进行全面合作。"信息化"和"智能化"是提高物业管理水平和提供安全舒适的居住环境的技术手段。

(二) 网络社区的主要形式和功能

1. 电子公告板（BBS）

是虚拟网络社区的主要形式，大量的信息交流都是通过 BBS 完成的，会员通过张贴信息或者回复信息达到互相沟通的目的。有些简易的社区甚至只有一个 BBS 系统。

2. 聊天室（Chat Room）。在线会员可以实时交流，对某些话题有共同兴趣的网友通常可以利用聊天室进行深入交流。

3. 讨论组（Discussion Group）。如果一组成员需要对某些话题进行交流，通过基于电子邮件的讨论组会觉得非常方便，而且有利于形成大社区中的专业小组。论坛和聊天室是网络社区中最主要的两种表现形式，在网络营销中有着独到的应用。网络社区可以增进和访问者或客户之间的关系，也可能直接促进网上销售。

(三) 网络社区在网络营销中的主要作用

网络社区营销，是网络营销区别于传统营销的重要表现。网络社区营销主要有两种形式：利用其它网站的社区和利用自己网站的社区。

论坛（或 BBS）是一个非常有用的场所，你可以了解别人的观点，同时可以帮助他人或者向他人求助，论坛一般都有特定的讨论主题，经常参加论坛的人可能有电子杂志的编辑、企业家、管理人员，以及对某些话题感兴趣的任何人。如果你对某个问题有疑惑，不妨到相关的论坛去看看，说不定有人可以给你提供答案。另外，有些论坛设有专门的广告免费发布区，可以充分利用这些机会宣传自己的产品，也可以参与一些和自己的产品有关的问题的讨论，通过和别人讨论或解答问题，达到间接推广产品的目的。但是，应该尽量避免在非商业性社区内大做广告，否则会招致别人的厌烦甚至被驱逐出去。

除了利用其它网站的社区开展营销之外,如果有自己的网站,也可以建立自己的网上社区,为网络营销提供直接渠道和手段。网站社区的主要作用如下:

1. 可以与访问者直接沟通,容易得到访问者的信任,如果你的网站是商业性的,你可以了解客户对产品或服务的意见,访问者很可能通过和你的交流而成为真正的客户,因为人们更愿意从了解的商店或公司购买产品;如果是学术性的站点,则可以方便地了解同行的观点,收集有用的信息,并有可能给自己带来启发。

2. 为参加讨论或聊天,人们愿意重复访问你的网站,因为那里是和他志趣相投者聚会的场所,除了相互介绍各自的观点之外,一些有争议的问题也可以在此进行讨论。

3. 作为一种顾客服务的工具,利用BBS或聊天室等形式在线回答顾客的问题。作为实时顾客服务工具,聊天室的作用已经得到用户认可。

4. 可以与那些没有建立自己社区的网站合作,允许使用自己的论坛和聊天室,当然,那些网站必须为进入你的社区建立链接和介绍,这种免费宣传机会很有价值。

5. 建立了论坛或聊天室之后,可以在相关的分类目录或搜索引擎登记,有利于更多人发现你的网站,也可以与同类的社区建立互惠链接。

6. 方便进行在线调查。无论是进行市场调研,还是对某些热点问题进行调查,在线调查都是一种高效廉价的手段。在主页或相关网页设置一个在线调查表是通常的做法,然而对多数访问者来说,由于占用额外的时间,大都不愿参与调查,即使提供某种奖励措施,参与的人数可能仍然不多,如果充分利用论坛和聊天室的功能,主动、热情地邀请访问者或会员参与调查,参与者的比例一定会大幅增加,同时,通过收集BBS上顾客的留言也可以了解到一些关于产品和服务的反馈意见。

第三节 富媒体和富媒体广告

一、富媒体的概念与富媒体广告

对于富媒体和富媒体广告的理解和把握应从以下4个方面入手：

1. 富媒体

富媒体的英文为"Rich Media"，它并不是一种具体的互联网媒体形式，而是指具有视频、声音、动画和交互性的信息传播方法，包含下列常见的形式之一或者几种形式的组合：视频、声音、动画、Dhtml、Java 以及 Javascript 等程序设计语言。富媒体可应用于各种网络服务中，如网站设计、电子邮件、Banner、Button、弹出式广告、插播式广告等。

2. 富媒体广告技术

富媒体技术是由 2D 及 3D 的 Video、Audio、HTML、Flash、DHTML、JAVA 等形成的广告形式。这种广告技术与形式在网络上的应用需要相对较多的频宽。Rich Media 能够提高广告的互动性，提供更广泛的创意空间。最新的网络媒体技术甚至允许用户在广告界面上直接留下数据，从而有效的促进了用户与广告的交互。

一种叫做 iCast（网络视频广告播放器）的网络广告播放工具的出现使富媒体广告形式在当今受到极大关注。2004 年，国内较大规模的富媒体广告服务提供商尚只有 iCast 一家。不过，一些国际富媒体广告公司纷纷看好中国的网络广告市场的发展，诸如 Eyeblaster 和 United Virtualities 等国际知名富媒体公司陆续进入中国。中国的著名网络公司也与这些富媒体广告公司积极展开合作，采用最新富媒体广告形式。

随着大幅面、富媒体网络广告形式的日益增加，网络广告也像电视广告效果一样成为了一种能够带来高曝光度的广告形式，网络广告主对于网络广告的传统印象由此可以得到彻底地扭转。

3. 富媒体广告

富媒体广告指由 2D 或 3D 的视频、声音、动画、Html、Dhtml、Java 等组成的复杂的、具有互动效果的网络广告形式。区别于传统的 GIF 图片和简单的动画，富媒体广告结合了声音、视频及动态脚本技术，能够通过定制实现个性化的创意和页面效果。一方面，富媒体广告可以把广告主在电视台播放的广告在互联网上实现播放，并可实时汇总用户观看的数据（如看到哪里关掉、看了多长时间、是否点击进去，同时还可进行一些调查活动）；另一方面，可以配合其他页面元素，整合广告创意。

4. 富媒体广告技术提供商

他们是互联网媒体的第三方技术提供商，相当于一个媒体外包的技术和服务提供商。目前，主要有 SmartCreative、iCast、Eyehlaster 和 UV。

二、富媒体的技术优势

富媒体为产品、品牌营销创造了一个网络广告价值最大化的机会。

1. 富媒体为网络广告带来了一个绝无仅有的网络广告再评估的价值体系。

2. 富媒体提供更多互动元素。富媒体一个重要的发展方向就是与网站内容进行无

缝融合，这代表富媒体一个新的发展方向。与内容的无缝融合可以将更多的富媒体广告变

成体验式营销，更容易被广告受众所接受。

3. 富媒体体现 Web2.0 的核心价值。富媒体广告作为一个有创意、有互动，且非常

有趣味的广告，在 Web2.0 营销平台能够实现低成本甚至无成本营销。未来，富媒体与

web2.0 进行融合将是一个非常好的营销点。

4. 富媒体扩大了网络广告所涉及的领域，如视频、音频、动画、互动、游戏等。从未有如此多的广告投资商使用富媒体去创造奇妙的广告，并由此来娱乐、影响、指导和鼓励网络浏览者购买产品。

总体来讲，富媒体具有空前的计算能力，能精确的计量出消费者浏览网页的频率、时间，以及视频的播放和其他事件。富媒体具有先进的品牌互动技术，可以提升广告商的品牌影响力。富媒体比普通的 GIF 和 JPG 图片广告更引人注目，特别是在广告信息的传达和联想上。当互动式的视频和特别制作的视频叠加在一起的时候，得到的品牌绩效将是巨大的。

三、富媒体广告的表现形式

富媒体广告目前尚没有统一的行业标准，每个公司都有自己的一套分类方法。根据艾瑞市场咨询的调查报告，2005 年中国富媒体广告市场 80% 的份额被互动通公司占有。在分类上，几乎各个第三方技术提供商都有自己的富媒体广告形式分类，门户网站媒体也有各自的名称定义。截至目前并没有真正的行业标准。一般来说，富媒体广告主要有以下几种表现形式：

1. 视频类广告

视频类广告即广告中含有视频文件的网络广告形式。视频类

广告在用户打开页面时,自页面右下角浮出基本无损伤压缩的原视频内容。同时视频中添加有一些互动元素,促使更多的用户观看视频内容。其主要表现形式有标准的视频形式、画中画形式、产品外形形式、焦点视频形式等。

2. 扩展类广告

扩展类广告在现有页面内广告位置上,当鼠标触发等事件后,广告显示面积发生变化的 Flash 文件。扩展类广告能给人深刻的印象。当用户将鼠标滑过或点击广告时,扩展广告即被触发,广告基于原广告位进行扩展,不会离开原广告位。当鼠标移开后,扩展部分自动消失。由于广告由用户主动触发,对用户的干扰性较小。其主要表现形式有下拉扩展、上升扩展、撕页扩展、扩展视频以及自定义扩展等。

3. 浮层类广告

浮层类广告在一定时间中,网页的部分显示区域分层,广告内容在这些分层中显示或播放。当用户打开网页时,浮层广告以不规则动画形式突然出现在网页上,动态的形式很容易吸引人们的注意,并且可以融入与用户的互动,更好的表现广告内容。动画播放完毕后将自动消失。有消失型(包含全屏尺寸)、重播型等形式

4. 其他类广告

其他类广告即非以上形式出现的富媒体广告形式。有地址栏广告、网页背景等表现形式。

富媒体广告技术的出现对网民来说网络广告就不再是占用网络资源和网民时间的网络垃圾,而是一种服务、一种愉悦。但网站和广告从业者仍面临着一些挑战,如需求的多样性对行业标准造成压力,在多媒体基础上增加客户自定义编程接口(Custom API)带来的技术难题和业务量的增大等,这就要求从工作流程上对富媒体广告的创意、设计、推广、营销等方面加以整合。

第四节 富媒体广告的典型代表

一、博客广告

博客是一种通常由个人管理、不定期张贴新的文章的网站。一个典型的博客结合了文字、图像、其他博客或网站的链接、及其它与主题相关的媒体。所谓博客广告，简而言之就是发布在博客网站和个人博客上的广告，是网络广告的一种新的形式。就是利用博客平台为企业推销产品和服务、塑造品牌、树立产品形象做广告。

（一）博客及其特征

博客就是网络日志（网络日记），英文为"Blog"，1997年由 Jorn Barger 提出。实质上，博客是以个人为中心的信息过滤和知识管理，是一种基于个人知识资源（包括思想、体验等表现形式）的网络信息传播形式。博客之间的交流主要是通过回溯引用（TrackBack）和回响、留言、评论的方式来进行。博客大量采用了 RSS（Really Simple Syndication 或 Rich Site Summary 或 RDFSite Summary）技术，所有的 RSS 文件都必须符合由 W3C 发布的 XML1.0 规范。对读者来说，可以通过 RSS 订阅一个博客，确知该博客作者最近的更新；对博客作者来说，RSS 可以使自己发布的文章易于被计算机程序理解并摘要。随着博客数量的持续增长，博客已经成为一种广告和营销工具。博客与其他网络营销工具相比具有以下特点：

1. 博客是一个信息发布和传递的工具；
2. 博客与企业网站相比，博客文章的内容题材和发布方式更为灵活；

3. 与门户网站发布广告和新闻相比，博客传播具有更大的自主性；

4. 与供求信息平台的信息发布方式相比，博客的信息量更大；

5. 与论坛营销的信息发布方式相比，博客文章显得更正式，可信度更高。从营销角度来看，商家和消费者之间的一切都是工具，博客当然也是一种网络营销工具。博客广告的出现正是博客商业化的结果。

（二）博客广告及其主要形式

博客广告不仅指利用第三方博客平台发布的广告，而且还包括企业网站自建博客频道或个人独立运营维护博客网站进行的"自助式"广告活动。按广告发布的载体来看，博客广告可以分为两种：一种是在博客网站上发布的普通网络广告；另一种是以博客形式发布的广告。前者主要形式有幅式广告、插页广告、富媒体式广告、关键字检索广告、游戏广告等，发布方法是直接将这些广告挂在博客网页上；后者将广告内容制成文字、图片、视频、音频等直接贴在博客上面，成为博客内容的一部分。从收费形式来看，博客广告投放形式主要有三种：点击付费广告、展示付费广告和行动后付费广告。

（三）博客广告的优点

1. 目标明确，针对性强。博客是一种满足大众化需求的个人化服务，其最大的价值在于它能吸引特定客户，并建立很好的忠诚度。它在受众细分的基础上满足个人化需求，从而迎合了特定广告客户需求。

2. 自身体验式广告，交互性强。自身体验式广告是指把自己实际使用和感受某一商品或服务的过程在自己的博客中展现出来，其他访问者因为阅读该博客而购买该商品或服务。参与商品信息传播的博文写手在某种程度上也是广告信息的消费者。交互性是博客广告不同于传统媒体信息单向传播的优势。博客广告的广告主、发布者和受众通过网络实现互动，并在互动过程中实现广告信息的深度扩散，受众可以有选择地获取他们认为有用的信息，广告主和发布者也可以随时得到用户的反馈信息，适时修订广告策略。

3. 广告信息的渗透力和传播力强。在个人博客上发布的广告很大一部分是基于生活方式描述的软文广告或对某种新产品的体验文章，广告信息的潜移默化能力很强，更易被受众接受。

二、网络视频广告

网络视频产业自2005年下半年以来成为国际网络巨头最看好的增长点之一。视频网站的强势发展带动了网络视频广告的蓬勃发展。网络视频广告被视为视频网站最具潜力的赢利模式之一。网络视频广告是富媒体广告的一种主流形式，继承了电视广告的大部分特点并兼有网络广告的优势，视频承载的信息量最大，也是最有感染力和冲击力的一种信息形态。网络视频广告正逐渐成为一种独立的网络广告形式。

（一）网络视频广告的主要形式

网络视频广告采用先进的数码及多媒体技术，融合视频、音频、图像、动画及文本于一体，形象生动、表现力强。其形式一般可分为两种：一种是以传统的页面广告为主的窄带广告形式；另一种是宽带广告形式，这种形式包括从传统电视广告移植过来的如视频贴片、赛事冠名、播放器贴标等，还包括视频微型剧广告或挂角广告和互动性更强、更加独特有趣的3D虚拟主持人、广告剧情植入等。视频贴片广告是把广告内容如品牌广告、影视节目预告、片花等打包到网络视频内容中，利用用户观看内容的缓冲时间播放广告。

(二) 网络视频广告的优势

1. 广告的交互性和接收者的自主参与度更强。网络视频可以为广告创造深度和互动性，视频网站倾向于打造广告 DIY 模式，客户可以将在传统媒体上发布的 TVC 广告素材放到互联网上发布，也可以量身打造个性化的长视频广告，并将其无形地嵌入内容之中。网络视频网站具有实现媒介"沉浸性"体验的倾向，所以参与性的网络视频广告具有极强的体验性和感官性。

2. 网络视频广告的娱乐性和趣味性更强。网络视频广告更适合个性化的产品，其广告必须具有"性感力"。在网络中当广告能够提供娱乐休闲时，网民主动点击广告的几率会更高。很多"播客"用户将会主动收藏有价值的视频广告短片。商业广告的娱乐性越强，人们就越能够置身于广告情境中，能够让用户心甘情愿看广告。

3. 网络视频广告的效果更有保证。网络视频广告通过技术途径，从创造力和结构上把商业广告设计得使用户更加投入地观看，从而增强广告的效果。网络视频广告具有的互动性、体验性、娱乐性等特点使其传播效果比强迫性的传统广告高得多。为商家量身打造个性化的网络视频广告将商品信息无形地嵌入内容之中，有针对性和选择性地向用户显示广告内容，使广告贴近受众需求，目的性强，到达率高。

三、电子杂志

电子杂志可以看成是一种富媒体或是一种新媒体，其一般用 Flash 的方式将音频、视频、图片、文字等集于一体，展示形式如传统杂志，具有翻页效果。一般一本电子杂志的空间占有都比较大，小则几兆，多则几十兆甚至上百兆。

一般电子杂志网站都提供客户端订阅器和杂志的下载服务，而订阅器多采用流行的 P2P 技术以提高下载速度。电子杂志也是web2.0的代表性应用之一，它具有发行方便、量大、分众等特点。因此，各大电子杂志网站得到了风险投资商的关注，成为行业热点之一。电子杂志在各种传媒系统（如电视系统）和互联网上的出现打破了以往杂志的发行和传播形式，也打破了人们传统的时空观念，它将会更加贴近人们的生活，更加关注人与人之间思想和感情的交流，更好地满足新时代人们对文化生活的更高要求。

电子杂志在国内的发展经历了三代：第一代是传统杂志简单的数字化；第二代是数字媒体的杂志化；而目前流行的第三代电子杂志则具有互动性、多媒体和利用P2P平台发送三大特征。

四、微博与微博广告

（一）微博

. 微博，即微博客（MicroBlog）的简称，是一种通过关注机制分享简短实时信息的广播式的社交网络平台。用户可以通过WEB、WAP以及各种客户端组建个人社区，以140字左右的文字更新信息，并实现即时分享。最早也是最著名的微博是美国的twitter，根据相关公开数据，截至2010年1月份，该产品在全球已经拥有7500万注册用户。2009年8月份中国最大的门户网站新浪网推出"新浪微博"内测版，成为门户网站中第一家提供微博服务的网站，微博正式进入中文上网主流人群视野。这里有两方面的含义：

1. 相对于强调版面布置的博客来说，微博的内容组成只是由简单的只言片语组成，从这个角度来说，对用户的技术要求门槛很低，而且在语言的编排组织上，没有博客那么高。

2. 微博开通的多种API使得大量的用户可以通过手机、网络等方式来即时更新自己的个人信息。

(二) 微博的特点

微博客草根性更强,且广泛分布在桌面、浏览器、移动终端等多个平台上,有多种商业模式并存,或形成多个垂直细分领域的可能,但无论哪种商业模式,都离不开用户体验的特性和基本功能。

1. 信息获取具有很强的自主性和选择性。用户可以根据自己的兴趣偏好,依据对方发布内容的类别与质量,来选择是否"关注"某用户,并可以对所有"关注"的用户群进行分类。

2. 微博宣传的影响力具有很大弹性,与内容质量高度相关。其影响力基于用户现有的被"关注"的数量。用户发布信息的吸引力、新闻性越强,对该用户感兴趣、关注该用户的人数也越多,影响力越大。此外,微博平台本身的认证及推荐亦助于增加被"关注"的数量。

3. 内容短小精悍。微博的内容限定为140字左右,内容简短,不需长篇大论,门槛较低。

4. 信息共享便捷迅速。可以通过各种连接网络的平台,在任何时间、任何地点即时发布信息,其信息发布速度超过传统纸媒及网络媒体。

(三) 微博营销

微博营销是刚刚推出的一个网络营销方式,随着微博的火热,即催生了有关的营销方式,就是微博营销。微博营销就是借助微博这一平台进行的包括品牌推广、活动策划、个人形象包装、产品宣传等等一系列的营销活动。每一个人都可以在新浪,网易等等注册一个微博,然后利用更新自己的微型博客。每天的更新的内容就可以跟大家交流,或者有大家所感兴趣的话题,这样就可以达到营销的目的,这样的方式就是新兴推出的微博营销。

(四) 微博营销的优缺点

微博营销的优点：

1. 操作简单，信息发布便捷。一条微博，最多140个字，只需要简单的构思，就可以完成一条信息的发布。这点就要比博客要方便的多，毕竟构思一篇好博文需要花费很多的时间与精力。

2. 互动性强，能与粉丝即时沟通，及时获得用户反馈。

3. 成本低廉。做微博营销的成本可比做博客营销或是做论坛营销的成本低很多。

4. 针对性强。关注企业或者产品的粉丝都是本产品的消费者或者是潜在消费者。企业可以其进行精准营销。

微博营销的缺点：

1. 需要有足够的粉丝才能达到传播的效果，人气是微博营销的基础。应该说在没有任何知名度和人气的情况下去通过微博营销，很难。

2. 由于微博里新内容产生的速度太快，所以如果发布的信息粉丝没有及时关注到，那就很可能被埋没在海量的信息中。

3. 传播力有限。由于一条微博文章只有几十个字，所以其信息仅限于在信息所在平台传播，很难像博客文章那样，被大量转载。

(五) 微博营销与博客营销的区别

微博营销与博客营销的本质区别，可以从下列三个方面进行简单的比较：

1. 信息源表现形式差异。博客营销以博客文章（信息源）的价值为基础，并且以个人观点表述为主要模式，每篇博客文章表现为独立的一个网页，因此对内容的数量和质量有一定要求，这也是博客营销的瓶颈之一。微博内容则短小精炼，重点在于表达现在发生了什么有趣（有价值）的事情，而不是系统的、严谨的企业新闻或产品介绍。

2. 信息传播模式的差异。微博注重时效性，3天前发布的信息可能很少会有人再去问津，同时，微博的传播渠道除了相互关注的好友（粉丝）直接浏览之外，还可以通过好友的转发向更多的人群传播，因此是一个快速传播简短信息的方式。博客营销除了用户直接进入网站或者RSS订阅浏览之外，往往还可以通过搜索引擎搜索获得持续的浏览，博客对时效性要求不高的特点决定了博客可以获得多个渠道用户的长期关注，因此建立多渠道的传播对博客营销是非常有价值的，而对于未知群体进行没有目的的"微博营销"通常是没有任何意义的。

3. 用户获取信息差异。用户可以利用电脑、手机等多种终端方便地获取微博信息，发挥了"碎片时间资源集合"的价值，也正因为是信息碎片化以及时间碎片化，使得用户通常不会立即做出某种购买决策或者其他转化行为，因此作为硬性推广手段只能适得其反。

五、微信与微信广告

（一）微信的媒体属性

"微信"是腾讯开发的基于智能手机的即时通讯软件，于2011年1月21日正式上线，其主要目标用户是年轻人。微信是一款在移动终端中（如手机、平板等）使用的即时通信软件，通过移动网络平台，可以快速地以文字、图片、语音、视频或者综合形式进行信息传递。微信从1.0版本发展至如今的5.0版本，功能得到不断发展和丰富。微信从2012年8月首次允许媒体、品牌商及名人进行账户认证，揭开了微信发展的新篇章。

截止到2015年末，微信已覆盖90%以上的智能手机用户，微信每月用户已达5.49亿，用户覆盖200多个国家，超过20多种语言。各品牌的微信公众账号总数已超过800万个，微信支付用户数则达到4亿左右。移动营销企业中,微信营销推广使用率达75.3%,是最受企业欢迎的移动营销推广方式。微信用户得以如此快速的增长,主要原因在于微信用户的跨平台传输。微信可以通过手机电话通讯录、QQ好友名单等进行好友推荐。当然,微信的产品设计以及良好的用户体验也为其带来大量的忠诚用户。

从微信的信息推广方式来看,其具备多种媒体属性:

1. 具备纸质媒体深度阅读的属性。用户一旦成功订阅某公共账号,便可定期收到由此账号推送的图文兼具的信息。在阅读此类信息时,受众可根据自己当前的需要,有选择地自主决定阅读的时间、地点和内容,在很大程度上优化了用户体验。

2. 具备电子媒体视听结合的媒介属性。以移动终端为依托的微信媒体兼具电视

媒体的视听功能,界面精美程度虽不可与电视媒体同日而语,但因其便携性,依然可以为受众带来直观的体验与冲击。

3. 具备网络媒体互动与共享的特性。网络时代最大的精神皈依在于其互动与分享的特性,诞生于网络背景下的微信自然具备了新媒体的本质特征,不仅能完成信息的推送,还能进行及时的互动与共享。

4. 微信媒体是一种全天候的媒体。借助手机终端,用户可以将自媒体随时穿戴于身,随时随地进行信息的获取与分享信息。通过微信这个端口,受众可以充分享受对信息支配的自主性。微信集信息的海量性与受众的自主选择性于一体,其传播方式具有扁平化的空

间及网状的链式反应,亦即微信媒体具有很大程度的平等性。随身携带一部装载有微信的手机,就相当于随身携带了报纸、杂志、广播、电视、网络等诸多媒介。

(二) 微信广告的优势

1. 营销定位准确度高。在微信公众平台中,商家可以搭建属于自己的粉丝群,在群中可以推送自己的产品以及各种活动,这样粉丝可以在第一时间接收到这些信息,加大微信广告的传播效率,并且还可以在微信群里搭建自己集广告制作和传播于一体的系统,将自己的用户分组,针对用户特点,将信息精准推送至目标用户,让广告可以更加有针对性,使营销更加精准。

2. 信息交流的互动性强。智能手机作为微信广告信息交流的媒介打破了时间和空间的局限,无论何时何地,商家都可以与客户进行互动,这样既方便了自己,也可以随时随地了解客户需求,便于消息的及时反馈,第一时间了解客户所需要的信息,进而满足客户需求。这是微博营销和传统营销都无法比拟的。

3. 信息传播有效性强。既然了解企业或个人是利用微信公众平台来向用户发送信息的,由于一人一个账号且门槛低,所以这样的方式可以把企业的信息精确地推送到客户的微信客户端中。在整个过程中客户与商家达成和谐谅解的意愿,所以当商家把消息利用微信中官方客户端推送给客户时,客户们是没有排斥心理的,并且可以有效地关注接收到的信息,这样信息在传播到接收再到有效利用均可很好地衔接,有效性也就随之增强。

4. 营销形式的多元化。微信营销方式的多元化,是基于微信各种各样的功能而产生的,微信支持发送语音信息、视频、文字、图片等多种信息形式的传递。这些营销模式各有其特点,使广告信息形式更加多元化,广告内容更加丰富多彩。企业可以针对自己所需要的不同的营销内容选择不同方式的组合。这样便使商家可以和用户之间多角度,全方位地进行信息传递和交流。不论是微信营销方式的选择性,还是微信营销成功率都得到大大增强。

（三）微信广告存在的问题与规范措施

由于微信技术自身的缺陷，现阶段暂不能实现微信 PC 客户端操作，这为微信信息的即时、多方式交流带来了障碍。有些商家借助微信平台发布的广告内容不真实、不合法；有些微信广告内容有违背社会公德，还有通过微信广告涉嫌构成不正当的竞争行为，诱导消费者上当。

对于微信广告存在的问题，可以在规范微信传播行为的同时加强对其监管。

1. 健全法律法规，加大监测力度。我国立法部门尽快完善相关法律法规，规范微信广告传播，使微信广告监管有法可依。另外，增强监测技术与设备，强化对微信广告的监测力度，严厉打击微信违法虚假广告。

2. 强化运营商责任，做好"把关人"角色。充分发挥媒体管理者的把关作用，对微信广告发布自觉肩负起审查义务。并做好网络监察工作，用技术阻止这类广告的发布与传播。

3. 实施手机及微信实名管理。入网手机用户必须实行实名制，建立微信实名准入制，实施微信实名管理模式，在根源上阻断微信违法广告的传播。

4. 加强微信垃圾广告的过滤手段。加大对过滤功能的软件以及反骚扰软件开发的扶持力度，使微信用户免受垃圾广告的骚扰。

微信作为一种新兴的媒体，它的影响力不可小看，未来的广告价值和发展空间相当广阔。微信作为广告信息的传播媒介，目前虽然存在一些不足。相信微信能在未来的发展中通过不断地改进技术，进一步完善广告信息的传播途径，让微信成为未来广告传播的有效媒介。

第七章　网络广告传播

所谓网络广告传播其实就是指通过计算机网络的广告信息传播活动。在网络广告传播中的信息（包括文字、图形、视频、音频等）以数字形式加工、制作、存储并通过计算机网络高速传播，广告信息接受者通过数字化计算机网络设备阅读与使用。网络广告传播是以计算机通信网络为基础而进行的广告信息的传递、交流和利用，从而达到其社会、经济和文化传播的目的。

第一节　网络广告的传播特点

传播学的奠基者之一的美国学者哈罗德·D·拉斯韦尔在其《传播在社会中的结构与功能》中提出5W模式，即传播的五大要素为传播者、传播信息、传播媒介、受众和传播效果。与传统媒体广告相比，网络广告在这五个方面的传播特征都具有独特之处。具体表现在以下几点。

一、传播目标的针对性

传统广告媒体（广播、电视）是直接传播，这种直接性显然带有强迫性，致使受众处于被动地位，甚至产生极强的抵触情绪而招来反感（当然这些都是指"不相关受众数"而非指"相关受众数")。造成这种结果的主要原因在于一些传统媒体是以同步传播的方式出现的,受众必须听从电波媒体"稍纵即逝"与"过时不候"的安排。因此若非此刻、此时处于电视旁则无法得到最新信息,人们不得不依附和受制于这种强制性而聚首于屏幕前,使受众永远处于一种被动境地。可见,这种信息传递缺乏一种有效的针对机制,无法做到有针对性地面向不同群体的受众,造成发送与接受的错位。而通过互联网传播广告信息却克服了这些局限性,其针对性体现为能在一定的地域、合适的时间将广告发送给合适的个人或群体,同时还可以准确地控制和把握每一条广告的形式与内容,使它在最恰当的时刻出现在最需要它的消费者面前。网络广告这种"合适目标受众"的指向性将有利于定位播送的形成,它能锁定特定国家和地区以及民族受众的个体或群体,达到针对具体目标投放的目的并满足这些受众个体或群体的要求,还能进一步适应人们的不同需求并消除了传播过程中的无效性和盲目性。

二、超时空传播

传统广告媒体受到时间计价或空间计价双重限制,加之价格昂贵,容易错过目标受众。而网络广告却具有极为广泛的时空延续性,它突破了时间与空间限制且具有较大的灵活性。

一方面,网络广告实现了信息的同步与非同步传播;另一方面,网络广告实现了跨地域性传播,同时网络本身又具有无限且廉价的信息空间,使企业可以用较少的费用实现百科全书式的信息说明。只要受众愿意接受并需要这些信息,网络广告将会把它们极为容易又非常详细地提供给目标受众,并依据受众的差异进行适当调整与组合。当然,网络广告的版面也具有一定的空间限制,但是只要通过主页就可以与其他页面和站点相连,进入各种路径并依次深入查找浏览者所需要的信息。所以这些信息空间是由不同路径体现出来,而不同的路径又体现了不同受众的兴趣点。因而广告在网络上真正实现了跨时空传播,是一种超级媒体系统。它冲击了传统媒体的时空限制,加之较低的广告成本与高素质的网络用户,使网络广告最终成为吸引企业和商家的因素之所在。

三、传播形式多样性,超文本化

互联网始终伴随着高新科技不断发展,网络广告借助先进的互联网技术实现了图、文、声、像的完美统一,传播形态多样且呈多媒体化。传播信息时,网络广告可以在视听方面给消费者以全面的感官刺激。杂志、报纸等传统媒体仅提供静态的图文信息,广播只提供声音信息,刺激要有限得多。

网络广告在尺寸上有旗帜广告、按钮广告、巨型广告等,在技术上可以用动画、游戏等方式,在形式上可以在线收听收看、试用、调查等。这些广告信息虽占据版面空间不大,但是网络媒介独特的存储结构方式使广告信息相互关联,组成一个庞大而有机的整体,存储着海量的广告信息。网络中各种信息资源的物理分布和逻辑分布,无论在地理上还是组织形式上均呈现分散状况。网络采取数字化的储存、传输和编辑方式压缩了广告信息占据的空间。无论是门户网站、专业论坛还是个人的网络工具上都可以看到铺天盖地的广告信息。

除此之外,广告信息还体现出高度集成化优势。一方面,网络集成了各种传统媒介广告在网上传播;另一方面,在信息结构上,网络广告信息采用超文本、超链接方式,受众在浏览一个广告时可以链接到许多其他相关信息,或者使用搜索引擎进行关键词查询相关条目的详细内容。

四、双向传播，互动性强

传统大众媒体的广告一直是将广告信息单方面地灌输给观众，广告主很难得到有效的、精确的反馈，因此这种传播方式是单向度的。而在互联网中，数字化的平台将过去被动的信息接受者变成了一个主动的消费者，增强了广告主与消费者之间的互动性。"互动"一词，从广义上来讲，是指双方"相互作用和相互影响"。互联网的出现，使得互动性出现了新的内容，传统媒体是单向的传播，信息是从媒体向受众单向流动的，而互联网上的信息是双向流动的。对互动媒体而言，人们对信息不仅有选择权，还有控制权。

网络媒体的特性决定了网络广告在传播方式、传播效果与传统媒体广告的不同，同时也使受众对网络广告信息传播的接受方式、接受效应产生很大的差异。网络广告的最大特点是授受之间互动性与可选择性。网络广告是一种以消费者为导向的个性化的广告形式。消费者拥有比面对以往传统媒体更大的自由，他们可根据自己的个性特点，根据自己的喜好选择是否接收以及接收哪些广告信息。一旦消费者作出选择点击广告条，其心理上已经首先认同，在随后的广告双向交流中，广告信息可以毫无阻碍地进入到消费者的心理中，实现对消费者的劝导。网络广告的互动性体现在以下方面。

第一，广告信息的发送者和接受者实现即时的双向沟通——即时互动。这样，广告主能及时把握接受者的需求变化，使得广告不再是劝服式的，而是交谈式的、对话式的，沟通的效率和效果因此而得到提高。

第二，广告信息的提供是针对消费者特别设计的。广告主应当尽量把最详尽的资料展示在网上，以供网民寻找所需信息。这就扩展了传统意义上广告的内涵——广告由于有了互动性，因此不仅仅是某一产品或企业的宣传作品，而是营销互动沟通的有效方式和桥梁。

第三，企业与受众形成"一对一"的传播及营销。广告推广的产品和服务是迎合消费者需要的，就能真正实现消费者的个性化服务。如国外的一个网站提供虚拟试衣，这对购买其成衣的消费者来说，无疑是一种贴心的个性化服务，虽然是广告，但还是乐于接受。企业也可以在发布广告同时，设置讨论区，以一传十、十传百的传播，把服务的反馈利用人际传播扩展开去，增强广告的效果。

第四，网上直接沟通。由于上网的受众往往是报着明确的目的和需求主动到网上查找所需信息的，他们往往会根据所掌握的广告信息资料作出购买决策，并可能在网上直接订购。同时，企业也减少了分销的环节，自然地降低了销售成本。

五、传播范围广，受众覆盖面大

不同的媒介有不同的传播方式，广播、电视的信息传送是一种点对面的"撒播"，而互联网则同时实现了点对面传播和点对点的传播，因此，传播范围更广，传播效率更高。网络将全世界的计算机连接起来，凡是遵从共同的通信协议，所有的计算机用户都可以在全球范围内实现信息的交换和共享。因此，任何一台计算机，只要上网，都可以成为网络广告的传播对象。由于网络广告市场的快速增长，新浪、搜狐等门户网站以其巨大的用户流量吸引了大批广告商的目光，广告费用也随之水涨船高。以资讯、电子邮件、搜索引擎等免费服务吸引网民。随着经济全球化进程的加快和国际贸易的繁荣，许多跨国公司和贸易集团充分利用市场经济的资源配置作用，竞相把各自的营销网络延伸到世界的各个角落，在世界范围内发布广告信息成为赢得市场的必要手段，网络逐渐成为他们首选的广告媒体。从广告角度看，广告传播信息的范围越广,受众越多,广告效果越大;从广告市场看,用户市场遍及世界各地,企业在网上发布广告,吸引的客户不仅来自国内,还有可能来自其他国家或者地区。

六、广告信息选择的自愿性

网络广告的发布是全天候24小时不间断进行的,并且能够根据受众的需要随时进行广告信息的更新或取消,调整其价格和服务以适应市场竞争的需要。从不同受众选择喜好的角度考虑,其产品信息可以是几句标语提示,也可以如同长篇大论般的产品介绍,信息可以做到长久保存,随时等待消费者的查询。而消费者则根据自己的需要在不同层面上搜索相应的信息,这样网站、网点和网页被击活完全是受众自由选择的结果,它受到受众个人兴趣和多种需要的驱使。也就是说,此受众一定是该产品或信息的传播目标,而非潜在目标的消费者。受众还可以按照个人的兴趣通过网络广告这种虚拟视觉的方式来观察产品的外形、结构、使用的方便程度等,也可以利用其所提供的各种大量统计报告、说明书或以往销售情况的数据分析做出购买决策。因此,受众不再凭印象、感觉做出消费决定,而是将自己的消费行为建立在理性基础上。强势信息灌输不是网络广告传播的优点,而温柔可亲的交流与沟通才是网络广告传播的必要选择,它能使受众乐于扮演信息寻求者,达到让受众自由选择信息并且参与到信息交流的行列之中。

第二节 网络广告的传播模式

传播模式是通过符号对传播过程中各要素、各环节以及它们之间关系的抽象的概括性的描述与总结,对传播实践具有一定的启发与指导作用。网络广告是建立在网络媒介基础的广告信息传播形式，其在通过互联网进行传播的过程中必然具有某种相对固定的传播模式。这种模式是指广告信息在通过网络媒介传播过程中所呈现出的各种现象的表征和描述，对网络广告的传播实践具有一定的指导意义。

通过对几种传统广告信息模式的比较和分析，我们可以看到几种传统的广告信息模式相互之间的异同点及各自的利弊。在这个基础上结合网络广告的特征，综合在网络环境下广告信息传播的新特点，可以归纳出网络广告的信息传播模式。

网络广告最大的特点就是实现了广告主和用户之间双向的信息沟通。在网络平台上，广告信息的发送和接受可以是同步或者是非同步的，这就构成了交互的可能，这种交互可以体现在广告受众对信息的反馈方面。这种反馈是平等、互动、即时的。在这种新型的广告传播模式中，广告受众具有一种网络信息获得者和实际购买者的双重身份，同时两种身份可以自由地转换，这无疑是网络广告最大的优势所在。

一、"一对一"的传播模式

"一对一"的传播模式也称人际传播模式。网络通过整合形成了一些专门服务特定市场或者行业的"频道"或者"社区"，用来满足那些具有独特的人口或者心理特征的群体。这种网上整合使得网络广告主能够根据每一个高度定向的市场或者顾客，定位特定的目标群，设计高度个人化的信息和媒体的沟通，"一对一"对他们进行销售，将网络广告的传播效果最大化。

"一对一"基于从发送者到接受者的传播模式，发展成一个人际传播模式（图7-1）。该种模式中广告主和消费者之间可以进行一对一的交流。其特点是：首先，在该模式下，人与人之间可以通过媒体或直接进行交互作用，犹如面对面交流。其次是超媒体技术在该模式中得到初步应用。多媒体是用一台电脑将静态或动态内容整合在一起并提供进入交互方式,而超媒体是将超文本的节点链接与多媒体内容连接起来。超媒体是一种全球范围的动态分布网,包括与网络连接在一起的硬件和软件,它既为广告主和消费者接触超媒体内容提供进入方式,即人与机的交互,也为广告主和消费者提供媒体进行交互,即人与人的交互。

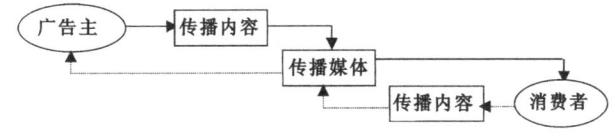

图7-1 人际传播模式图

二、"一对多"的传播模式

广告主通过互联网发布广告信息,消费者根据个人兴趣和需要搜索或点击接受这些广告信息就构成"一对多"的网络传播模式。在该模式中,广告主通过互联网将信息传播给多个消费者,消费者接受广告信息时与广告主处于异步状态。在该模式中,消费者和广告主之间并无交互作用(图7-2)。

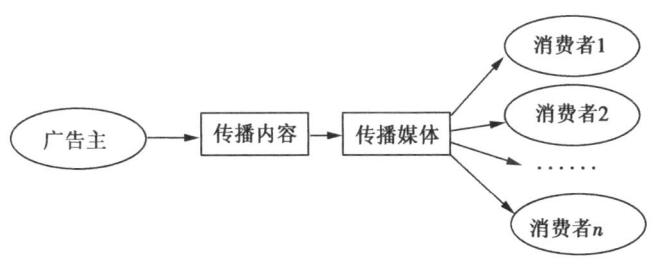

图7-2 "一对多"传播模式图

三、"多对多"的传播模式

在两个不同的人之间进行"一对一"传播基础上很容易发

展成"多对多"的传播模式（图7-3）。是"多对多"网络传播模式，其中的传播内容是超媒体内容，传播媒体是互联网。"多对多"网络传播模式除了通过网络媒体进行人与人的交互外，还与传媒环境进行交互，即人与机的交互，而人际传播模式只能进行人与人的交互。

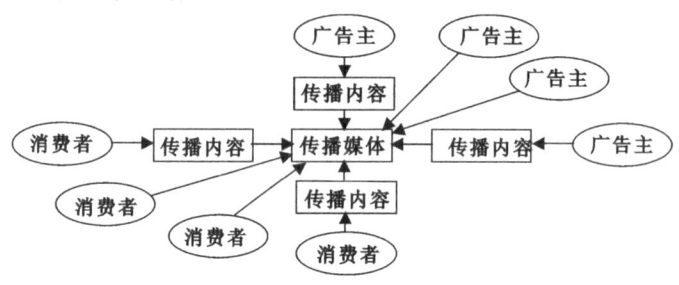

图7-3　"多对多"网络传播模式图

"多对多"网络传播模式是在 Steuer（1992）提出的媒体传播模式基础上发展而来的（图7-4）。图7-4中媒体传播模式的主要关系不是发送者与接受者之间的关系，而是他们与媒体之间交互作用的关系，发送者与接受者之间不仅有传播信息内容，而且有根据自己偏好所创造的媒体环境。在 Steuer 的媒体传播模式中，人与机的交互是指消费者实时参加媒体环境形式和内容的修改。Steuer 称自己的媒体传播模式为媒体传播的"媒体呈现"，"呈现"是环境的自然感知，"媒体呈现"是环境的媒体感知。消费者在与网络媒体进行交互时，可感知到两种环境：一是他自己所处的实体环境；二是网络所定义的虚拟环境。媒体呈现的经历是一个人在网络环境中感知存在的功能，而不是他直接接触的实体环境。

图7-3也显示了网络媒体传播的关系范围。消费者可与网络媒体进行交互作用，如网上冲浪，广告主（厂商）也可与网络媒体进行交互作用，如 B to B 的电子商务模式，并且消费者和

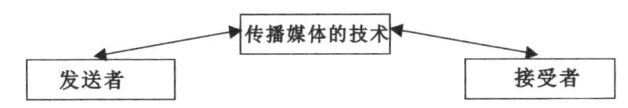

图7-4 媒体传播图

广告主都可向网络媒体提供内容。网络媒体与传统媒体的最大区别是传播受众（网民）可以在网上处理与产品相关的内容。从图7-3可以发现，"一对一"传播模式和人际传播模式都包含在"多对多"网络传播模式中，并且超媒体技术在"多对多"网络传播模式中得到了充分应用。

第三节 网络广告的分众传播

一、分众传播：网络广告发展新趋势

随着信息传播技术的飞速发展，特别是互联网的逐步普及，越来越多的人开始接触和使用互联网，消费者的消费观念、消费方式和消费者的地位正在发生深刻变化，消费者心理与以往相比呈现出新的特点和趋势。网络媒体不仅真正实现了个性化的传播服务，而且也使"广播"（broadcasting）变成"窄播"（narrowcasting）成为可能。面对越来越多的信息，人们的注意力被极度分散，原来作为传统大众传媒的忠实受众有相当部分转向了网络媒体，打破了原有的传播格局，受众的构成出现了细分化现象。分众传播就是指面向一个有清晰特征的受众群所进行的"窄播"。分众传播的思路，就是如何从"以获取绝大多数人的注意力为目标"转向"以获取某特定部分人的注意力为目标"。

著名的广告学者约翰·沃纳梅克有一句名言："我知道广告费至少有一半被浪费掉了，但问题是我不知道究竟是哪一半。"

这句话道出了传统广告的传播理念正遭遇挑战。从那些国际名牌动辄数亿美元的广告投入，到国内曾风光无限的"央视标王"不计成本的巨额广告投入，这种密集的广告轰炸可能会在一定时期内使其品牌知名度大增，但对有些产品来说花大价钱却未必能取得理想的广告效果。其实，作为一种传播渠道，媒体的角色就像一个邮递员，将广告信息送达受众。媒体的到达率和受众接受率直接关系到广告的投入效率。

从传播学角度看，传媒功能正在从人际传播到大众传播转变后发生第二次重大改变，就是从大众传播到分众传播的转化。随着中国社会的快速发展，不同的社会环境因素影响并促成了当代受众的不同特征。同时，广告传播开始出现从满足大众需求转向满足部分人的特定需求，也就是从"大众"向"分众"转变。在市场细分的今天，广告传播也越来越强调目标受众。网络广告可以通过一定的市场细分，根据产品特定的目标市场将网络广告按照受众的特点投放。网络广告可以根据受众在网上浏览的主要信息获取该用户兴趣点，从而投放该用户感兴趣的广告，这样用户就不会产生抵触情绪。

传统的广告营销理念是建立在理论上的，即分为产品、价格、销售渠道、促销四种渠道。这是从企业的角度来划分的。现代广告营销理念从消费者的视角出发提出了理论，即需求、成本、便捷、沟通四要素。网络广告顺应了现代广告的传播理念，提高了消费者在营销过程中的地位，标志着个性化广告订做时代的到来。

二、网络广告分众化传播的意义

1. 传播方式回归"受众本位"优势

由于网络监管的困难与滞后，国内各大门户网站的广告并未达到理想的传播效果，广告内容真实性、合法性也缺乏保障。于是，网络广告分众传播应运而生，网络广告的分众化传播可以做到传播目标相对准确，传播效果得到较大提高，不仅受到了网民的欢迎，也为企业提供了有效的网络营销方式。其实，作为以"受众本位"为优势和核心竞争力的网络广告理应比传统广告更为重视受众的角色与地位，重视受众处理信息的心理和态度。因此，网络广告的分众传播是对传统网络广告受众心理关注缺失的补救与修正。

2. 传播核心是品牌个性和审美风格

目前，人类社会有两种消费模式，一种是以购买物质为主的消费模式，另一种是以精神为主的消费模式。此种模式要求专业人员致力于提炼并传播企业的价值观念、文化品位、品牌个性、审美风格等精神层面的信息，并据此塑造一个无形的的品牌形象。这种品牌形象能否赢得目标受众的认同，将直接左右相关受众对这一品牌消费行为的决策。如今大众的生活需求正在由物质需求性消费向精神需求性消费转化。商品的物质性在消费者眼里已经不再具有主流意义，而精神性消费在消费者眼里愈来愈占据重要的位置。在消费者的精神消费过程中，消费者对于消费对象的判断标准是喜欢和不喜欢，而喜欢或不喜欢又具有强烈的主观性和非理性。

3. 分众不等于目标受众

分众不应该简单地等同于目标受众，广告仅仅做给目标消费者看是远远不够的。在实际运作中除了直接消费者，广告还肩负着向更广泛的人群传递信息的任务。网络广告的分众传播不应该忽视企业固有的利益共担者和公众利益团体。牢记这一点，企业在进行品牌传播时才会形成可持续发展的企业品牌资产。由于发展时间短，网络广告目前仍有很多不成熟之处。例如，一些网络广告过分注重技术本身的表现形式和音频、视频效果，缺乏广告诉求内容与多媒体效果的有机统一，除了在视觉和听觉方面给人以刺激外，很难产生让人赏心悦目的效果。很多网络广告的制作细分化程度不够，遭到受众的厌恶和屏蔽。但是随着网络技术和传播理念的逐渐完善，网络广告将会更好地赢得注意力资源，取得良好的传播效果。

三、网络广告分众化传播形式

网络多媒体技术为受众提供了一个集文字、图像、声音于一体的五彩斑斓的世界。这一特点为广告表现形式提供了广阔的创意空间，它意味着网络广告既可以选择平面媒体经常采用的说明性文字和图片，也可以通过动画设计如同电视媒体一样生动的造型，还可以配合声音传达将受众的听觉调动起来。

随着网络技术的飞速发展，网络广告类型不断涌现并呈现出整合发展的趋势。网络广告形式大致包括旗帜广告、按钮式广告、弹出式广告、电子邮件赞助式广告、插播式广告、分类广告、互动游戏式广告，以及付费搜索广告等。

旗帜广告形式简单，被客户点击后形成下拉空间，产品的详细信息便呈现出来。后来发展起来的广告以灵活多变的动画取代了原来画面死板的情况。按钮广告一般是一个链接着公司主页或站点的公司标志，客户点击后也就形成下拉的网络空间。弹出式广告是一种在网站主页或栏目出现之前就跳出窗口的一种广告形式。它可以利用网民等待主页下载的时间来传播产品信息。邮件广告就是利用网站电子刊物服务中的电子邮件列表，将广告加在每天读者订阅的刊物或相应的邮箱主人。插播式广告是在两个网页出现的空间中插入的广告，如同电视节目中出现在两集影片中间的广告一样。插播式广告有的出现在浏览器主窗口，有的新开一个小窗口，有的可以创建多个广告。

无论哪种形式的网络广告，其表现形式都可采用多种技术手段，从静态图片、一般动画到富媒体（音频、视频）格式。据专业网络广告公司统计，每年将近35%的网络广告使用富媒体，它的点击率和浏览效果比单一的网络广告形式好得多。当然，这种外在表现方式的丰富其实只是一个小手段，一些交互式广告本身已成为一个"迷你"网站，与早期网络广告只能链接到广告主网站不同，这些交互式网站可以完整地展示产品信息，用户可以对广告进行操作，根据需要改变广告显示方式和内容。

随着网络广告分众化传播趋势的加强，单一的网络广告形式已出现减弱趋势，现在的网络广告更多地采用交叉运用的融合态势，定向广告便是多种广告形式的综合使用。所谓定向广告，就是网络服务商利用网络追踪技术搜集整理用户对应的地址，并对用户按年龄、性别、技术、职业、爱好等标准分类，然后利用网络广告配送技术，根据广告主的要求及商品、服务性质，向不同类别的用户发送内容不同的"一对一"的广告。作为网络广告的一种高级传播模式，定向广告兼容性强，可以与横幅广告、弹出窗口广告、按钮广告、邮件广告结合使用。

第四节　网络广告的品牌传播

美国的营销专家拉里·赖特认为："拥有市场比拥有工厂重要得多。唯一拥有市场的途径就是拥有具市场优势的品牌。品牌是公司最宝贵的资产。"国家鼓励中国企业发展民族品牌，以推动中国经济的持续发展，市场触觉很敏锐的广告主们迅速将营销推广定位在品牌传播上，而广告宣传是品牌传播的重要手段之一。在过去，传统的电子广告及平面印刷广告中震撼的画面声音容易给人留下深刻的印象，这样对打响品牌的知名度很有帮助。传统媒体广告诉诸于视觉和听觉的传播方式，很容易令受众对品牌留下深刻的印象，有利于品牌的传播。

随着电视媒体庞大的受众群正逐步向网络迁移，品牌传播必须依靠主流媒体所拥有的最多的注意力市场份额，使品牌更有效地接近其目标受众。而互联网则为品牌传播提供了年轻化、教育程度高、收入高的网络受众。这种品牌传播梦寐以求的受众资源，可以使品牌与受众关系更长久，并且体现新时代的价值，是品牌长盛不衰的活力来源。而且较高收入保证了更高的购买力，品牌可以获得更大的利润回报；较高教育程度，则使得受众更有品位，更愿意接受品牌化的信息。美国网络广告局的跨媒体广告投放研究报告中提供的一组数据显示，某国际品牌的网络广告预算从2%增加到15%以后，品牌认知度上升了7%，购买意愿上升了15%。这两个关键指标都获得显著提升的数据，表明网络广告对品牌传播的影响力，有非常巨大的发展潜力。

一、网络广告对品牌传播的优势

探讨网络广告对于品牌传播的独特优势，并充分利用网络广告的独特优势去进行高效的品牌传播，以促进我国网站和企业进一步增强市场竞争力。

（一）传播范围广且富有弹性

网络广告通过互联网可以把广告传播到网络所覆盖的任何国家和地区，且全天候不间断地传播，不像传统的广告往往局限于一个地区、一个时间段。当今世界，人口的流动越来越大，网络广告传播范围广的特性使品牌讯息持续不断地到达目标受众，让品牌突破地域性限制，与现有的消费者维持稳定长久的关系，使品牌流失最小的同时不断开拓新市场，为建立国际性品牌搭建起坚实的平台。

网络广告具有多重传播特性：一是互联网广告可以是大众传播，万维网上热门门户站点的首页上投放的广告可到达全球各地成百万上亿的受众，具有鲜明的大众传播特点；二是网络广告也可以是群体传播，在一些窄众站点以及 Usenet 上发布的广告又演变成群体传播；三是当以电子邮件传递个性化的讯息时又成了人际传播。这种多重性使网络广告极富弹性，可简单可深入，不受版面或时间段限制，既可以在大量的消费者中激发品牌知名度，又可以对特定的目标消费者实行一对一的传播，强化品牌忠诚度，展开多层次的品牌形象塑造。这是传统广告所无法做到的。

（二）互动性使个性化传播成为可能

互动性是网络广告最本质的特征，也是最受人瞩目的新特点。网络广告的互动性体现在给消费者发表言论与看法的权利与机会，并为特定的目标消费者量身定做个性化的讯息，使个性化"一对一"的传播成为可能。以塑造品牌形象为目的的互动必须加以管理和引导，即以网络为平台，进行客户关系管理，让品牌与目标消费者进行有高度个人相关性的对话，向对品牌有利的方向引导对话，建立目标受众对此种对话的依赖性，从而收到良好的品牌传播效果，并使品牌拥有客户终生价值。

互动性会带来趣味性，可提高品牌信息的亲和力，并可产生移情作用增强对品牌的好感，这也是互联网广告人性化魅力的一个方面。例如，Nike 在推出其新款跑鞋时，通过悬疑型的广告将目标受众带到其为新产品开辟的网址：www.whatever.com。消费者可以为电视片选择七种结局中的任何一个，并在线观看故事的结局。这便是互动性带来的趣味性，而这在传统媒介上是不可能实现的。

（三）灵活的实时性能保持品牌的新鲜感

品牌是要建立并维持与消费者的亲密关系。如同人际交往一样，品牌与消费者的这种关系需要新鲜感来保鲜。在传统媒体上做广告、发版后很难更改，即使改动也需付出很大的经济代价，所以一种品牌在很长的时间内可能只有一则广告，至多有 1~3

个版本轮换,难以长久保持品牌的新鲜感,且不能及时实施和推广经营决策的变化和反映品牌环境的演变。网络广告则不然,它可以将品牌所收集到的关于消费者、竞争状况等营销环境的众多最新信息在第一时间反映到网络广告上,对有可能损害品牌价值的危险因素及时反应、妥善解决,实行危机公关,不断改进产品和服务,修订品牌策略,使品牌永远呼应消费者的需求和领先竞争者一步,保持品牌的新鲜感,让它与消费者之间的关系与时俱进,始终充满活力。

(四)富媒体技术提升网络广告的品牌塑造

电视广告之所以成为强势的塑造品牌工具,其一在于集声、像一体的丰富表现力。富媒体技术整合了网络广告各种表现技术,动态影像、文字、声音、图片、表格、动画、三维空间、虚拟技术等,使互动广告能给人更强烈的感官性,也能从更多角度展示品牌产品信息。就房地产广告来说,它不仅可以容纳一个楼盘的地理位置、设计风格、整体规划等所有信息,还能够通过网络电视广告来展示楼盘的外观、生活方式等。多媒体技术日益成为了网络广告的创意语言,网络广告集电视广告娱乐、平面广告的文字力量和情感性于一身,具有很强的品牌塑造功能。

(五)提高品牌形象传播效果的精确性

品牌塑造与传播是一种长期的投资,也常常是相当昂贵的。广告业有一句至理名言:"80%的品牌收入来自20%的品牌忠诚者。"漫天撒网,在可能并不相关的地方浪费掉一半的广告费,而那20%的关键人物却得不到足够的关注,对另一些人又因为关心不够而使关系若即若离甚至感情破裂。网络广告的出现解决了品牌传播这一矛盾,其法宝是其精确性做法。网络广告的精确性来自三个方面:

(1)互联网是按受众需求来建构的需求导向网络,并有日益强劲的搜索引擎。许多在现实中难以清楚界定的关系较松散的人群也在网上有了据点,关键词网络广告更具有明确的定位功能:当消费者输入某个关键词时,便表明他极有可能是某品牌的潜在购买者,此时,如果该产品厂家向他传递品牌讯息便极容易奏效。

(2)互联网的各种定位技术越来越精密。以网络广告业的领袖企业"双击公司"为例,它研制并开发了精密的定位工具DART。DART可以保证品牌在成千上万的网民中识别其目标对象,它可以依据若干个变量瞄准潜在消费者:地理区域、语言、行业等,并且全天候监测网络广告活动,并自动生成报告。

(3)广告效果易于监测。通过互联网发布广告很容易被服务器记录或是用户的Cookie或是专用技术统计出每条广告被多少用户看过,以及这些用户浏览这些广告的时间分布,地理分布;更先进的测量手段(如DART)能得出更详细的统计。这些数据往往是即时可得的,方便了广告主及时检验特定品牌形象传播活动的效果,并对品牌传播策略加以调整,以保证品牌发展的每一步都沿着正确的方向前进,少走弯路,将有限的品牌投资收效最大化。

三、网络广告的品牌传播策略

通过网络广告传播品牌最重要的是让网民获得满足。体验是一种心理需要,随着人们物质需要的较好满足和生活节奏的不断加快,人们对体验会越来越多、越来越强、越来越富有想象力的消费需求。体验营销传播要求以消费者感性满足为目标,塑造感官体验及心理认同,以改变消费者行为,实现营销传播目的。体验营销的构成要素包括设施、产品、服务、互动体验过程。网络广告以互动为手段,以体验过程为目的,从而实现互动体验式品牌传播。互动体验的前提是网民的积极参与,但研究资料表明,网民对网络广告的主动浏览的积极性有待于提高。因而,激发网民主动参与是网络广告深度品牌传播的动因。

1. 激励策略

在网络广告活动中,设置即时可以获得的"奖励",以诱导目标受众主动参与,从而达到深度诉求的效果。从心理学的角度来看,行动源于需要而发于诱因,网上互动要有驱策力。"奖励"诱因是目标受众对行销活动产生行动的原动力。如免费赠品、优惠、奖品、会员卡、荣誉等。据CNNIC调查表明,"有奖促销活动"是网民最能接受的网络广告。网民点击广告其实是消耗成本,需要"奖励"作为回报,否则,互动难以实现。这"拉"式的互动策略是网络广告活动成功的法宝。如福特汽车为了测试电视广告片的效果,举行"积累点数赢得奖品"的活动,在这次活动中,网民可以访问福特公司的主页,通过回答一些选择性的问题,选择自己认为合适的福特汽车的电视广告的脚本。根据大家的选择,将有四个脚本被选出并陆续播放,在每一则广告片播放的中间,参加此活动的网民可以继续登录网页,对播放过的广告片进行投票,同时还可以提出自己对下一则播放的广告片的设想,网民还能够通过参加这次活动累积点数从而获得奖品。电视广告在网上的有效"移植",不但使广告达成很好的接触率,还实现了"选择—投票—参与创作"的交流式的、递进式的、深层次的效果,这一切主要归因于福特的品牌价值和奖品的吸引力,适用于新产品广告、收集资料、测试等。

2. 个性化策略

个性化策略就是根据个人的需要、品位、兴趣取向、上网习惯、消费习惯为个人特别定制和定向发布特定广告的策略,呈现"以人为本"的广告模式。一方面,"使用与满足"的理论认为,受众是基于特定的需求动机来接触媒体的,接触媒体的过程就是满足需求的过程。按照"我需要才点击"的逻辑,网络广告只有符合个人的需要,才有可能促使网民产生互动的可能,否则必被漠然视之。另一方面,广告要适应个人习惯,互动要简易方便。个性化互动策略,表现在定制广告和定向发布广告两方面。

定制广告,通常是智能代理根据个人提供的资料,归类配出广告内容套餐,实现自动的"分众化",甚至类似"个人化"创作的广告,一般同时设置"参与"的窗口。如在 Parent Time 网站上,凡是输入小孩年龄的家长,在得到相关的育儿信息的同时,还会看到专为这个年龄段所作的广告,得到极好的反馈效果。在电子刊物和电子邮件广告中,可以根据网民的需求和个人资料定期传播"量身订制"的商品信息和不同诉求方式的广告。

定向发布广告(又称为定向广告),是根据不同类型广告主的不同需求,准确地收集并判断网民的行为特征,选择最适合的对象投放相关广告,从而最大限度地提高广告的到达率和转化率。"定向"实际上是对受众的筛选,即根据访问者的不同情况决定广告的显示。如果一位注册会员登录新浪网,那么他的个人资料立即通过一种广告管理系统被广告商获知。根据资料和他正在浏览的网页内容,广告商可以从备选的横幅广告中选出他乐于接受的广告并发送出去。如果这位访问者是年轻女士,她所看到的页面上闪动的广告将是玉兰油系列化妆品广告,由此她会主动查询品牌免费提供的美容技巧。若访问者是一位男士,那么摆在他面前的可能是菲利浦剃须刀的广告。个性化广告能够迅速抓住网民的"关切点",激发好奇心和参与欲,诱发行动,前提是要有个人资料。

3. 游戏策略

游戏策略即以娱乐为诱因,以互动游戏为载体,在受众参与的过程中传播广告讯息,从而达到潜移默化诉求的广告效果。网络互动、自主的传播特性,使受众可以只"点击"他们感兴趣的广告,这要求网络广告更加具有服务性,或娱乐性,或两者兼备,只有这样,才能增强网络广告的黏合力和吸引力。按照广告

内容和游戏的融合程度,游戏策略分成两个层面:

(1) 在网站提供的免费游戏的开头、中间、结尾,或游戏的四周发布广告。品牌(产品)特性与游戏内容无明显关联。广告成为"免费游戏"的"附带条件",由于受众比较投入,对广告的注意值也较高。但是发布环境与广告主题关联性不强,要靠足够的重复才能够发生效果。

(2) 用互动游戏技术,将品牌(产品)讯息嵌入游戏环境当中,通过网民的互动游戏,产生更强的说服效果。可以特别定制,也可以改编已有的游戏。如 Clean & Clear 护肤品把油脂比喻成虫子,把产品比喻为快枪,通过游戏(枪打虫子)来吸引网民,突出产品功效。互动性、趣味性的游戏,使网民不仅从网页上简单地获得产品讯息,还能在游戏和游戏后出现的动画的过程中加深对产品的印象。又如雀巢纳斯魁克巧克力饮品的推广围绕品牌偶像纳斯魁克兔展开,网站为纳斯魁克兔每天都安排了探险活动。如其中改编一家游戏公司的"巧克力大挑战"游戏,内容是小兔子在一座巧克力山上滑雪,在广告受众的潜意识中塑造品牌形象。

4. 互动式体验策略

体验策略指通过利用虚拟现实等技术,引导网民参与使用品牌(产品或服务),以预先获得消费体验,对该品牌(产品或服务)产生了解、认同和共鸣,从而达成广告目的。网络媒体与传统媒体相比最突出的特点就是互动性强,这种互动性决定了网络广告不同于传统媒体广告的单向信息传播,而是信息的互动传播。受众具有一定的能动性和自主权,可以根据自己的需要和喜好查询选择广告信息。基于这样的媒体特性,在进行网络广告的创意时,要充分考虑受众处理信息的意愿和动机,加强广告的互动式体验,让受众在自发的心理驱动下接受广告讯息。受众不再是被动地接受广告,而是主动地掌握和控制广告,并参与到广告的内容和传播之中。互动性强的广告还会弱化受众的排斥心理，更容易接受广告的形式和内容。互动式体验的创意目的就是要给受众提供一次良好的造访经验，一次完整的品牌产品体验。因此最重要的是要设计一些让受众在传播过程中可以参与进来的要素，使受众觉得自己是在参与某项活动，而不是听人在说教。这种创意方式以顾客的娱乐体验为诉求，寓销售于娱乐之中，因而更能激发消费者的购买欲望。

5. 悬疑策略

悬疑策略是指通过设置疑问，为受众创造行动导向，实现层层递进诉求的广告目的。它的核心是利用受众的好奇心、参与欲望和解惑的需求，并且广告提供的讯息能够满足这一切。它依赖的不是娱乐式的猎奇动力，而是寻求问题答案的驱策力，倾向于理智型。一般有疑问型、欲语还休型、邀请行动型等。悬疑策略使受众从不自觉的被动状态变为自觉的主动状态，最后达到促使受众积极查询讯息、提问、注册等互动效果。如当网民把鼠标移到 IBN 四个颜色各异、不断上浮的透明气泡标识广告时，会分别出现四个与.com 公司的成败相关的电子商务的问题。点击后，出现了"答案尽在下一代的电子商务"的进一步的引导信息，并自动链接到 IBN 网站，访问者可以查询更多的产品讯息、解决方案及在线注册（会员能下载更多资料甚至获得线下的免费权威报告）。IBN 使用几种网络广告形式和多层导向，通过"解惑"实现互动，达到扩展与推广深层的宣传讯息，创造出品牌与顾客之间的一对一的沟通关系，引发对品牌的兴趣。悬疑策略的有效实施，关键在于要能提供确实的解决办法和足够的讯息。任何夸大其词、故弄玄虚而没有实质内容的做法皆不宜提倡。

第八章 网络广告受众

网络广告受众虽然也是广告受众中的一个分支，但是网络广告受众和传统广告受众在很大程度上又表现出了自身的特点。因此，我们不能用传统广告受众的观点来诠释网络广告受众。虽然网络媒体近年来发展十分迅速，但从目前的普及率来看，要达到全民性还有很大的一段距离，所以我们要充分重视网络广告受众的特点，以便更有效地投放广告，达到广告利益的最大化。

第一节 网络广告受众角色

受众，又称受传者、接受者，就是接受信息的人，它既包括大众传播中的信息接受群体，也包括小范围信息交流中的个体——参与者和对话人。受众作为构成传播过程的两极中的一极，它在传播中占有十分重要的地位，扮演着非常重要的角色。

网络受众，又称网民，是在网络传播中处于信息接受一端的个体或组织。中国互联网络信息中心（CNNIC）将中国网民定义为：网民，过去半年内使用过互联网的6周岁及以上中国居民。手机网民：指过去半年通过手机接入并使用互联网，但不限于仅通过手机接入互联网的网民。电脑网民：指过去半年通过电脑接入并使用互联网，但不限于仅通过电脑接入互联网的网民。

第八章 网络广告受众

随着生产力的快速发展，网络的迅速普及，网民数量的不断增加，人们对网络的使用率和依赖程度越来越高。人们通过网络查找资料、学习、交友、娱乐等行为，越来越显示出网络的强大生命力。也正是由于网络在人们的生活中占有重要地位，才使得我们研究网络使用者的行为成为可能。

在网络广告传播中，企业、商家传播的目的针对网络受众，各种网站（包括上网媒体）的生存与发展主要依赖网络受众，这是保证网站点击率，吸引广告商，提升网站品牌，使网站上市融资的重要基础。在网络广告传播中，信息的传播与接受处于同一平台，传受双方信息互动，即网络广告受众同时也是相关信息的传播者。网络广告受众与企业主、广告商的信息反馈及时，沟通方便。与大众传播相比，网络广告传播的受众角色发生了本质变化。

1. 主动接触网络广告信息

在传统的大众传播中，广告受众总是被动地接受大众媒体所传信息，而无法通过大众传媒与广告主进行平等交流，更遑论主动地、方便地通过大众传媒制造或发布广告信息。而在网络广告传播中，受众原有的地位和角色发生了根本性变化。普通的网络广告受众拥有与传播机构一样的权力。网络广告受众还可以设计一个网站发布广告信息。在网络广告传播中，任何人在不违法的情况下都可以发布广告消息，任何人也可以按自己的喜好来接受广告信息。

2. 传受互动，反馈及时

网络媒体可以实现广告主与广告受众之间真正的双向交流，受众可以做到同步反馈。与大众传播相比，网络广告传播为受众提供了更多选择产品的机会。许多商家在互联网上开辟了网上聊天室、论坛区等栏目，网络广告受众可以在聊天室或讨论区对网络广告信息发表自己的观点，如此往来就可以实现广告信息的传播者与受众之间真正的互动。

3. 个性化特征明显

根据最新的 CNNIC 调查结果发现：网络广告受众是一个新奇、前卫、上进、精力充沛且具有较高文化水平的群体，他们往往更注重自我，都有各自一些独特的、不同于他人的喜好。他们之间既有相同的兴趣，又有独特的特点，其具体要求将越来越个性化。因此，对于网络广告工作者来说，决不能像对待传统媒体受众一样，对他们一概而论。今天的网络广告运营商要帮助广告主满足网络受众的个性需求，而不是按一个大众的标准来投放网络广告。他们不仅能够做出选择，而且还渴望去做出选择；他们不仅有自己独立的想法，而且对自己的判断力非常自负。

这些网络广告受众一般说来都具有头脑冷静、擅长理性分析的特点。他们对任何事物都有独特见解，不会轻易受舆论左右，受潮流的影响；对铺天盖地的广告轰炸也有相当强的抵抗力，他们愿意面对一大堆数据资料苦苦推敲，并据此做出决定。因此，对信息组织和整理，成为网络营销商的当务之急。

二、网络广告受众的结构与特点

（一）网络受众的结构

中国互联网络信息中心（CNNIC）发布的《第 29 次中国互联网络发展状况统计报告》显示，截至 2011 年 12 月底，中国网民规模突破 5 亿，达到 5.13 亿，全年新增网民 5 580 万。中国手机网民规模达到 3.56 亿，占整体网民比例为 69.3%，较上年底增长 5 285 万人。家庭电脑上网宽带网民规模为 3.92 亿，占家庭电脑上网网民比例为 98.9%。农村网民规模为 1.36 亿，比 2010 年增加 1 113 万，占整体网民比例为 26.5%。网民中 30~39 岁人群占比明显提升，较 2010 年底上升了 2.3 个百分点，达到 25.7%。网民中初中学历人群占比继续保持增长，由 32.8% 上升至35.7%。使用台式电脑上网的网民比例为73.4%，比2010年底降低5个百分点；手机则上升至69.3%，其使用率正不断逼近传统台式电脑。2011年，网民平均每周上网时长为18.7小时，较2010年同期增加0.4小时。截至2011年12月底，中国域名总数为775万个，其中.CN域名总数为353万个，中国网站总数为230万个。

电子商务类应用继续稳步发展。包括网络购物、网上支付、网上银行、旅行预订在内的电子商务类应用在2011年继续保持稳步发展态势，其中网络购物用户规模达到1.94亿人，较上年底增长20.8%，网上支付用户和网上银行全年用户也增长了21.6%和19.2%，目前用户规模分别为1.67亿和1.66亿。

网民的互联网沟通交流方式发生着明显变化。一方面，微博快速崛起，目前有将近半数网民在使用这一新媒介，比例达到48.7%；另一方面，传统的交流沟通类应用媒介则出现大幅下滑：电子邮件使用率从2010年的54.6%降至47.9%，论坛/BBS则由32.4%降至28.2%，博客/个人空间从64.4%降至62.1%。

网络视频用户增幅明显。网络视频行业的发展势头相对良好，用户规模较2011年增加14.6%，达到3.25亿人，使用率提升至63.4%，是中国网民继即时通信、搜索、音乐、新闻之后的第五大应用。

当前互联网用户在全民中的普及率不到四成，网民增长还有十分广阔的空间，但是考虑年龄、受教育水平、收入水平等种种因素，目前我国居民中具备上网条件和技能的人已经基本转化为网民，接下来网民规模增长的难度加大。年龄方面，过去5年内10~29岁群体互联网使用率保持高速增长，目前已接近高位，未来在这一人群的提升空间有限；而50岁以上人群的互联网使用率变化幅度很小；30~39岁群体的互联网使用率逐步攀升，目前还有一定增长空间，将成为下一阶段网民增长的主要群体。

我国网民属性和主要结构体现在以下几个方面。

1. 性别结构

截至 2011 年 12 月,我国网民中男性比例为 55.9%,比女性高出 11.8 个百分点,网民性别比例与 2010 年相比基本保持稳定。

2. 年龄结构

2011 年,网民中 30～39 岁人群占比明显提升,较 2010 年底上升了 2.3 个百分点,达到 25.7%,近两年来该年龄段占比持续上升。40～49 岁网民增长速度较慢,因而在网民中的占比出现下降。10～19 岁、20～29 岁网民比例与 2010 年底相比基本保持稳定。

3. 学历结构

网民继续向低学历人群扩散。2011 年,我国网民中初中学历人群延续了 2010 年的增长势头,由 32.8% 上升至 35.7%,该学历人群互联网渗透率较低,未来网民比例将进一步提升。高中、大专以上学历网民的比例继续下降。

4. 职业结构

学生仍然是网民中规模最大的群体,占比为 30.2%;其次个体户/自由职业者,占比为 16.0%。企业公司中,高层管理人员占整体网民的 0.8%,中层管理人员占 3.2%,一般职员占 9.9%。党政机关事业单位中,领导干部和一般职员分别占整体网民的 0.7% 和 5.2%。另外,专业技术人员占比为 8.3%。

5. 收入结构

2011 年,中国网民中收入在 2 000 元以上的网民群体占比明显上升,从 2010 年的 33.3% 上升至 40.2%。同时,无收入群体网民占比从 4.6% 上升至 7.9%。

6. 城乡结构

2011 年,农村网民规模为 1.36 亿,比 2010 年增加 1 113

万,占整体网民比例与2010年相比,农村网民占比下降0.8个百分点,其增幅依然低于城镇。

近年来,我国农村网民比例在低位徘徊,其中包含中国城市化进程加快、大量农村人口涌入城市等整体人口结构变动因素的作用,然而农村居民自身缺乏电脑和网络使用技能是制约我国农村地区互联网发展的重要障碍:2011年有57.8%的农村非网民表示"不懂电脑/网络"是其不上网的原因,这一比例在城镇非网民中为45.7%。在大力改善农村地区互联网接入条件的同时,提升农民网络使用技能和意识也是缩小互联网城乡发展差距的重要手段。

7. 发展趋势

我国网民规模增长进入平台期,2011年网民全年增长5 580万,普及率提升4个百分点,相比2007年以来平均每年6个百分点的提升其增长速度有所回落。过去5年内助推网民规模快速增长的几类人群中,互联网普及率即将触顶,而其他年龄段和教育水平的人群对互联网的接受速度很难达到年轻和高学历群体的水平,致使整体网民规模增长进入平台期。

(二) 网络广告受众的特点

网络广告对象是网络广告传播的目标群体,是网络广告最终作用的对象。在网络广告传播活动中,网络广告对象具有以下特点。

1. 双向互动功能强化

在网络广告的传播过程中,网络广告对象是受作用的一方,表面上看,网络广告对象是被动的,但实际上却是主动的、能动的,能够对网络广告活动中的信息发送方产生反作用,并由此形成互动。

对作为消费者的网络广告对象来说,网络广告会影响消费者的消费观念和消费行为的变化,引导消费者趋向网络广告主企业的预期目标。但是，消费者消费需求的扩展，消费欲望的增加，以及消费心理和行为的改变，又会促进企业生产和销售的革新、广告策略的调整和广告质量的提高。

2. 主动选择所需信息

网络广告活动是指网络广告内容、网络广告表现方式、网络广告的运作行为以及所产生的效果等信息传播的全部过程，包括进行网络广告调查、制订网络广告计划、创作网络广告作品、运用网络广告媒体传播网络广告信息和测评网络广告效果等。网络广告主为了达到某种目的而开展网络广告活动，需要委托网络广告经营者来代理相关业务，还要有网络广告发布者参与发布网络广告。这二类群体是网络广告活动的主体。同时，为了保证网络广告活动有序运作开展，网络广告管理者也加入其中。但是，网络广告活动所有内容的设计展开，网络广告主体与网络广告管理者的所有努力，都是以网络广告对象为中心而进行的。在网络广告活动中，网络广告对象虽然处于信息受体的地位，却起着举足轻重的主导作用：网络广告主以网络广告对象的需求爱好为转移；网络广告经营者和网络广告发布者的工作成效受到网络广告对象的检验；网络管理者需要竭诚为广大网络广告对象服务。

3. 形成群体特征

网络广告对象接触网络广告信息，往往是以个体、家庭的形式出现，处于分散的状态。但是，由于受到社会、经济和文化等诸多因素的影响和制约，加之网络广告对象个体的特性，又会形成观念和行为相近或相同的群体。这些群体会产生相近或相同的消费特征。不同的消费群体形成不同的企业目标市场，也是网络广告诉求的不同传播对象。这一特性为企业市场细分和市场定位提供依据，也是影响正确的网络广告定位、制定相应的网络广告策略的重要因素。因此，要从群体的概念出发，来研究和把握网络广告对象。

4. 扮演多重角色

网络广告传播是社会传播活动的重要组成部分,网络广告对象作为人民大众,在参与社会传播活动特别是大众传播活动的时候,进入了网络广告传播领域。因此,网络广告对象必定会是多种社会角色的扮演者,这些角色主要包括:

(1) 社会成员。网络广告对象首先是生活在社会中的人,与其他人之间发生着各种各样的关系。在特定的社会环境中生活,网络广告对象有其自身的社会角色,产生相应的社会心理与行为。在研究网络广告对象的时候,必须将其与社会角色联系起来考虑。

(2) 消费者。网络广告对象是市场活动的主体,是市场活动的中心。企业组织生产、开发产品和劳务,都是以广大消费者为中心,为消费者群体服务的。为了满足个人生活的需求,消费者需要进行消费活动,也希望得到商品、劳务等种种信息。网络广告传播便是将网络广告信息传播给消费者。消费者通过网络广告可以获取有效的商品信息。同时,消费者也是网络广告信息的理想的沟通对象。

(3) 网络广告媒体受众。一般来说,网络广告信息是网络广告对象在接触网络广告媒体的过程中接收到的,所以,只有在扮演网络广告媒体受众的角色的时候,才能进入网络广告对象这一角色。网络广告媒体受众对网络广告媒体的需求、接触网络广告媒体的习惯、通过网络广告媒体获取信息的行为方式等,是影响其能否成为网络广告对象的重要因素。

第二节　网络广告受众心理

随着网站的不断增多,信息量的不断增大以及电子商务活动的日益频繁,对传播媒介、社会企业、广告人及受众都将会是一个非常重要的问题。网络广告必将成为一种主要的广告形式之一,基于网络广告最具特质的双向交互传播模式,受众的地位有了前所未有的提升。

网络广告是一种以消费者为导向,个性化的广告形式。消费者早已不是简单的被动接受者,而是主动的选择自己所需广告信息的消费者。消费者可以根据自己的要求、喜好,选择是否接受以及接受哪些广告信息。

以前,我们往往把广告的效果简单地等同于它的制作过程,而忽视了受众对它的接受过程,或者忽视了受众在接受广告方面的特殊心理。对于网络广告来说了解受众对于广告的接受心理,更是开展网络广告的前提。

一、网络广告受众心理与内涵

网络广告在互联网发达的时代,它的受众不同于其他的传统广告媒介。正是因为有了这种不同,网络广告的受众也就有了其特殊的属性以及内涵,那么网络广告的受众心理研究则需要从它的内涵以及发展层次去解析。

1. 网络广告受众心理

网络广告具有着特殊的属性,因为它比较传统广告更具有生动性,形象性,但是恰恰由于它的形象生动,可比性,可选性等特点决定了网络广告本身受到的制约也非常大,比如:在网络广告中,它不具有强制的接受性,引起受众心理反感的情况下,会选择停止阅读或者转向选择。再加上网络广告的本身人群定位比较高,属于高知,高资,高消费群体,那么其心理的要求也就相对比较高,比如他们更注重心理愉悦,更注重个性的体现,更注重商品的人性化,在注重商品人性化的同时他们对广告的要求就更加严厉地归纳为对网络广告的满意度。因此网络广告受众心理是为满足消费者可比性告知需求的广告传播信息心理。随着网络广告的不断发展，互联网的多种技术形式的产生与完善，网络广告的受众面会更加广泛，心理也会不同，但是满意度最终还是考量网络广告受众心理的一个重要标准，也是网络广告受众心理的一个内化概念。

2. 网络广告受众心理的内涵

广告的形式尽管带不来直接的经济效应，但是广告形式却能为消费机会提供决策，为消费者给予指导，同时能够激发消费者的购买欲望。因此就有必要认识与了解网络广告的内涵。其一，网络广告受众心理会随着市场的不断变化而变化，他们的视野会更加开阔；其二，网络广告的受众心理对于传播途径的选择没有可比性，也就是说其广告平台比较单一，需要应对消费者的多种心理需求，那么就需要网络广告的制作更加注重广告模式的效果，包括迎合消费者心理需求的要求也就随之提高；其三，网络广告诉求目的比较明了，因此心理感染能力要加强，甚至要具备相互影响的作用力。

二、网络广告对受众信息行为的影响

网络广告和其他形式的广告一样，其说服影响消费者有一个重要的 AIDMA 法则，即受众会经历这样一个心理变化流程，从注意到广告信息开始产生兴趣，广告信息触及消费者的需求或欲望，相关的感觉和情绪在消费者头脑中形成一定的记忆并在消费者有相关产品需求时促使消费者采取一定的购买决策行为。

1. 网络广告信息内容更好地获得受众关注和理解

网络广告形式多种多样，越来越追求个性、互动性以及趣味性，广告信息具有极强的针对性和精确性，由此给受众带来更大的冲击和立体化的信息渗透。此外，在网络广告信息传播中受众不是被动的而是处于信息传播的中心位置，具有极强的选择权和主动权。在传统广告信息传播中广告受众对于他们不感兴趣的信息往往进行"过滤"或"屏蔽",广告注意力度差;而在网络广告中广告受众充分掌握自主权,对丰富多彩且针对性强的广告给予更多的关注,缓解或避免了消费者可能对品牌产生的抗拒心理,同时网络提供的交流平台促进了消费者对于品牌信息的理解和接受。

2. 影响消费者消费信念和记忆的形成

在传统广告中虚假广告问题日益突出,越来越来的消费者选择网络来获取广告信息,消费者强烈的主动性及强大的信息量使网民能方便、快捷地对网络广告信息进行分类和识别,从而产生较好的心理反应。互联网承担的是一个小众媒体的角色,网罗了形形色色有着共同喜好和需求的消费者,企业在此基础上搭建起的广告沟通平台,如网络社区、博客等,迎合了消费者个性化选择的信息需求,也改变了消费者的信息行为,强化了消费者的信息认知习惯,并积极传播和分享自我品牌体验。在亲身体验和与众多"同类"及相关产品的意见领袖的沟通之后,网络广告信息往往可以进入受众的记忆系统和品牌待选范围,受众由此形成的消费信念会更加清晰、坚定和积极。

3. 加速消费者的购买决策行为

网络广告向具有相似爱好、生活观念和价值观的消费者传递信息,大大提高了广告信息传播的精准性,更能打动、吸引消费者,激发消费者的购买激情和购买决策行为。网络广告可以进一步提供品牌、商品的详细信息,从而吸引人们仔细研究某种产品,并通过相关链接提供信息交流的平台、购买服务以及售后服务,弥补了传统广告信息传播中广告信息传递和消费购买行为之间在时间和空间上的分裂性,使两者能有效衔接起来,消费者的购买决策行为更为直接、快速、有效。

三、受众对网络广告的接受过程

从受众对广告的接受过程看,其心理反应,可以分为以下几个阶段:感知、接收、记忆、态度、行为。

1. 感知

感知是广告对于受众产生效果的首要环节,一般只有让人们知道一个广告的存在,才会引起接下来的各种反应。在这方面,网络广告既有优势又有劣势。

允许受众拉出信息一向被认为是网络的最大优点之一,网络广告也就顺理成章地遗传了这一基因。但是,事实却提醒我们需要被"拉出来"的广告实在是很难让人"感知"的。指望人们在时间就是金钱的网上,注意到每一个广告是不现实的。这方面传统媒体的广告就要好得多,即使是人们一看到广告就开始换台或者上洗手间,那种强制性也是不可忽视的。事实上接受广告时引起受众的不快其本身就是一种刺激。而人们接下去的反应正是在感知到广告的前提下进行的。"弹出式"广告是网络广告对传统强制性广告的一个抄袭,但是它的缺点也是明显的,如果身手不够敏捷以至于大部分人都可以在窗口弹出来的同时就取消了这一广告。当然,也有些窗口做得很牢固,让受众无论如何也关不掉,这样反而造成受众的逆反心理,根本谈不上有什么效果可言。

网络广告最大的优势是赏心悦目,可以采用文字、图片、色彩、动画等形式,又可以采用电影、三维空间展示等形式,将产品的外观、性能、用途、使用方法、价格、购买方法等信息一览无余地展现在用户面前。网络广告制作集声、像、动画于一体,受众既可以像广播、电视一样得到听觉与视觉的刺激,又可以获得阅读报刊、杂志等平面广告的感受。如现在网上常用的FLASH动画便是一种很有效的广告表现手法。

2. 接收

接收是广告流向人们的过程，也是人们理解广告内容、了解产品的过程。传统平面广告的感知与接收是同一的。而在网络广告中接收却往往需要附加动作。例如，点开链接，有时这个过程还需要多个步骤。虽然广告创意者极力要吸引受众跟踪下去，但受众的耐心未必那么持久。它过于逻辑，而忽略了人们的心理，往往不是由逻辑决定的这一点。不过这样一来目标受众就可以按自己的需要主动搜寻信息并且有选择地观看网络广告，还可以借助网络与广告的发布者进行直接的交流，广告发布者也可据此实现客户定制等功能，从而既提高了网络广告的吸引力又可获得较好的广告效果。

3. 记忆

人们知道对于广告信息的记忆是消费者思索消费，做出购买决定过程中不可缺少的条件。因为，在大多数情况下消费者接受了广告传递的信息之后，即使对此广告产生良好印象一般也不会立即去购买，如果广告组成元素难以使其产生记忆，消费者对这则广告很快就会遗忘，这则广告的刺激功能就不能充分发挥，广告效果也必然达不到理想。因此，在广告创作之中有意识地运用心理学的记忆规律，增强广告的记忆效果就显得必要而且必需。受众对传统广告的记忆是靠其"反复性"而加深的。网络广告的反复刺激性则要差得多。网络是一个信息泛滥的地方，一条旗帜广告在互联网上放置一个星期就足以让人熟视无睹。而"记忆"却正是树立"品牌"的一个重要因素。从这方面看，网络广告对于树立品牌所能起的作用是有限的。

4. 态度

网络广告受众对于广告的态度可以分为两个方面，一方面是受众对广告产生的态度；另一方面，则是其对产品的态度。值得注意的是这两种态度之间不一定存在"正相关"关系。喜欢广告，不一定就会喜欢产品，反之亦然。因为，对广告的态度是一种审美；而对产品的态度则是一种功利。态度变化是消费者产生购买行为的基础，一般都是受众对广告诉求点的态度向有利于购买的方向变化才最终产生了购买行为。受众对广告的态度是个既成结果，处于相对静止的状态，而态度的改变是一动态过程。因此，广告要改变受众的态度就不能仅仅局限于受众对广告的认知、情感、和行为这三个成分上，应把广告宣传当成一个与受众沟通的过程，从广告沟通的来源，沟通的性质以及沟通的目标入手，实现对受众态度的改变。从态度层面看网络广告最重要的是更多地引起人们的兴趣，这正是网络广告的优势所在。

5. 引起行动

能够引起网络广告受众的最终购买行动是网络广告的最终目的。但是，网络广告引起的购买行为不是很多，很多网民对网上看到的广告的准确性抱着怀疑的态度，"行动"与前面的几个状态没有必然的联系。人们是否会采取购买行为并不完全取决于是否记住了某个产品，也不取决于对广告或产品的感情。事实上，人们在现实世界购买时"情境"所起的作用往往要胜过广告的作用。例如，争相抢购所引起的好奇、从众心理，货源匮乏时引起的竞争心理，打折、优惠所带来的满足感。

网络广告的优势之一是可以把购买行为直接引入到广告的接收过程。这时，营造"情境"也就成为一项重要任务。"情境"的作用是要弥补网络广告在导致"记忆""态度"方面的不足。使得人们在还来不及记住某个品牌，或来不及考虑自己的态度时就发现产品已在眼前。如果人们的确有这方面的需求，那么购买也就变得顺理成章。

四、网络广告受众心理分析

网络广告是一种以消费者为导向，个性化的广告形式。消费者不是简单地被动接受,而是主动地选择。任何一则广告都是通过影响受众心理发生作用的,从而启迪受众或引发受众的购买行为。消费者可以根据自己的要求、喜好,选择是否接受以及接受哪些广告信息。以前,我们往往把广告的效果简单地等同于它的制作过程,而忽视了受众对它的接受过程,或者忽视了受众在接受广告方面的特殊心理。

(一) 网络广告受众的心理特征

作为网络广告的受众,有其独特的心理特征,主要表现在以下几个方面。

网络广告的受众群体具有年轻化的特征,而年轻人的心理特征导致受众群对事物接受能力比较超前,又有一定的收入保障,在消费潮流中比较活跃,他们不固定于传统的销售模式与广告形式,因此网络广告的受众人群更加注重在消费过程中个性的需要,同时网络广告受众更注重通过网络广告的体验性与生动性来感受广告中的商品。在网络广告传播效果好的情况下,网络广告的受众则可能把这种体验传播给更多的网络受众,可以说网络广告的受众人群是一个极具传播效率的人群,同样也可以理解成网络广告的一大特点。

1. 网络广告受众的猎奇心理

猎奇心理也称喜新心理,是一种直接兴趣,不需引导即可产生一种关注与感兴趣的心理指向,网络广告不仅传递商品信息而且还传递各种政治信息、社会生活信息、文化信息等,网络广告要运用心理影响技巧强化广告设计作品的心理感染力,既要新颖独特,界面漂亮且有着较好的视觉效果,又要有趣味性、能与受众产生互动,使受众在互动过程中不知不觉地接受广告宣传,满足人们的好奇心理,充分引发受众的兴趣,吸引消费者进而产生购买欲望和行为。

2. 网络广告受众的方便、快捷心理

著名的广告大师奥格威曾强调:"广告不应该视为一种艺术形式的表现,做广告是为了销售产品,否则就不是做广告"。广告最终目的是激发消费者的购买欲望,从而产生购买行为。网络广告作为一种广告载体和媒体,可以提供给网络广告受众的是一种方便、快捷、高效的信息以及购买心理行为,满足消费者的欲望,使其行动落实。如在网络上出现百威啤酒的广告,点击即可参加抽奖活动,这样的广告行为对于受众来说是很快捷的参与方式,在线几秒钟就可以得知自己是否中奖,无须通过传统的邮寄等方式参与活动,使受众的参与性大大提高,广告宣传的目的得到体现。

3. 网络广告受众的急躁心理

一般浏览网络信息都需要付费,如果网页以及网络广告出现速度过慢就会影响到受众的心理情绪而产生急躁心理,在此种状态下受众自然没有心情去关注与自己关系不大的广告。因此网络广告的制作需要充分考虑广告数据大小和在网页中的位置,以起到较好的视觉效果。

(二) 网络广告受众的感知心理

感知是广告对于受众产生效果的首要环节,一般只有让人们知道一个广告的存在,才会引起接下来的各种反应。在这方面网络广告既有优势又有劣势。允许受众拉出信息一向被认为是网络的最大优点之一,但是可以肯定的是网络广告这一优势在很大层面上使广告信息更加生活化,受众不仅可以通过视频体验商品信息来了解商品,更可以建立一种感性与理性相互衔接的思考方式。在消费过程中这种思考对于消费者心理是一个最大的保护。同时网络广告最大的优势是赏心悦目,可以采用文字、图片、色彩、动画等形式,也可以采用电影、三维空间展示等形式将产品的外观、性能、用途、使用方法、价格、购买方法等信息一览无余地展现在用户面前。在购买过程中受众的感知具有很强烈的优越感。

(三) 网络广告受众的接受心理

消费者的接受心理是广告传播给人们的过程，是人们理解广告内容、了解产品的过程。传统平面广告的感知与接收是同一的。而在网络广告中接收却往往需要附加动作。例如，点开链接，有时这个过程还需要多个步骤。虽然广告创意极具诱惑，但受众的耐心未必那么持久。它过于逻辑而忽略了一点，人们的心理往往不是由逻辑决定的。但是在网络广告中我们也看到了很多迎合了消费者消费心理的广告，如视频形式、弹出广告等等，最为主要的是网络广告可以根据消费者的消费心理为他们量身定做广告，他们可以通过固定的信息模式搜寻自己所需要的商品，这种方式使消费者的需求心理与商品的诉求点很快地就结合在了一起，有选择地观看网络广告，且可以借助网络与广告的发布者进行直接的交流，广告发布者也可据此实现客户定制等功能，从而既提高了网络广告的吸引力，也获得较好的广告效果。

(四) 网络广告受众的记忆心理

我们知道对于广告信息的记忆是消费者思索消费的依据，也是他们做出购买决定不可缺少的条件。因为，在大多数情况下消费者接受了广告传递的信息之后，即使对此广告产生良好印象，一般也不会立即去购买，如果广告组成元素使其产生记忆，那么就可能形成消费行为。在网络广告的传播与制作过程中记忆心理首先是信息传递的一个诉求目标，其次是消费者的购买欲望的表现，那么在探索受众心理的过程中，强化网络广告给予消费者的记忆心理也就非常关键。

第三节 网络广告受众的接受意识

网络广告受众的心理状态包括他们的购买动机、需求动机、心理动机以及他们的性格特质等，了解这些对于网络广告主题的确定、挖掘网络创意有重大帮助。一般来说，网络广告受众包括整个上网用户，或者是所有网络潜在的消费者。因为，网络人员的复杂性、地域的分散性以及上网用户的极具个性的特点决定了网络用户的不可分性，他们应该作为一个整体进入我们的视野，需要对其进行整体研究。

一、网络广告受众的购买心理

（一）网络消费者的购买动机

所谓动机，是指推动人进行活动的内部原动力（内在的驱动力），即激励人行动的原因。人只要处于清醒的状态之中，就要从事这样或那样的活动。无论这些活动对主体具有多大的意义和影响，对主体需要的满足具有怎样的吸引力；不论这些活动是长久的还是短暂的它们都是由一定的动机所引起的。网络消费者的购买动机是指在网络购买活动中能使网络消费者产生购买行为的某些内在的驱动力。

动机作为一种内在的心理状态，虽不容易被直接观察到或被直接测量出来但它可根据人们长期的行为表现或自我表述加以了解和归纳。对企业促销部门来说，通过了解消费者的动机就能有依据地说明和预测消费者的行为，采取相应的促销手段。而对网络促销来说动机研究更为重要。因为网络促销是一种不见面的销售，网络消费者复杂的、多层次的、交织的和多变的购买行为不能直接观察到，只能够通过文字或语言的交流加以想像和体会。

网络消费者的购买动机基本上可以分为两大类：需求动机和心理动机。前者是指人们由于各种需求，包括低级的和高级的需求而引起的购买动机；后者则是由于人们的认识、感情、意志等心理过程而引起的购买动机。

(二) 网络消费者的需求动机

研究人们的网络购买行为，首先要研究人们的网络消费购买的需求动机。

1. 传统需求层次理论在网络需求分析中的应用

在传统的营销过程中需求层次理论被广泛应用。需求层次理论是研究人的需求结构的总结，它是由美国心理学家马斯洛在1943年出版的《人类动机的理论》一书中提出来的。马斯洛把人的需求划分为 5 个层次：生理的需求、安全的需求、社交的需求、尊重的需求和自我实现的需求。马斯洛的需求层次理论对网络消费需求层次分析也有重要的指导作用。

2. 现代虚拟社会中消费者的新需求

马斯洛的需求层次理论可以解释虚拟市场中消费者的许多购买行为。但是，虚拟社会与现实社会毕竟有很大的差别，马斯洛的需求层次理论也面临着不断补充的要求。虚拟社会中人们联系的基础实质是人们希望满足虚拟环境下 3 种基本的需要，即兴趣、聚集和交流。

(1) 兴趣。分析畅游在虚拟社会的网民可以发现，每个网民之所以热衷于网络漫游，是因为对网络活动抱有极大的兴趣。这种兴趣的产生主要出自于两种内在驱动：一是探索的内在驱动力。人们出于好奇的心理探究秘密，驱动自己沿着网络提供的线索不断地向下查询，希望能够找出符合自己预想的结果有时甚至到了不能自拔的境地。二是成功的内在驱动力。当人们在网络上找到自己需求的资料、软件、游戏，或者打进某个重要机关的信息库时自然会产生一种成功的满足感。

(2) 聚集。虚拟社会为具有相似经历的人们提供了聚集的机会，这种聚集不受时间和空间的限制并形成富有意义的个人关系。通过网络而聚集起来的群体是一个极具民主性的群体。在这样一个群体中所有成员都是平等的，每个成员都有独立发表自己意见的权利，使得在现实社会中经常处于紧张状态的人们渴望在虚拟社会中寻求到解脱。

（3）交流。聚集起来的网民，自然产生一种交流的需求。随着这种信息交流频率的增加，交流的范围也在不断地扩大，从而产生示范效应，带动对某些种类的产品和服务有相同兴趣的成员聚集在一起，形成商品信息交易的网络虚拟社会。在这个虚拟社会中参加者大都是有目的的，他们所谈论的问题集中在商品质量的好坏、价格的高低、库存量的多少、新产品的种类等；他们所交流的是买卖的信息和经验，以便最大限度地占领市场，降低生产成本，提高劳动生产率。对于这方面信息的需求人们是永无止境的。

（三）网络消费者的心理动机

网络消费者购买行为的心理动机主要体现在理智动机、感情动机和惠顾动机3个方面。

1. 理智动机

这种购买动机是建立在人们对在线商场推销的商品的客观认识基础上的。众多网络购物者大多是中青年，他们具有较高的分析判断能力。他们的购买动机是通过反复比较各个在线商场的商品之后才做出的，对所要购买的商品的特点、性能和使用方法早已心中有数。理智购买动机具有客观性、周密性和控制性的特点。在理智购买动机驱使下的网络消费购买动机，首先注意的是商品的先进性、科学性和质量高低；其次才注意商品的经济性。这种购买动机的形成基本上受控于理智而较少受到外界气氛的影响。

2. 感情动机

感情动机是由人的情绪和感情所引起的购买动机。这种购买动机还可以分为两种形态：一种是低级形态的感情购买动机，它是由喜欢、满意、快乐、好奇而引起的，一般具有冲动性、不稳定性的特点；一种是高级形态的感情购买动机，它是由人们的道德感、美感、群体感所引起的，具有较大的稳定性、深刻性的特点。由于在线商场提供异地买卖送货的业务大大促进了这类购买动机的形成。

3. 惠顾动机

这是基于理智经验和感情之上的，对特定的网站、图标广告、商品产生特殊的信任与偏好而重复地、习惯性地前往访问并购买的一种动机。惠顾动机的形成经历了人的意志过程。从它的产生来说或者是由于搜索引擎的便利、图标广告的醒目、站点内容的吸引；或者是由于某一驰名商标具有相当的地位和权威性；或者是因为产品质量在网络消费者心目中树立了可靠的信誉。这样，网络消费者在为自己做出购买决策时心目中首先确立了购买目标，并在各次购买活动中克服和排除其他的同类水平产品的吸引和干扰，按照事先计划的购买目标实施购买行动。具有惠顾动机的网络消费者往往是某一站点的忠实浏览者。他们不仅自己经常光顾这一站点，而且对众多网民也具有较大的宣传和影响功能，甚至在企业的商品或服务一时出现某种过失的时候也能予以谅解。

二、网络消费者需求特征

由于互联网商务的出现，消费观念、消费方式和消费者的地位正在发生着重要的变化，使当代消费者心理与以往相比呈现出新的特点和趋势。

1. 个性消费的回归

在过去相当长的一个历史时期内，工商业都是将消费者作为单独个体进行服务的。在这一时期，个性消费是主流。只是到了近代，工业化和标准化的生产方式才使消费者的个性被淹没于大量低成本、单一化的产品洪流之中。然而，没有一个消费者的心理是完全一样的,每一个消费者都是一个细分市场。心理上的认同感已成为消费者做出购买品牌和产品决策的先决条件,个性化消费正在也必将再度成为消费的主流。

2. 消费需求的差异性

不仅是消费者的个性化消费使网络消费需求呈现出差异性,不同的网络消费者会因为所处的时代、环境的不同而产生不同的需求;不同的网络消费者在同一需求层次上的需求也会有所不同。所以,从事网络营销的厂商要想取得成功,必须从产品的构思、设计、制造,到产品的包装、运输、销售,都应该认真思考这种差异性,并针对不同消费者的特点采取有针对性的方法和措施。

3. 消费主动性增强

消费主动性的增强来源于现代社会不确定性的增加及人类追求心理稳定和平衡的欲望。网上消费者以年轻人为主,一般经济收入比较高,因此,主动性消费是其特征。

4. 对购买方便性的需求与购物乐趣的追求并存

在网上购物,除了能够完成实际的购物需求以外,消费者在进行购物的同时还能够得到许多信息并享受各种在传统商店没有的乐趣。另外,网上购物的方便性也会使消费者节省大量的时间和精力。

5. 价格仍然是影响消费心理的重要因素

正常情况下网上销售的低成本将使经营者有能力降低商品销售的价格并开展各种促销活动给消费者带来实惠。例如,亚马逊书店比市场价低 15%~30% 的书价对消费者具有很大的吸引力。

6. 网络消费仍然具有层次性

网络消费本身是一种高级的消费形式,但就其消费内容来说仍然可以分为由低级到高级的不同层次。在网络消费的开始阶段,消费者侧重于精神产品的消费;到网络消费的成熟阶段,消费者在完全掌握了网络消费的规律和操作并且对网络购物有了一定的信任感后,才会从侧重于精神消费品的购买转向日用消费品的购买。

7. 网络消费需求的超前性和可诱导性

根据中国互联网络中心 CNNIC 的统计,在网上购物的消费者以经济收入较高的中、青年为主,这部分消费者比较喜欢超前和新奇的商品,也比较注意和容易被新的消费动向和商品介绍所吸引。

综上所述,网民是一个比较特殊的人群,在基本特征、行为特征、心理特征等许多方面都值得我们认真研究,慎重对待。况且中国网民确是一个不断扩张的人群,扩张速度惊人。

第四节 网络广告受众逆反心理

一、网络广告受众的逆反心理及其表现

在形形色色的网络广告面前,受众却表现出特有的逆反心理和行为,最明显的就是受众对网络广告的排斥和对抗。在心理学中,逆反心理是一个很重要的概念,它是指社会个体对外界引导在态度方面的非常规性质的逆向反应,属于态度范畴。个体对于应该接受的外界引导却持有与常规条件下相悖的态度反应,如怀疑、怨恨、抵触等态度,这些都是逆反心理的主要表现形式。在传播学中,受众的逆反心理用"文化研究"学派代表人物斯图亚特·霍尔的"编码/解码"理论来解释,就是对抗式的解码方式。霍尔认为,在大众传播中,受众是具有能动性的可以进行选择的积极主体。他根据三种假想的受众解码立场推导出了三种解读方式。第一种是倾向式解读(preferred reading)。在这种方式

中,受众直接从文本中获取传播者想要传播的意义,即根据编码的规则来解码讯息。第二种解读方式是协商式解读（negotiated reading）。这种方式混合了相容因素与对抗因素,它既认可主导的符码,却也不放弃自身的规则,持一种有保留的赞成态度。第三种则是对抗式解读（oppositional reading）。解码者并不以编码者的规则来进行解读,而是以一种全然相反的方式去解码信息。对抗式解读导致的是编码者的传播意图被颠覆。很明显,网络广告受众的逆反心理属于对抗式的解码方式。即网络受众看到一个网络广告不是像网络广告主所想象的那样欣然接受并点击浏览,而是产生排斥心理并采取进一步的行为,即马上将其关闭或从相反的方向去解读。这样,所要传播的广告信息就不能有效到达,整个传播效果就归零甚至会产生负面影响。

大众传播中的受众逆反心理分为三种:一是评价逆反,即受众对传播的事实判断或价值判断与传播者所持的判断呈相反性趋向;二是情感逆反,即传播者在传播中所蕴含和表现的情绪或情感不仅未被受众所接受,而且激起受众的反感;三是行为逆反,即传播者企盼受众采取某一种行为,受众却反其道而行之。根据逆反心理的三大类型及其表现,结合网络广告传播的具体特点,可归纳出网络广告受众逆反心理的三个特征:

1. 反射性

在网络广告传播中,受众的逆反心理不仅是一般地对传播者或传播内容表示不喜欢,不同意,而是对传播者或传播内容心存抗拒之心,表现为受众与传播者或传播内容相抵触,甚至"对着干"。

2. 情绪性

网络广告受众的逆反心理带有浓厚的情绪色彩,其形成的主要因素是情感成分;次要因素是认知成分,表现为不满、抵触、对立等情绪激烈的心理现象。

3. 持续性

即网络广告受众的逆反心理形成一种思维定势后，对后续相关和类似的传播者、传播内容和传播方式都会产生逆反心理。一个很明显的事例是，当受众深受某个网络广告的侵犯后看到类似的网络广告时将采取全然拒绝的态度。

逆反心理对网络广告受众的行为具有直接的影响。由逆反倾向产生的逆反行为与正常的消费行为有着明显的差异。通常，正常心理作用下的消费行为是消费者受到内外部因素的刺激产生需要，引发动机，驱动行为的结果。在网络环境下，如果机械性地、连续性地使用同样的刺激物，强度过大，时间过长，超过网络受众能够接受的限度就会引起反感、抵触、排斥的心理体验，消费者就会在逆反心理的驱使下改变行为的方向，进行相反的决策过程。

在逆反心理的作用下，网络广告受众对过度刺激加以认识并产生相反的心理体验，会对各种消费刺激做出否定的评价，进而重新探索可能选择的各种相反的决策方案，并从中确定与刺激方向相反的最佳决策，将反向的购买决策付诸实施。实际中，由于网络广告环境变化的多样性，导致逆反心理的形成原因、强弱程度不一，逆反行为的表现形式也是多种多样的。

二、网络广告受众逆反心理形成的原因

(一) 广告主：利益最大化与受众的非消极接受的矛盾

为了实现网络广告利益的最大化，网络媒体想尽办法优化页面广告位置、不断推出新的广告形式；网络广告代理公司则千方百计优化媒体组合方案、提高整体广告效果；网络广告主也不再看重广告显示量、点击率，而把首要问题锁定在"我的投资回报率是多少？"。

于是，在一片追求"广告效果"的呼声中，网络广告的形

式经历了一个巨大的变化。人们容易产生一个错觉，似乎网络广告形式越多越复杂，受众就越容易接受。

在网络广告的形式经历了一个多样化的发展过程后，网络广告形式并未如网络广告主期许的那样给受众带来新鲜感并因此增加点击率，从而实现利益的最大化。相反，受众的反感情绪与日俱增。在广告形式中，弹出窗口广告会主动弹出广告窗口；全屏式广告则在网络受众打开浏览页面时以全屏方式出现3~5秒，然后逐渐缩成普通的 Banner 尺寸再进入正常阅读页面，有些网上声音广告则会在网络受众毫无心理准备的情况下出现，甚至会使其受到惊吓。据中国互联网络发展状况统计报告显示，关于用户对互联网最反感的方面，弹出式广告窗口由于增加了用户的麻烦程度成为仅次于网络病毒而最让网民产生反感。

电子邮件广告也是一个日益发展的网络广告形式。许多人都深受电子邮件广告的骚扰。只要电子信箱地址被广告发布者知晓，用户就无法拒绝。有数据显示，每年我国电子邮件500亿封，其中垃圾邮件300亿封，占六成以上，而目前我国网民每周收到的垃圾邮件平均就有20封左右。在这些五花八门的垃圾广告冲击下，网络受众很难分清"鲜花"与"毒草"，而只有被动"挨打"的份，其逆反心理自然逐渐形成。

随着网络广告技术的发展，广告制作的形式更加多样化，但是并不等于解读的方式和效果会必然得到提高。根据"使用与满足"理论，受众对媒介的使用并非消极被动地接受，而是主动积极地去选择，其目的是为了得到需求的满足。事实上，只有当网络受众有需要的时候才会去看广告，这时的广告才可以达到对消费者近乎100%的劝导。

（二）网络媒介：网络广告传输中的受众浮躁心态

在目前网络带宽尚未普及的情况下，网络拥堵现象比较严重。网速太慢自然会影响网民对信息的浏览速度，再加上网络广告信息需要占用大量的资源，受众就会产生急躁心理，自然没有心情去点击与自己关系不大的网络广告。目前最常用的网络广告形式有旗帜广告、按钮广告、漂移广告、文字链接广告等，这些广告很容易湮没在色彩斑斓的背景网页中。另外，网络广告的投放位置也极为有限，重复次数也不能无限增加，用动画表现的网络广告网民们更是司空见惯，几乎到了熟视无睹的程度。调查表明，绝大多数网民不会长时间地阅读同一页面，即使在同一页面阅读也会不停地上下滚动屏幕。如果在5秒之内不能获得网民的注意，页面上的广告区域就成了视觉盲点。网速慢造成的网络拥堵、网络广告尺寸小不易被识别等都是目前网络广告传输中亟待解决的问题。

网上广播、线上电影、网上音乐商店、各大网站的视频点播和网上直播，流媒体在如今的互联网上无处不在。虽然流媒体技术带来了一种非线性的互动收视方式，但是，对于大多数人来说，使用网络所需要的设备条件、经济能力和技术知识都限制着他们接触流媒体的机会。流媒体赖以生存的计算机、互联网和宽带技术普及都需要一定的时间。而目前存在的网络延时状况会影响数据包的传输，导致画面、声音抖动、停顿等问题，严重影响收看的质量。在这样的情绪体验下，受众往往把注意力集中到自己的需要上，而可有可无的其他信息就被抛弃到注意范围之外。

（三）网络受众的不信任感：安全、欺诈和隐私

1. 基于电脑安全而对广告间谍程序的防范

在网络生活中，网络受众在不知不觉中会遭受到广告间谍程序的侵扰。这类软件能捕获计算机相关数据，如操作系统、服务器以及密码、信用卡号和其他机密数据。同时，间谍软件还会大量消耗计算机的资源，导致计算机崩溃，并使网络受众淹没在网络广告的汪洋大海中。在网络受众打开一个页面、安装一个软件接收一封邮件的时候，一些带有潜在威胁的广告就已经潜入电脑

了。

2. 网络受众对带有欺骗性质的广告内容和链接服务的抵制

目前比较常见的带有欺骗性质的内容包括：夸大失实的网络广告，如对商品的质量、成分、性能、用途及生产者做夸大、虚假宣传而引人误解，虚假的网络广告一般是指其内容与实际情况不符的广告，以网络新闻的形式发布的广告，抄袭或模仿他人网站内容的网络广告，这是一种明显的搭便车行为，除了可能侵犯网站版权之外，也是一种通过混淆视听达到提高点击率目的不正当竞争行为。此外，许多网站为增加本网页的点击率，都提供了链接服务。正常的链接是受欢迎的，但以下几种则不受欢迎：①当网络受众链接时打开的不是网络受众想要打开的网页，而是提供链接服务的网站的广告。②利用超链接跳过他人站点的网页，直接访问站点的重要内容，网络受众就不会接触他人站点的广告，从而造成被链接站点的经济损失。③利用超链接将他人网页上的内容作为自己网页的一部分，网络受众就误认为阅读内容为当前网页提供。

上述网络广告在网络上十分常见，加上病毒的肆虐横行，使网络受众对网络广告的不信任感日益加深，久而久之就对网络广告产生逆反心理。

（四）网络广告内容：缺乏创意

广告创意是对广告战略、策略和广告运作各个环节的创造性构想。广告诉求与广告表现是广告创意的两大构成要素。新闻传播中受众总是对多样化的内容和形式感兴趣，而对简单呆板的内容形式表现出逆反心理，我们把这种逆反心理称为单一逆反。但是，很多网络广告的诉求与表现常常出现错误或不协调，形式缺乏美感从而导致单一逆反。

三、网络广告受众逆反心理的调适策略

因为网络广告具有非强迫性,受众可以根据自己的选择接收广告信息,一旦消费者做出点击广告条的选择,其心理上首先已经认同,在随后的双向交流中,广告信息可以毫无阻碍地进入消费者的心理,实现对消费者的劝导。因此,必须掌握消费者的逆反心理特点及其运动规律,对受众的逆反心理加以调适控制。

1. 科学引导,及时避免并扭转网络受众逆反心理

首先,根据网络广告受众的感受限度,调节刺激量和强度,及时采用引导和调节措施,力求在萌芽阶段使逆反心理得到扭转。其次,对网络广告内容、广告频率和密度要适当安排。在网络广告内容上,要从受众的正当需求出发,而不是刻意迎合受众的低级趣味。在广告频率和密度上不一定要求"多"和"密",要有针对性,注重与受众建立长久的网络关系。再次,树立网络广告的权威性,促进传统媒体与网络媒体整合。发挥传统媒体的优势,利用网络媒体的特长,保持媒体间良好的竞争与合作,是未来网络的发展之路,也是未来传统媒体的发展之路。由于大部分网络媒体的权威性相对较差,网络经济受"虚拟"经济的影射,网络广告的信息被广告对象置疑,不易记忆。如果能够充分发挥传统媒体和网络媒体的特点,使之形成优势互补,消除网络受众的不信任感,就能达到比较理想的效果。

2. 多级监管,规范网络广告环境

逆反心理往往能左右人们的思维路线。受众一旦产生逆反心理就会对所有的网络广告产生怀疑。如不制定相关法律,诸如"邮件炸弹"、不良意识或恶意诋毁等内容的广告将可能影响网络广告的生存。针对这些问题,应当采取以下对策:首先,建立多级监督机制,从源头加强网络监管。第一,加强对ISP和ICP的管理。对ISP和ICP的管理是网络运作与管理的重要环节,加

强对它们的管理，能从技术上和管理模式上尽可能减少违法广告的出现。第二，加大对互联网上的广告经营者、广告发布者和广告主等的管理。第三，针对不同的广告发布对象进行灵活的管理，保持网络广告的优越性。最后，要加强对广告监管机关管理人员的培训。其次，逐步完善法律体系，做到有法可依，创造一个正规有序的网络环境，增加网络受众的信心。再次，推动"网络文明工程"的建设。法律终究不能解决所有矛盾，诸如如何保护网民隐私权之类的问题最终要依靠业界的合作与协同，比较可行的方法是开展"网络文明工程"。一方面，要建立网上健康、文明的道德规范，积极开展各种网上健康活动，在全社会形成文明上网的风气。另一方面，加强对网络文化的跟踪调查和理论研究。教育界、学术界要大力开展对网络文化的研究，研究网络对网民尤其是年轻人的心理和意识形态上的影响，培养出研究网络文明的网络文化学家、网络心理学家、网络理论学家。最后，加强全球化背景下的国际网络广告协作。全球化无疑是当今时代最显著的特征之一，网络广告信息的传播，必然会造成国家之间的法律冲突，只有加强国际协作，互相协商，制定全球性的规则，网络广告的问题才可能从根本上得以解决。

第五节 针对受众心理的网络广告策略

在网络广告传播中，不仅要了解受众心理，还要针对受众心理基本特点采取相应的广告策略，运用心理影响技巧强化广告作品的心理感染力，进而提高广告宣传的市场冲击力。根据网络广告受众心理可以提出以下几种网络广告策略。

一、交互式广告策略

互联网突破了传统媒体单向传播的局限,为受众与媒体间的双向交流提供了可能。受众不再是被动的接受者,他们也可以发布信息,可以主动寻找信息并且对信息做出回应等。在各娱乐性、综合性网站上发布的图标广告、旗帜广告以及其他广告形式可采用设置悬念或诱导性、号召性语言与形式,引发访问者的点击与参与。很多广告主运用网络广告并不满足于仅仅提升品牌的知名度,传播品牌形象,而在于增加与受众的沟通,提高传播效果。

二、定向传播策略

把生动的网络广告放在能吸引某些特定细分市场的站点上,对提高企业或品牌知名度非常有效。尽管网络空间十分广阔但还是可以细分成很多部分,这些细分的受众有特殊的兴趣与需要,给定向传播提供了更精确的传播途径。

三、增值传播策略

把网络广告由"线上"做到线下,通过对受众心理需求的了解,不难发现网络广告由网络做到消费环节的机会,因此在广告的制作与发布过程中从业人员应当通过广告的宣传作用,量身制定一些与销售相关的促销活动,使广告本身增值,同时也使商品的传播更加广泛。

四、发布时机选择策略

在网络广告的发布过程中发布时机的选择也是非常重要的。尽管网络广告的发布不受时间、空间的限制,但是在受众的接受时效上来看,广告类型与广告接受时间要协调,只有广告时间与消费者的需求心理接近,网络广告才可能起到更好的作用。网络广告在我国才逐渐起步，而伴随着网络的推广与普及，网络广告的作用也越来越大。因此在网络广告的制作与发布过程中从业人员不仅要掌握网络广告的受众心理，而且要依据网络广告受众心理的特点，制定相对全面、系统的广告宣传策略；更要注重网络广告的特点，因势利导建立相互适应的广告传播规划；同时还要注意网络广告在传播中的传播效率，根据传播效率制定更加相互适应的传播方法，通过传播效果为依据做一些具体的促销活动，使网络广告最终由线上发展到线下。这样不仅能使网络广告有了一个更广阔的延伸空间，同时也是网络广告的商品无形中也形成了二次认知的可能。

五、受众的认知层面策略

在现今眼球经济的时代，"第一眼"效应越来越明显，这在网络之中尤其凸显。一则网络广告在浩如烟海的网络信息之中，如果不能成功地被受众选中并点击，那么接下来的广告认可、广告购买就无从谈起。因此，做好认知层面的传播策略起着至关重要的作用。

1. 充分利用网络自身优势，激发受众好奇心

网络最大的优点就是多媒体性。网络广告可以充分挖掘网络的自身优势，采用文字、图片、色彩、动画等多种形式，同时又可以采用3D电影、三维空间展示等更高级的形式，将产品的外观、性能、用途、使用方法、购买方式等信息直观清晰的展现给受众，给其以听觉、视觉等方面的强烈感受，激发其浓厚的好奇心，从而点击广告，完成认知层面的这个首要环节。

2. 制造悬念，欲扬先抑，引人入胜

在充分利用网络在形式方面的优势之外，要努力在内容上下功夫。制作诱导性的标题，播放引人入胜的音乐，增加网络广告的悬念；采用欲扬先抑的手段最大限度地消除受众观看广告的急

躁心理,从而引导受众参与和点击。

3. 细分受众市场,明确自身定位,实施精准营销

充分分析受众的心理、职业、学历、收入、年龄等方面的特征,按照受众社会阶层、生活方式或个性特征等把受众细分成不同的群体。根据不同的群体制作不同类型的广告并使用不同的方式,向各个群体的受众实施精准营销。

六、受众的情感层面策略

在受众充分认知广告之后,如何让其心中产生情感的变化并从内心之中接受该产品或服务,继而产生购买的欲望就成为网络广告传播策略的重要组成部分。

1. 提高广告文化品位,彰显广告高品质的定位

网络广告的受众具有年轻化、高知识、高收入及高素质等特征。因此,在策划、创意与制作网络广告时要坚决杜绝文化品位低劣的做法,应充分为作品添加富有情趣的文化内涵并融入更多的文化品位,这既能从视觉形式上改变广告传播商品信息的单一功能,赋予其文化传播的功能;又是对公众欣赏格调的尊重和适应,自然会赢得更多的欣赏,取得相同特征文化背景下受众的认同感。

2. 坚持以人为本的理念,增强广告的人情味

从东西方受众不同的文化背景角度出发,东方广告的受众喜欢体现浓厚的人情味和体现中国传统文化的广告。因此,制作和传播网络广告时要努力坚持以人为本的制作理念,充分研究东方人所特有的人情观,在创意的选取、讲述语言的方式、传播的手段等各个环节融入浓厚的人情色彩,并添加独特的中国元素,以情感人、以情动人,从而获得受众的情感上的认同和接受。

七、受众的行为层面策略

购买产品或者服务是整个广告操作过程的最后一步,也是最

重要的一步。在让网络广告受众充分认知并接受广告之后激发起他们的购买欲望，完成购买行为成为所有工作当中最关键的环节。

1. 坚持方便实用的原则，充分站在受众角度考虑问题

在渠道、价格、付款方式、邮寄、反馈等环节上坚持方便实用的原则努力为受众考虑，在不影响其生活工作和满足其基本需要之余使其充分享受购买的乐趣。

2. 利用网络自身优势，加强与受众的沟通

互联网的一大优势是互动性，尤其是在网络技术日益成熟并得以全面应用之后，一对多、多对多的传播方式日益普遍，互动性得到巨大强化。这是电视、广播、报纸等传统媒体所无法比拟的。因此，要充分利用网络的这一优势加强与受众的沟通，了解受众的所知所想以及其对产品或服务的意见和建议，根据受众的需要和意见来充分审视自身广告的定位和理念，从而形成良性、积极的互动关系。

3. 强化市场意识，打造知名品牌

品牌意味着质量和信誉的保证。消费者往往对品牌知名度高的产品具有比较强烈的购买倾向和意愿。因此网络广告在标识、品牌、logo等方面都要强化市场意识，加入自身的特色，加深受众对品牌的识别度，培养受众对品牌的忠诚度。

网络广告在我国正处于快速发展期，伴随着网络技术与多媒体技术的进一步推广和普及，由此产生的广告效应会日益增强。因此，全面系统地深化对网络广告的研究十分必要。在网络制作和发布的过程中，从心理学角度，充分分析研究广告受众的心理状态，进而制定更加准确有效的广告传播策略，对于增强网络广告在整个广告市场之中的份额，提高其在整个广告活动中的地位具有十分重要的意义。

第九章　网络广告文化

广告是一种特殊的文化现象，它深受民族文化特质的制约，而文化的本质是社会历史的，具有极强的社会渗透力和历史穿透力，广告必须植根于民族文化的土壤中。作为传递文化载体之一的广告，探究它的文化内涵，有利于商业信息和文化信息更好的传播。

第一节　文化与广告文化

一、文　化

文化是人类特有的社会现象，是人与动物相区别的标志性特征。从广义上说，文化是用来表达人类生存所积累的一切成就的概括。关于"文化"的概念，世界各国学者众说纷纭，莫衷一是，但大体可分为广义的和狭义的两种。广义的文化，是指人类在社会历史的发展过程中所创造的物质财富和精神财富的总和。主要包括风俗习惯、行为规范、宗教信仰、生活方式、价值理念、态度体系以及人们创造的物质产品等。

狭义的文化，是指人类精神活动所创造的成果，如哲学、宗教、科学、艺术、道德等。是人脑中最容易被提取、使用的知识体系和价值观。只要有人的地方，就会有文化。它渗透在人们的生活、工作和交往活动之中。1871年，英国文化学家泰勒在《原始文化》一书中提出了狭义文化的早期经典界说，即文化是包括知识、信仰、艺术、道德、法律、习俗和任何人作为一名社会成员而获得的能力和习惯在内的复杂整体。文化包括人类关于自然、人类自身、人与自然的关系、人与人的关系的认识，以及由此产生的各种观念、思想、情感和行为准则。由于广告主要关心文化对消费者行为的影响，因此我们将文化定义为一定社会经过学习获得的、用以指导消费者行为的信念、价值观和习惯的总和。

二、广告文化

文化与广告有着密切的关系。广告本身就是一种文化样式。广告作为社会文化的组成部分，影响着我们的生活、思想和行为。广告作为文化产品，受到文化的观照，反映出文化系统的一些特征，因此我们不难发现不同国家、不同民族、不同时代的广告体现出自身的文化特征。

所谓广告文化，即是蕴涵在广告运动过程中的，逐渐被人们所接受和认同的价值观念、风俗习惯等生活方式的总和，是以广告为载体、以推销为动力、以改变人们的消费观念和行为宗旨的一种文化传播形式。因此，广告文化是体现于广告活动与广告作品的一种商业文化的亚文化，同时包含商品文化及营销文化。广告在追求商业目的的同时，还用文化价值和文化观念对人起着潜移默化的教化功能。成功的广告往往有其深厚的时代文化内涵，它是时代进步文化的一面镜子，是广告信息传播中所体现的价值观念、行为方式及其与社会文化互动过程的整体。广告文化，也就是广告中所蕴涵的独特的文化底蕴，它是广告中必然的构成要素之一。不同时代的广告体现出其自身独特的文化特征。广告作为文化产品，广告与文化的关系表现在以下几个方面。

1. 广告文化是从属于商业文化的亚文化

广告是商品经济的产物，社会经济形态的变化是现代广告发生、发展、变化的原始动力。商品本身就是一种文化载体，文化通过商品传播，商品通过文化而增值。而商品文化的实质是商品设计、生产、包装、装潢及其发展过程中所显示出来的文化附加值，是时代精神、民族精神和科学精神的辩证统一，是商品使用功能与商品审美功能的辩证统一，它是广告文化的核心内容。营销文化是指以文化观念为前提，以贴近人的心理需要、精神气质、审美趣味为原则的营销艺术和哲理，它是广告文化的集中表现形式，商品文化要通过营销文化的实现而最终实现。

在市场营销导向阶段，以消费为中心的市场经营观念对广告文化产生了深刻的影响，使广告跳出了单纯经济行为的狭窄局限。它一方面以满足消费者的需要和企业生存为基本任务，不再着眼于一次经营的短期效应；另一方面，广告活动中越来越明显地体现出追求社会效益和满足消费者文化需求的趋向。

2. 广告文化是一种社会文化现象

广告文化的产生、发展、变化有其规律性，首先是发生在与生产力性质相适应的广告文化实物，积累到一定程度便转化为广告文化观念，最后派生出广告文化的组织制度。这三个层次互相依存、渗透，并综合反映在每一个具体的广告行为中。

3. 广告文化也是当代大众文化的重要组成部分

广告文化体现和复制着当代大众文化，特别是大众消费文化所特有的种种征象——商业性、消费性、世俗性、娱乐性、平面性、边缘性、包装性、时效性等。

广告同商品、媒体一道，共同形成一种独特的意识形态——大众消费文化。它是一种以推销商品为动力的文化。它唤起人们的消费激情，激起人们的消费欲求，纠结成难分难解的"欲购情结"。它潜移默化地影响和改变着人们的消费观念、消费行为和消费方式。

广告的本质是说服受众,促成商品销售。为了完成这一任务,广告做着各种劝说,并且一开始就以允诺者的形象出现。广告已经不再是单纯的购物指南,广告创造了一个世界,一个"市民"的世界,它满足着芸芸众生的欲望、利益和期待并附带着朦胧的政治文化要求。

4. 广告更是一种现代社会中相对独立的文化现象

作为一种特殊的时代文明,它不仅贯穿于经济生活的方方面面,而且波及人类的经济社会、文化社会,乃至政治社会;不仅在很大程度上支配着人们的消费观念、消费方式、消费文化,而且影响着人们的世界观、价值观、社会观和生活观。人类社会的许多时空都弥漫着广告的气息,人类社会的各个方面都在不同程度上表现着广告文明,展示着广告文化。以至于有人说,广告是时代的文化仪式,是人们每天都必须参与的"布道"。

三、广告的文化功能

广告的功能是指广告活动所具有的能力及对人和社会所起的作用和影响。广告的本质内涵决定广告具有传播功能、推销功能和审美功能,而这些功能的作用最终都在经济和文化中体现出来。广告的文化功能涉及广告与社会的沟通和交往、广告的社会表现与影响、广告对人的社会化进程的参与和作用等方面。由于广告文化功能潜藏性、无形性、综合性的特征,很难把广告文化功能的表现阐述完全。文化本质上属于精神的范畴,广告在人们精神生活方面的影响和作用的具体表现主要体现在以下一些方面。

1. 传播价值观念,倡导精神文明

任何广告都是在一定社会文化环境中产生、发展,和社会文化环境有着密切的互动关系。一方面，社会文化环境通过广告人和消费者，对广告本体起着促进、调适、制约的作用，施加积极的影响；另一方面，广告主和广告人将广告信息通过大众媒介对客体（诉求对象、消费者）实施传播，通过他们的接受，将部分广告信息融入社会文化，从而对整个社会文化产生潜移默化的巨大影响。这两种互动和影响有观念和行为两个层面。"观念"主要指广告对客体的价值观念、人生理念、道德观念、民族心理、生活习俗、宗教观念、审美情趣、消费观念等的影响。"行为"主要指的是对客体生活方式、消费方式、购买行为以及其他社会行为的影响。这中间，文化观念的影响是左右广告文化功能的主要原因。

广告对社会文化的作用有一定的时间的积累和数量的积累。一则广告长期的传播，多则广告同样观念的多次传播，才能使广告对整个社会文化发生作用。受众只有在不知不觉的倾心赏鉴中，才会接受广告的倡导和引领。

2. 崇扬美好人性、弘扬民族精神

广告在传播商品信息同时赋予商品一种文化的意义，是商品在有形实态价值外具有了附加的额外的价值。这种"文化的意义"主要是通过传播世界优秀文化，特别是民族传统文化，崇扬美好人性，特别是民族精神来实现的。

广告传播的文化"精髓"非常广泛，因为广告是针对特定对象的传播，它总是针对特定的民族消费群体作诉求，所以传播民族文化，弘扬民族精神就特别重要。广告如果对一个民族的道德规范、民族心理、民族精神、生活习俗、宗教信仰、审美情趣等作很好的研究，并在策划创意中表现和运用，就能提升商品的附加值。一些国际品牌除了注重诉求地区的民族、民俗文化，实行"本土化"策略外，还非常注意人类的一些共通的情感，美好的人性的传播和崇扬。世界各民族人们的情感虽不相同，但对真、善、美的追求，及人生的奋斗、进取、向上的精神总是一致的。广告传播、颂扬这些美好的精神、情感，既加强了世界人民的心灵沟通，又树立了商品品牌的形象，广告的功能也在这里得到了体现。

3. 传播行为准则、创造消费文化

广告在促销中除了推销商品外，还在无形中推销一种方式和观念，生产着商品的意义，它推崇的价值、品位、欲望、身份等观念久而久之就会形成一种文化，改变着人们的消费观念、消费方式、生活观念、生活方式，对整个社会产生影响，这就是消费文化。消费文化是在商品社会里，广告同商品、媒体一道支撑起来的一种独特的意识形态。它唤起人们的消费情绪，煽动人们的消费欲望，促成购买行为。这是一种以推销商品为动力的特殊文化，其实质是在广告信息潜移默化下形成的一种消费观念和生活观念。

广告有创造并促进消费文化发展的功能。手表与爱情观、咖啡与环保、酒与乡情，本没有的联系，是广告把它们连在了一起，成为某种象征。人有了轿车似乎就有了成就感；没有了头屑，似乎就青春永驻，有了自信和感情；有了房产，似乎就拥有了完美的人生。广告帮人们树立了这些"新观念"。中国的"国装"是中山装，是广告宣传西服的潇洒和庄重，于是西装代替了中山装。中国历来是饮茶的，但可乐广告有种"挡不住的感觉"，咖啡又说"味道好极了"，于是可乐和咖啡成了许多中国人，特别是青年人的生活必备饮料。汽车广告使原来有一辆车的家庭，要买两三辆新牌号的汽车；电脑广告不仅使原本昂贵神秘的电脑进入千家万户，而且还是"网虫"们心甘情愿地跟着更新换代。广告传播并形成的消费文化确实创造了一个"物欲横流"的商品世界，改变着人们的生活观念和生活方式。

4. 美化生活、美化环境、丰富生活、观赏娱乐广告既属于经济领域，又属于意识形态领域，广告文化传达的美感，既有促销的功能，又有使人感受美、鉴赏美的功能。消费者通过对广告美的形象感受，产生感情共鸣，从而唤醒需求思索购买，完成商业行为。但由于广告本身的文化性质和它的艺术表现力，使它在传播中有意无意地反映着社会生活的方方面面，广告艺术散发的各种各样的审美信息，有美化生活、美化环境、丰富生活、观赏娱乐的动能。

广告美首先美化了生活，美化了环境。现代广告的创作和制作水平有了很大的提高，新颖的创意、独特的表现增强了广告的吸引力，先进的技术、材料、装备使广告制作更精美、逼真、生活化，有时代特色。科学性和艺术性兼备的广告常常就是一件件赏心悦目的艺术品。广告把销售和文化创造性地融合起来。对购物环境的美化，从现象上看是形式的变革和外观形象的塑造，实质是对社会生活的美化、社会环境的美化，是社会文明进步的表现，也是广告对社会精神文明的贡献。

广告还丰富了人们的生活。现在精美的广告已与电影、文学、音乐一样，成为人们的娱乐活动内容，成为消费者的观赏对象之一。著名的作家、诗人、音乐家、参与广告的文案、广告歌曲的创作，为人们的欣赏、娱乐提供了艺术享受。人们在不断地探索广告商业性和娱乐性新的关系，把广告的商业性放在其次，很受消费者的欢迎。

第二节 网络广告与文化

文化是人类特有的社会现象，是人与动物的区别的标志性特征。"在创造文化的过程中，人创造了自己"，因此人的世界就是"文化的世界"。不同民族有不同的文化，不同国家有不同的文化，不同地区有不同的文化，不同时代有不同的文化，不同群体有不同的文化，文化差异会通过人们的思想、情感和行为表现出来。互联网是代表着时代发展趋势的一种新兴的媒体，广告文化是广告宣传商品时输出的精神意识，广告同商品、网络一道形成了一道独特的意识形态——网络广告文化，它通过网络，以推销商品为动力，唤起网络使用者的消费激情，煽动起人们的消费欲求，在网络广告中形成文化可以说是网络广告发展的必然产物。

网络广告文化是网络广告发展的必然产物。网络广告的出现，并未因媒体的转变而丧失了文化的内涵，尽管网络广告与传统广告相比传递方式截然不同，但整个社会文化传播中的各种文化因素——信仰、道德、禁忌、习俗、语言、价值观念、教育程度依然对网络广告传播发挥着制约作用。更值得注意的是，这些文化传播的因素由于其传播方式的转变，也引起网络广告文化的极大改变，重塑着新的文化形象。网络广告的出现，促成了广告文化向未知领域的延伸，是人类文化发展的又一大成果。

一、网络广告文化的内涵

在传统广告文化内涵的基础上，网络广告文化的内涵是：以电子信息技术与互联网为广告媒体，以推销商品为动力而形成的文化信息传播的广告活动。它在文化认知、流行文化时尚和文化价值观上的更新，使网络广告文化在原有广告文化的基础上产生结构性变化，引起新的文化形态和氛围的创造，形成以网络广告为构成要素的一种独特广告文化形态。

广告作为一种商业行为，有着促进销售、加速流通、繁荣市场、推动竞争的强大经济功能；作为一种文化现象，体现着下述三个方面或层次的文化：

首先，广告所推广的商品或服务就是物质文化即表层文化的具体表现，这些商品或服务体现着人类物质生活的发展和变化。

其次，广告涉及社会文化即中层文化。因为广告运作本身，就是一种社会现象，必然体现着所在社会的行为方式和体制、规范、习俗。

再次，广告体现着精神文化，即广告蕴藏有深层的文化价值，包括道德观念、价值取向、审美情趣等。

广告文化，是一种以广告主、广告经营者、广告发布者和广告受众为主体，通过广告活动传播的商业文化。广告文化与营销理念和消费时尚密切相关，是一种主要诉求于文化主体感官、感性和感情的文化。

网络广告文化是网络广告活动的必然产物。网络广告与传统广告相比，传递方式截然不同，但各种文化要素——信仰、道德、禁忌、习俗、语言、价值观念、教育理念依然对网络广告传播发挥着制约作用。值得注意的是，这些文化传播要素，由于传播方式的转变，在表现方式上有了新的改变。

二、网络广告的文化特征

网络广告作为一种商业行为，目的在于促成销售，带有一定的功利性。但要达到功利的目的，必须符合社会的价值原则。网络广告与知识、功利、道德等文化要素有着紧密联系。网络广告文化与企业文化、商业文化、家庭文化、消费文化之间相互渗透。网络广告文化与传统的广告文化相比，由于其载体的差异，导致其特征也有别于传统广告文化。网络广告文化的基本特征有以下几项。

1. 文化流行快，时效性强

由于网络广告的传播速度快，新的网络广告文化会迅速传达给受众。应当说，网络时代的到来，网络广告文化就是适应了当今社会发展快捷的时代特性。人们早已厌倦了诸如商业流通中的时空限制、人际关系网难以打通、销售观念的陈旧落后以及传统广告文化以令人窒息的速度对人们视觉、听觉、感觉的围堵，今天人们更需要迅速获取信息的传播途径，为受众争取到时间，争取到商机，而网络广告恰如其分地充当了网络时代的"商业文化大使"角色。

2. 传受互动，文化功能得到更好体现

网络媒介传播的主导模式是使用与满足模式，受众接受网络广告文化传播的方式由传统广告文化的被动强制接受转变为对网络广告文化的主动选择。网络广告是一种以消费者为导向，个性化的广告形式。消费者早已不是简单的被动接受，而是主动选择接受最适合自己的文化范式。这就引起了网络广告文化传播方式和形态的变革，网络商家必须从产品、市场、价格、售后服务、产品的改进等多方面为受众准备一整套完备的服务信息，提供给受众进行主动选择。如果商家不能从受众的商品和精神需要主动地去想到、做到，受众会立即弃之不顾。网络广告文化由输灌式转变为引导式，即由单向箭头变为双向箭头，提高了受众的主动性。商家和受众还可以就产品与服务及时交流信息，顾客的意见和建议可迅速成为改进产品和服务的有效信息，及时反馈给商家，密切了受众与商家的联系。

3. 跨文化传播，效果影响广泛

互联网是全球化的计算机网络系统，它利用通信线路把分布在世界各地的计算机网络联接在一起，形成一个互通互联、共享共用的全球性通信平台。这个庞大的网络将分布在全球的所有联网电脑联接在一起，为所有联网的电脑用户提供信息资源分享。一个国家或一个民族的文化通过这一网络可以传播到世界的任何地方并为这些地方的网络用户所熟知。由于互联网跨国界传播的特征，使得众多的文化信息资料在网络上的交互传播使全球性文化影响更加广泛。如此广阔的受众范围，使得网络广告文化有了充足的空间来施加其影响。

4. 浓郁的商业文化色彩

网络广告文化是商业文化新的表现形式,在商业运作中,应使用多样性的、吸引眼球的手段。有的网站向点击发布于其上的网络广告的网民付费,按网络广告的打开时间计费;更有网站设置点击开奖服务,例如,引进欧美流行的网上"寻宝广告",网民观看广告,找到"宝物",积累到一定数量,由网站加以收购,网民可用网站收购"宝物"的钱,在网站指定的网上商城购买商品。

网络广告的制作者和发布者注重广告的促销效应,注重受众在购买态度和行为上的转化。广告大师奥格威认为:"广告唯一正当的功能就是销售——不是娱乐大众,也不是运用你的原始创力或美学天赋使人们留下深刻的印象。"他的座右铭是:做广告是为了销售产品,否则就不是做广告。奥格威的话直指广告的商业目的,说明"娱乐大众,给人以深刻印象"都只是达到这一根本目的的手段。奥格威对广告文化的商业文化本质所持的观点在广告界颇具代表性。

三、网络广告的文化定位

(一) 国内市场的文化定位

网络广告凭借其传播范围广泛、可交互性传递信息、具有强烈动感性、运转成本低等特点迅速引起了人们的广泛关注。因此,不得不把广告市场的文化定位提上议程。因为广告的希望在于文化,广告掌握了文化,就掌握了未来。

广告的文化定位就是用文化学的理论来审视现代广告。网络广告的文化定位也不例外,这种审视并非是以看图说话的形式对企业产品进行推销,而是一种肩负商品推销,采用特色手法的复杂而微妙的文化过程。中国网络广告在解决好精确定位传送和多种终端设备开发完成等硬件问题外，与国际知名网络公司所推出的网络广告长久抗衡的关键在于其网络的广告创意。创意是广告的灵魂，而文化却是"创意"的基础。因此，解决好广告的文化定位问题是中国广告，也是中国网络广告走出国门、走向国际市场并取得成功的关键所在。研究中国网络广告市场文化定位的意义主要体现在以下两方面：

（1）中国网络广告的文化定位从某种程度上反映了中国网络公司和相关企业的合作程度。在美国，网络广告是由互联网公司和传统企业一同推动的。靠广告维生的网站和靠广告推销产品的企业，只有不断合作才会推动网络广告的发展，企业的成功也必定是靠那些使他们的产品很具有欣赏性、文化品位高的网络广告。

（2）中国网络广告的文化定位是提高网络广告竞争力的关键。在相同水平的网站上，网络广告的成败不完全在于经济实力，更在于其文化的含量，即艺术的魅力和价值取向。这也正是我国传统广告在国际广告界落后的原因之一。中国是具有世界上最悠久和最灿烂文化的国度，有我们取之不尽、用之不竭的艺术营养和灵魂。中国的网络广告应该充分利用好这种文化定位，在网络广告竞争日益激烈时代最终占有一席之地。

（二）国际市场的文化定位

中国广告的市场文化定位原可分为国内市场和国际市场文化定位两种形式。随着世界经济一体化进程的加快，越来越多的国内企业正在走向国际市场，在国际市场舞台上参与竞争。加上网络的全球性特点，网络广告的国际化定位将确定为国际市场的文化定位。中国网络广告市场文化定位主要应从如下方面考虑。

（1）必须充分认识到各种文化背景的多样性和发展层次的不平衡性。文化是人们对自然、社会及自身认识的积淀。由于人类的认知是循序渐进、由浅入深，因此，文化也就有不同阶段，即具有不同的发展层次。不同国度、不同民族对于自然、社会和自身认知的基本方面一旦形成，往往具有较大的惯性，进而形成相对的各自特色，呈现出民族文化的多样性和发展的阶段性。

网络广告作为进行网络营销的手段之一，是以文化为基础的。从文化层次发展的非均衡性特点出发，网络广告与传统广告相比，最大的特点就是它所传播的信息要涉及不同的国家、不同的民族和不同的文化。网络广告作为广告行业的"新贵"，在进行制作时就不能循规蹈矩、千篇一律，而应该特别突出广告的文化风格。尽管对于商业广告活动来说，其目标均是推销商品、追逐利润，而在不同的区域市场上，实现这一目标的方法和手段却不尽相同。网络广告活动没有放之四海而皆准的灵丹妙药，但有特色文化且宣传对象吻合的广告则是最能被网民所接受，最能达到推销商品的目的。

（2）客观分析合理定位是正确进行网络广告文化定位的关键。网络广告文化定位离不开本土这一基本坐标点，因此必须首先客观分析自身所处文化的优点和不足，合理定位，以便扬长避短，同时要充分了解广告受众所处的文化背景，以其最容易接受的方式进行广告创意，避免无的放矢。只有这样，才有可能避免因"水土不服"而引起的消化不良。事实上，在网络广告的活动中，无时无处不在与异域的文化打着交道。因为在互联网时代的今天，信息共享，好的广告全球人民都在传看，好的广告会吸引更多的网民上网欣赏。所以网络广告制作者所制作的每一幅广告画面，都必须使用能被相关文化所认同的符号；设计一套广告促销方案，如果要它的主题思想，表现方法，以及传递方式等行之有效并富有创意，就必须首先是能在文化上被目标市场所接受，这样才能起到好的传播效果。

（3）对目标市场进行调查分析是正确进行网络广告文化定位的保证。由于文化发展的非均衡性，要进行准确的网络广告文化定位，必须要对目标市场的消费者行为进行广泛的跨文化分析。这就要求广告制作者必须具备有关文化的基本知识，按照文化学的观点进行广告文化定位。其主要包括对目标市场的道德规范，思维特性，价值取向，民俗风情，宗教信仰，文化教育，以及社会经济发展状况等的确切把握。只有掌握了多方面的文化知识，才能对各种相关的文化环境进行客观的分析和把握，才能对由此而形成的各国消费者的需求特点作出准确的判断。

第三节 网络广告与文化的互动

网络广告作为一种传播手段其目的是借助网络平台进行有效的劝服和沟通，通过广告创意和广告策划，把所承载的内容传递给目标受众。可以说互联网技术的发展进一步强化了广告与文化之间的互动关系。一方面，网络广告的特性加速了所承载的文化在不同国家和区域间的流动；另一方面，经济全球化意味着广告主在利用传播迅速、信息容量大的网络广告时，应该更加慎重选择他们所要传递的文化观念。

一、文化环境对网络广告的影响

一个国家的文化环境对市场营销有着明显的约束和影响作用。一个企业在进行网络广告投放活动时必须以文化环境为依托，不可以与文化环境相脱离。一个企业要想在网络广告投放中取得成功，必须积极主动地去适应市场所在地的文化环境，另外还要通过自己的网络广告传播行为去影响和改变周围的文化环境，使其更加适合企业的生存发展或者对企业的发展产生积极影响。

文化环境对网络广告的影响主要是指网络广告传播活动的外

部环境，主要包括政治文化、道德法律、社会文化、科学技术等因素。一个企业的广告传播活动离不开具体的文化环境。一个成熟的企业在开始制定网络广告策略时，必须对当地的文化环境进行详细研究，这是保证网络广告投放成功的基本保证。网络广告活动制定的依据是当地人们的生产生活方式，文化在其中扮演了非常重要的角色，因为文化不仅是生活方式的主要内容，而且是生活方式形成的主要动力。生活方式就是指人们在一定文化环境的制约和影响下所采取的生活样式，它是一个社会群体所表现出来的集体特征。一种生活方式的形成及其发展，与其物质条件、生态环境，以及科学技术条件息息相关，最为重要的是它的发展离不开精神因素的影响，精神因素主要是指思想情感、价值观念以及文化意识等。在现代市场经济时代，人们的追求、需要、喜好等因素都与社会的文化观念有密切联系。如果一个社会缺乏文化观念，那么人们就会在市场经济中迷失方向，自己就不知道需要什么样的生活，生活的追求及其目标也会变得模糊不清。只有准确掌握人们的追求和需要，即了解社会文化环境，这是网络传播取得成功的关键所在。

二、网络广告活动主体的影响

网络广告文化的品格与广告主、广告代理商等网络广告的活动主体对广告文化的理解有关。认为广告就是促销，便会持急功近利的态度；认为广告是告知商业讯息的工具，就会满足于做"主题"至上、"意义"先行的广告。网络广告文化与商业利润，唇齿相依，往往不能避免用媚俗方式获得网民青睐，以图将产品推销给他们。网络广告文化的发展方向取决于网络广告主的资本权力，而不取决于网络广告专业人员的社会理想和美学追求。网络广告主的逐利倾向通常会给网络广告文化带来负面的影响。

网络广告文化反映着网络广告主的企业文化。广告是企业促进产品销售、传递产品信息的工具。企业是广告活动的投资者，广告的源头在企业。广告传播的讯息，采用的表现手法，无不为企业的文化取向所决定。高品位的广告文化必须以高品格的企业文化为基础。

在发达的市场经济社会，企业间的竞争已进入形象力竞争的时代。所谓形象力，主要体现为企业文化的感召力，而企业文化则是企业的宗旨、理念、行为规范、公共关系、视觉识别等各要素的综合体。广告是企业文化的延伸，是企业宗旨、理念、行为规范的体现，是企业公共关系工作的重要手段，是企业视觉识别的重要载体。有什么样的企业文化，就会有什么样的企业广告及企业的商品和服务广告。为了提高全社会的广告文化品格，必须重视培育高品格的企业文化。

三、网民的文化背景和文化需求的影响

网络广告作为网络营销的手段，是以投合网民文化背景，满足网民文化需求为创意基础的。与传统媒体广告相比，网络广告最大的特点就是其传播范围的全球性，可以面对不同国家、不同民族、不同文化背景的网民。商业广告活动的目的是推销商品、追逐利润。在不同的区域市场，实现这一目的的方法和手段不尽相同。策划网络广告活动，没有放之四海而皆准的诀窍。但投合特定区域中网民的文化背景，满足特定区域中网民的文化需求的广告，总是最能被该特定区域中的网民接受，最能达到在该特定区域推销商品的目的。

广告推销商品的效果，基于受众对广告表现手法的认同与喜爱，基于受众被广告诉求方式打动，并接受其说服与诱导。在现代信息社会，网民不是简单地、被动地接受信息，而是主动地选择信息。网民根据自己的特定要求、个性化的喜好，决定是否接受以及接受哪些广告信息。网络广告文化在传播方式和形态上，

要实现相应的变革，必须从产品、市场、价格、售后服务等多方面向受众传送一整套完备的信息，供受众进行选择。如果不能主动地为受众想到、做到投合其文化背景，满足其文化需求的表现手法和诉求方式，网民会不予理睬，掉头而去。

网络广告文化传播，要实现由灌输式向引导式的转变，调动网民主动接受的积极性。网络广告主可以就其产品与服务，与网民及时交流信息，将网民的意见和建议迅速转变为改进产品和服务的决策及措施。

四、教育发展水平对市场营销的影响

教育是保持一个国家文化延续发展的主要推动力，如果人们有不同的文化修养和文化内涵，那么他们的审美观和价值观也将会有所差异，这些文化差异反映到对网络广告的接受上，就表现为对产品的选购方式的差异。教育是传递社会生产生活经验的主要方式，由于不同国家和民族的教育水平存在一定程度的差异，因此，这些国家的网民对网络广告内容与形式的选择也会有所不同。同时，不同教育文化水平的网民对网络广告的理解和认识也会有所差异。所以，一个企业在投放网络广告之前，首先要对该国的教育水平进行详尽分析，要对广告传播对象的教育质量有一定程度的掌握。在广告传播进程中，因为受教育水平不同，在广告理念、传播方法等方面可能发生较大变化并直接影响网络广告的传播效果。其次，企业在进行网络广告设计时，必须使广告的复杂程度与传播技巧等接近网民的受教育程度，对教育程度低的顾客，广告形式和内容应力求显浅易懂。

第四节　网络广告与跨文化传播

在世界经济全球化的趋势下，各国之间文化的渗透和冲突越来越频繁。广告作为文化传播的重要载体，它不仅要在本国传播，而且要跨出国界，融入世界经济文化的大潮中。广告传播中所带来的正面或负面的影响有目共睹，它影响了一个国家的文化安全，还促进了人类信息资源的共享和文化的交流。

在经济全球化的背景下，各民族文化处在大碰撞、大分裂、大融合的时期，跨文化广告传播变为越来越重要的文化传播方式。它的影响力甚至超过了任何一种传播方式，成为经济与文化全球化最有力的助推器之一。当前品牌竞争已成为经济竞争的决定因素，而决定品牌价值的背后是文化支撑。

一、网络广告是跨文化传播的助推器

广告的本质是推销，其目的是商业性的，但广告的表现形式却具有文化属性，它是一定社会文化的产物。广告文化是蕴含在广告传播活动过程中的逐渐被人们所接受和认同的价值观念、风俗习惯等生活方式的总和，是以广告为载体、以推销为动力、以改变人们的消费观念和行为为宗旨的一种文化传播形式。因此，网络广告本身就带有强烈的社会文化的时代痕迹，是商品经济高度发展，全球经济一体化所催生的产物。网络广告的消费文化以前所未有的影响力介入到当代人生活，使得消费者对通过广告扩散开来的文化形态、文化意识、生活方式、生活意识等逐渐趋向统一，从而摆脱由传统地理因素造成的地方区隔。

网络广告的传播过程就是一个人们共享社会文化的过程，也是一个社会价值观念不断被传送、强化和公众接受社会文化教化

的过程。网络广告加快了不同国家、不同区域间的文化交流的速度,更重要的是加深了外来文化的影响力。这是网络广告的特性决定的。

由此可见,网络传播的兴起使文化的跨国传播进入了一个全新时代,异质文化之间的交流与碰撞更加频繁与直接。网络作为文化传播的一种新媒介,其跨国跨文化传播的特性更加突出。网络广告承载了丰富的文化信息,它在跨国传播中越来越明显地影响到传入国人们的思想观念和生活方式。"网络广告的消费文化,以前所未有的影响力介入到当代人生活,使得消费者对通过广告扩散开来的文化形态、文化意识生活方式、生活意识等逐渐趋向统一。网络广告加快了不同国家、不同区域间的文化交流的速度,更重要的是加深了外来文化的影响力。"现时代,网络广告传播充当了"商业文化大使"的角色,它正在成为塑造网民信仰、生活方式、世界观与价值观的最重要媒介之一。"国内目前的广告研究似乎更倾向于对广告效力的探讨,而或多或少地疏忽了对社会问题的关注和对不良广告影响的分析。"因此,关注网络广告的跨国传播所带来的文化问题,是亟待认识、探讨的一个广告学领域的新课题。

当今世界的发展趋势是全球经济的一体化和地球村概念的形成,这必然带来世界文化的相互碰撞和借鉴。网络广告的发展也需要中西文化相互融合、相互渗透、相互借鉴。即使是国际知名品牌,在它抢滩某一国家的网络广告市场时只有本土文化,符合这个国家民族的文化观念才能获得受众的认可。"国际品牌、本土文化"将在未来的网络广告发展中成为众多企业追求的目标。

二、网络广告跨文化传播给我国文化带来的机遇

文化是一个民族经过长期的共同生活积淀而来的,它根植于民族心理中,更偏重于精神意识层面,不会轻易质变。各国不同

的传统文化、民族文化的渗透与融合，可以通过多种形式与手段，网络广告无疑是其中一种具有强大影响力的传播形式。网络广告作为经济文化传播的先锋载体，对于我国的文化传播来说既是机遇又是挑战。挑战在于广告跨文化传播不可避免地遭遇文化冲突，而机遇在于把这种冲突转化为双方共赢的策略。

（1）网络广告的跨文化传播可以使我们在更大程度上借鉴、吸收世界文明的先进成果。当今的世界是开放的世界，闭关自守是不可能的，中国的发展离不开世界。由于经济文化发展的不平衡性，发达国家通过互联网对中国进行的广告传播，给我们带来了物质文明与先进的理念，并融入我们的本土文化。事实上，文化的全球化并不排斥民族文化的特色，而各民族文化的发展也有助于推进文化的全球化。

（2）网络广告的跨文化传播有利于扩大中国文化的影响。世界上成功的广告都是通过传播本民族文化走向世界的，网络广告传播的背后总是伴随着本土文化的输出。我国有着悠久灿烂的民族文化，为人类的文明曾经做出过卓越贡献。我们应始终把民族精神、民族文化作为网络广告传播的主要内容，将中国传统的优秀文化传播出去，使它成为走向世界的中国品牌。因此，在网络广告艺术的表现手法上，要多运用中国特有的传统文化，如诗词、民歌、谚语、书法、国画、戏剧、音乐、建筑等艺术风格，将这些优秀的文化传向世界，让全球消费者不断认同和了解中国文化。我们必须大力借助网络广告传播把中国优秀的传统文化作为一种文化品牌推向世界。

（3）网络广告跨文化传播将推动文化体制改革。文化的产业化是发达国家文化扩张的重要政策，是占领世界文化市场的重要产品。发达国家的文化产业给落后国家的文化产业施加了压力，其中广告传播是文化产业化的突出表现，我们已经感到发达国家文化输出的压力。这种外在的压力必然会形成内在的改革文化管理体制的动力,使我国的文化资源得到充分的开发和利用。在这种新的历史条件下,我们要按照文化产业发展的要求,不断推进文化体制和机制创新,大力加强我国产品在世界市场上的主导声音,并输出我们自己的价值观念。只有主动出击,才能热切参与民族文化安全的保护,也才能自觉抵制西方文化价值观念的渗透。

三、网络广告跨文化传播应注意的问题

网络广告跨文化传播是面向全球化、国际化、信息化的重要工具,我国的企业要在全球竞争中求生存促发展,就必须重视网络跨文化广告的传播问题。目前跨文化网络广告发展迅速,良莠不齐,鱼龙混杂,尤其是跨文化网络广告道德、文化冲突与文化渗透等问题成为人们关注的焦点。我国的外向型企业在进行跨文化广告传播中也要高度重视以下几个方面的问题。

(1) 遵守网络广告道德规范。道德规范是一种人们在实际生活中根据需求而逐步形成的一种具有普遍约束力的行为规范。它是相对的,它相对于文化、环境以及个人的需求。因此某一则网络广告可能符合一种文化背景下的道德规范,将其置于另一文化背景中去分析,则可能会有悖于其社会文化的道德规范。因此,在进行网络广告的跨文化传播时,人们应该注意目的国的道德规范,例如,网络广告中关于性的产品广告非常多,而且广告词也比较露骨。然而,在中国的社交场合公开谈论性问题会引起人们的不安或讨厌。

(2) 遵循目的国受众的价值观。价值观是任何社会或文化中的人们所回避不了的指令,是人们行为的规则、思维方式、认知的准绳、处事的哲学、演绎推理的模式、评价事物的规范、道德的标准等。人们在不知不觉中会通过交际获得这套系统,它变成了他们的信仰、心态、行为、生活等诸方面可评价系统。网络

广告的文案编写者发现，人们在购买商品时，不但对于商品的使用价值有所考虑，还在不同程度上受到广告中所体现的价值观念的影响，不但是消费商品本身，还有消费商品中所体现的价值观，是为了体验商品所包含的价值观。

（3）尊重网络广告受众所在地风俗习惯。风俗习惯指个人或集体的传统风尚、礼节、习性。它是某一特定的文化背景下，历代人们共同遵守的行为模式或规范，因此，对其文化中的成员具有行为制约作用。风俗习惯主要包括民族风俗、节日习俗、传统礼仪等等。网络广告不可避免地反映一定的风俗习惯，但是由于风俗习惯具有文化差异，因此网络广告在进行跨文化传播时，必须注意当地的风俗习惯。例如，中国人的中秋节流行的食品是月饼，美国人感恩节大家要吃火鸡，而法国圣蜡节时人们根据传统要吃鸡蛋煎饼。这些展现各自文化特色的饮食习俗如果在跨文化网络广告传播中没有引起广告主足够注意，那么必然会导致广告的失败，也势必会影响产品的销售。

（4）尊重网络广告受众的宗教信仰。宗教是一种对社群所认知的主宰的崇拜和文化风俗的教化。它是一种社会历史现象，一般是有共同的信仰、道德规范、仪礼等要素所构成，这些要素提高了追随者的社会联系。它具有社会认同功能、群体整合功能、行为规范功能等。在西方很多国家，如美国、英国、德国、法国等，宗教已经深入到人们生活中的方方面面。在现实生活中，绝大多数的人认为自己工作是为了完成上帝赋予的神圣使命。由于宗教在人们心目中是神圣的，其复杂和敏感的特点使得广告从业人员在进行跨文化营销时一定要小心谨慎。

（5）求同存异避免文化的冲突。互联网的发展、资本和商品的全球流动为文化的广泛而快速的传播提供了载体和渠道，也促进了不同国家文化的交流与融合，但也不可避免地导致各民族文化的碰撞与冲突。因此，跨文化网络广告传播中既要体现民族特色，又要避免文化上的冲突与矛盾。

文化是人类历史长期发展的积淀，规范着人们的行为。它已经潜移默化到人们的认知体系中，形成了人们认识周围环境及评价人们行为的一种标准，人们在自觉或不自觉地受其支配。因此，广告人在进行跨文化网络广告传播时，遵从网络广告受众的文化是一个非常值得关注的问题。

第五节　网络广告跨文化传播中的文化冲突

随着经济全球化步伐的加快，越来越多的跨国企业进入异地以谋求利润空间，而互联网给这种经济运营带来了便利，愈来愈多的企业利用网络进行营销，传播。广告作为特定意义上的文化传播，它是建构在特定文化背景之上的，时时都传播着各种文化信息。网络广告传播的出现与发展，已经将不同文化、不同地域、不同习俗的人们连接在互联网中，网络广告跨文化传播方式充分展现了网络媒体的文化扩散功能，网络广告成了跨文化传播的助推器，在跨文化传播中扮演着非常重要的角色。不同国家或地区的人们具有不同的文化背景和价值系统，这样，网络广告一旦跨越了国界传播，就必然会产生文化上的差异性，带来不同文化的相互碰撞，导致文化的冲突。

一、网络广告跨文化传播的文化冲突

1. 网络广告文化传播体现了强势文化对弱势文化的冲击

互联网是跨国界、跨文化的国际化媒体，在国际传播中具有超过任何传统媒体的优势。在互联网上，不同种族、不同国家制度、生活观念、意识形态的人们同时汇聚在一张网上，也就成了某些超级大国对弱小国家实行文化渗透、文化侵略的最好媒介。

第九章 网络广告文化

随着信息高速公路、多媒体技术的迅猛发展，全球性信息网络建立起来，网络媒体在传输国际性文化中的作用和地位越来越突出，当然网络广告也在信息传播全球化的国际环境下冲破国界，走向全球。西方发达国家凭借综合实力通过网络广告不遗余力地向世界其他国家推销自己的文化产品、文化观念、文化传统和价值观念，并很快在文化交流和信息传播方面取得绝对优势。使本应平等利用的互联网成为被西方大国主宰的工具。在20世纪60年代出现的"文化帝国主义"理论在网络时代再一次得到淋漓尽致的阐释。在网络广告文化传播中，发达国家与发展中国家的地位是不平等的，由此造成了发展中国家消极被动的后果。美国的文化产品在国际上具有较多的商业价值，发展中国家根本无法与之抗衡。发达国家借助网络广告传播的国家观念和意识形态与本国的文化相互冲突，进而造成文化霸权主义。

葛兰西曾经提出了著名的"文化霸权"（Culture hegemony）理论，它指在某个单一群体影响下形成了一种为当代民众广为接受的主宰世界观，而对语言作用的阐述。他指出："语言也意味着文化和哲学，所以，'语言'这个事实，在实际上意味着多种或多或少有机地融贯的和协调着的事实。走到极端，可以说每个讲话的人都有他自己的个人语言，也就是他自己独特的思考和感觉方式。"从网络社会文化学角度读解葛兰西的相关论断对我们考察网络社会语言文化现象是有帮助的。

语言负载信息，信息表达思想。任何一种思想的表达都离不开特定的语言方式，语言在某种程度上影响了特定思想的传播，思想意识既可以通过为人们广泛认同的语言得以有效、普遍的散布，也可能由于语言的限制而不为人们所知。今天很大一部分网络广告信息只通过英语传播，由英语传播的思想渗透全球，人们为了了解思想而不得不去学英语。网络社会会把这种现象继续维持下去。语言体现文化，文化体现着一种生存方式。语言不能只被看做人的能力之一,语言是人的天性。语言与每一个人的社会命运攸关。

2. 网络广告跨文化传播中的"文化鸿沟"

全球化使各个民族的文化封闭性受到了前所未有的冲击。在全球化时代,各个民族的文化难以自主地被放在一个平台上进行交流和碰撞。尽管有互相吸收借鉴的地方,但是弱势文化终归难敌强势文化的冲击。在国际广告舞台上,中国的声音非常弱小。1996年以来国际嘎纳广告奖评审,几乎没有中国广告的位置。国外广告咄咄逼人的态势,反映了其背后强大的经济实力。经济全球化成为政治、文化全球化的基础。发达国家挟其优势,以多种方式叩开了不发达国家的门户。造成网络世界的"文化穷人"与"文化富人"。

在信息时代,信息占有量的大小构成了新的穷人和富人。只有那些经济领先,技术手段先进,资金雄厚的国家才可能成为强势文化的代言者。美国是世界上最发达的国家,拥有支撑网络发展的全部技术手段,在当前的网络信息中,80%以上的网络广告信息和95%以上的服务信息是由美国提供的。

互联网普及程度的不均必然导致网络广告传播中的文化分布的不均衡,形成新的"文化穷人"与"文化富人"。在互联网上,大部分网站和网页是发达国家开设的,当然也主要是为他们所服务和利用的。发达国家利用他们的经济实力和技术优势,占领了网络广告领域的制高点,也就控制掌握了网络广告文化传播的主动权,使广大发展中国家在进入这一领域时处于十分不利的境地。这使得传统媒体时代的国际传播中已经存在的不平等现象在网络广告传播中又进一步强化,而一方优势的扩大则是以另一方优势的缩小为前提的。弱小国家的人们在接受发达国家网络广告文化的同时,也就自然接受了其文化价值观念的影响,造成事实上的传播权利的不平等。网络广告的传播容易成为超级大国意识形态不设防的自由市场。

3. 地域特点与西方中心主义

由于历史的原因和工业化时代的遗产,我们这个世界的文化体系笼罩着厚重的"西方中心主义"的云雾。西方文化在相当长时间内一直是世界文化的"先导"和"主流",世界上只要有人类居住的地方,无不打上了它的烙印。在网络社会,西方中心主义与文化地域特点的冲突将会达到一种新的程度。这的确会和航海大发现时代有许多相似之处,只不过在网络上,一个西方文化背景的人会比他们的先辈发现更多的"文化异质"现象。他会发现,对同一种事物的看法,其他民族和具有非我文化类型的人怎么会差异如此巨大,他们的文字怎么看起来像一条条蚯蚓或纠缠在一起的通心粉,甚至他们的饮食习惯也是让人无法理解或简直难以忍受,等等。我们在网络上将会看到这样的情形:

首先,在网络所及的范围内,西方文化的卫护者会驾驶他的战车横冲直撞,对与他们不同的异质文化横加鞭挞。他们会充分利用网络给他们带来的一切便利,到处去宣传自己的意识形态和文化风格,他们会毫不顾忌其他异质文化的特点,试图去"说服"别人放弃自己的文化信仰而接受他们的文化理念。当遇到阻碍的时候,西方文明会采取各种方式去"融解"它、同化它,直到摧毁它。在殖民时代,西方社会曾经靠商品和武器做到这一点,网络时代,它靠强大的电子信息流能够更方便地做到这一点。如果西方中心论者的呼声在网络上成为最强音,如果一个人从小到大生活在西方式文明的环境中,如果你打开电脑看到听到的几乎全是来自西方世界的图像和文字,其结果是可想而知的。

其次,弱小民族本地区独具特色的文化风范不足以抵抗强大西方文化的猛烈攻势。如果说以前本民族的文化尚有地域作为主要的边界的话,那网络将无情地撕毁这道防线,只要你加入信息高速公路系统,你就得被迫接收那源源不断流入的信息流。除非你与网络世界隔绝,那样的话你便成了新世纪的落伍者、边缘人和局外人。

过去,各民族文化特点赖以形成和发展的一个重要原因也许就是有地域界限,而网络发展的一个鲜明特征就是消除这种地域性,当"地域防线"不存在时,"特点"赖何为生。尤其是"西方中心主义"的一个前提就是不承认异质文化的合理性和存在价值,网络交往的地位不是平等的,因此地域特点和西方中心主义的冲突将是网络社会冲突的重要内容。

4. 流行文化与传统文化的冲突

在当代跨文化的传播过程中存在着这样一种现象,深层文化传输往往受到各民族文化的抵制,而大众文化由于其伴随着消费时尚文化、市场流行的走向,这种与大众生活方式紧密联系的表层文化,很容易"趋同"化,易于被输入国受众所接受,因此,其渗透性极强。美国的深层文化思想,正是借着流行文化而传播的,作为大众文化时代的一种流行文化——网络广告,它是负载了某种民族形象、文化精神和意识形态的文化载体,在一定意义上不乏文化渗透倾向。美国文化学者多夫曼就说过:可口可乐不是简单的事,在它背后顶着整个上层建筑。网络文化是一种后现代的流行文化,它是一种平面性、时尚性、碎片化的文化,是一种不再区分高雅与通俗的文化。基于网络文化的这个特点,网络广告就成了后现代流行文化的助推器。网络广告不同于传统广告传播的一个明显方面,就是目标受众群越来越明确,网络分离出了众多不同层级具有某些共同追求的消费者群体,有学者称其为"碎片化"(原意为完整的破成诸多零块)。网络媒体的个人针对性以及大众传媒的"碎片化"使得目标受众群可以越分越细,"传统的社会关系、市场结构及社会观念的整一性——从精神家园到信用体系,从话语方式到消费模式——瓦解了,代之以一个一个利益族群和'文化部落'的差异化诉求及社会成分的碎片化分割"。然而，目标消费群体往往存在着相同或相近的文化价值观，他们促成种种网络亚文化（流行文化）的形成。这些网络亚文化可以是一个年龄阶层的文化，也可以是网络组织的文化，他们以兴趣爱好和习惯差异相聚在一个圈子里。"亚文化群体以自己独特的文化准则、价值意识、心理需求来接触广告，他们对广告传播都有与该群体文化物质相适应的理解和期待。"一些国外企业正是抓住这种文化特征，在网络进行营销。例如，麦斯威尔咖啡，在网络上就将目标消费者定位于时髦的青年人，并建立网络虚拟咖啡馆来吸引青年人，倡导时尚消费观念。宝洁公司润妍洗发水广告，就设立了润妍女性俱乐部与影院。日本电通公司将网络广告与流行着的网络游戏相结合，在游戏中植入广告，网民在游戏的"润物细无声"中接受着广告信息。然而，传统文化是千百年来历史文化的沉淀，厚重而又博大，其审美是超功利的，它是主流文化，体现了文化的"先进性"。而网络流行文化的传播必然给传统文化带来巨大的冲击。

二、网络广告跨国文化传播的应对

文化是民族之魂，文化"软实力"是一个国家综合国力的重要方面。来自文化的威胁与挑战，必须以文化的手段来回应。因此，我们可以采取适当的文化对策来应对网络广告文化传播带来的挑战。

1. 掌握网络广告文化传播的主动权，加强文化安全建设

网络传播使人类的传播方式在时空维度上获得了空前的突破，网络安全问题日益超出国界并演变成一个国际性问题，网络安全的水平直接影响到国家的安全与稳定。"在转型社会、发展中国家和从公共广播制度转变而来的社会，广告的发展都包含着文化和政治的意义。""广告以及西方式的策划理念所产生的影响，就可能表现为支持某些团体而冷遇其他团体……因为广告和

消费主义文化中也包含着具有政治意义的信息。"文化发展状态的不同，必然导致在文化传播交流中的强弱关系结构，与西方信息发达国家相比，我国的网络广告还处在发展时期，目前我国对网络传播的控制力还较弱。网上领土与传统意义上的领土是不同的，在这里，任何网民都可以随时随地进入这一空间并进行活动，各种文化成分相互交错纠结和混杂其中，使得这一"软疆界"发生的冲突与对抗是悄然无声、全无踪影的。网络广告的跨国传播也能危及到文化的安全问题，其防范的难度很大，大规模的网络广告传播给中外文化带来了日益频繁的融合，其中积极的和负面的因素同时存在。跨国广告传播给国家文化安全造成的威胁，是在于如何保持民族文化的个性？如何把本民族文化培育成先进文化？我们对外来网络广告文化要正确认识，要加强本民族优秀文化的传承与传播，坚持文化创新，把中华文化培育成代表人类先进文化的发展方向，使其价值核心成为全人类的共同财富，改变网络广告跨国传播中文化信息"不对称"的生态环境，这样，在面对外来网络广告文化侵入的过程中，先进的本民族文化是能够自觉地消除广告输出国所带来的负面文化的影响，抵抗不良外来广告文化的渗透，防止网络传播时代消解本民族的优秀文化。要加强网络技术管理措施，抵御网中破坏信息的冲击与侵袭。

2. 立足传统文化，保持鲜明特色

"文化必须有深刻的精神内涵，才能以文化示人，中华文化就是要体现民族精神和时代精神。"传统文化是中华民族生存和发展的摇篮，对增强民族凝聚力、振奋民族精神、促进国家富强统一起着重大的促进作用。一个民族的凝聚力，主要体现在对本民族人文文化的认同程度上。一个国家、民族没有优秀的传统文化，没有民族人文精神，就会虚无、异化，甘愿为人奴隶。建设中国特色的社会主义，既要吸收其他民族优秀的文化成果以增进活力,更要借助传统文化和民族精神的力量,充分发挥其凝聚功能、整合功能,以提高人民应对挑战的能力。在经济全球化的背景下,各种文化相互交融,尤其是网络的开放性促使世界各民族各地区的文化进一步相互渗透,我们要以更广阔的胸怀和更开放的心态汲取其他民族的优秀文化成果,注重扩大中华民族优秀的传统文化在互联网环境中的优势地位,进一步培育中国文化的特色,全方位地调动起人民大众的力量,实现中华民族的振兴。

3. 加快经济发展,推进科技文化产业化进程

抵制网络文化霸权,最重要的就是要大力发展经济,提高人民生活水平,提升我们的综合国力。"发展是硬道理。中国解决所有问题的关键要靠自己的发展。增强综合国力,改善人民生活;巩固和完善社会主义制度,保持稳定局面;顶住霸权主义和强权政治的压力,维护国家主权和独立;从根本上摆脱经济落后状况,跻身于世界现代化国家之林,都离不开发展。"随着经济的发展和社会的进步,文化产业作为知识、技术和智力密集行业已成为第三产业的重要组成部分。发展文化产业,是社会主义文化建设的重要组成部分。我国文化产业在国民经济发展中所做的贡献,远远低于美国等发达国家,美国的文化产业产值占 GDP 的 25%,日本占 20%,而我国只占 2.6%。值得欣喜的是,随着国民经济又好又快的发展,我们的文化产业有了飞速增长的趋势,以电影业为例,中国 2009 年电影市场产量继美国、印度之后位居世界第三,票房收入超过 62 亿元,比 2008 年增长 42%;新闻出版业总产值突破万亿元大关,同比增长 20%;网络游戏市场规模达 258 亿元人民币,同比增长 39.5%。以创新、创意、低耗、低碳为特点的文化产业,正在成为中国经济发展的新引擎。优秀的文化作品有其特有的感染力和感召力,它能引起人们心灵的震撼,促进信心和力量的增加。在发展各类文化事业和文化产业的同时,坚持以社会主义核心价值体系为正确导向,把社

会效益放在首位,使社会效益和经济效益达到有机的统一;不断推进文化体制和机制创新,支持和保障文化事业的公益性,增强文化产业的整体实力和竞争力。

4. 提高我国网民的网络媒介素养

媒介素养是指人们面对媒体各种新信息时的选择能力、理解能力、质疑能力、评估能力、创造和生产能力以及思辨的反映能力。当前,我国已进入发展的关键时期、改革的攻坚时期和社会矛盾的凸显时期,人们的价值观念呈现出多元化和开放性、变异性的特点。面对这些情况,提高人民大众的媒介素养尤为重要:一方面,各类媒体既要及时传达贯彻党和政府的意见,又要准确反映人民群众的心声;既要关注社会的重大热点问题,同时又要把好关、把好度,提高舆论引导水平,满足人民群众不断增长的精神文化需求,维护社会的稳定,为实现全面建设小康社会和构建社会主义和谐社会营造良好的舆论氛围。另一方面,要培养网民特别是伴随互联网成长起来的青少年网民的自律意识,增强他们的社会责任感和历史使命感,面对纷繁芜杂的网络信息资源,要善于分析质疑,充分认识网络的双刃剑性质,增强对各类网络文化的辨别力以及对民族传统文化的认同感,进而自觉抵制外来文化的负面影响。

5. 开展国际文化交流合作,借鉴其他国家经验

互联网上铺天盖地的英语信息给非英语国家的民族文化保护带来了极大的冲击,这些国家迫切地感受到网络时代话语权的重要性,纷纷采取措施来抵制互联网上的文化霸权主义。20世纪以来,德国、荷兰积极进行德语网络的研究,尝试将德文打入国际互联网络进而与美国抗衡。21世纪初,在巴黎举行的首届国际文化论坛上通过了《文化性和文化多样性权利宪章》,呼吁各国共同采取措施,维护世界文化的多样性。日本也全力巩固自己的网络环境,努力做到既参与世界文化的交融,又保持自己的独

立性。中国的信息化建设要大力推进信息技术在经济社会各领域的广泛应用，一方面，在越来越多的人使用互联网络的同时，应制订相应的政策和法规，抵御不良文化信息的渗透，以保护本国民族文化的生存和发展；另一方面要加快发展信息关键技术与核心产业，减少对发达国家的信息依赖，从实质上获得信息文化的平等，最终确保文化建设在中国特色社会主义事业总体布局中的重要地位和作用。

第十章 网络广告效果测评

网络广告的传播效果是指广告主通过互联网所传播的广告信息对于网络用户产生的作用与影响。网络广告效果是所有广告主共同关心与追求的事情,做好网络广告传播效果的研究,不仅有助于广告机构和广告主正确理解和掌握网络广告传播效果的构成因素和社会影响,而且能够更好地策划网络广告传播、控制传播和优化传播。互联网是数字化、交互化的新型信息传播媒介,其本身的特质为网络广告传播效果的测定提供了强大的技术支撑。广告主能够通过数字技术获得广告传播效果真实而准确的数据,并能依此调整传播方式、传播技巧,做好页面编排形式,充实网络广告内容、搞好广告创意等。使网络广告传播的整个过程更能符合网络受众的需求,达到效果最大化。

第一节 广告效果及其特征

一、广告效果

广告效果是指广告作品通过广告媒体传播之后所产生的作用和影响,或者说是目标受众对广告的反应程度。这种影响可以分为对受众的心理影响,对受众社会观念的影响以及对广告产品销售的影响，对企业来说，就是广告能否达到预定的目的，如提高知名度、美誉度、销售额、市场占有率等。广告效果关系到媒体和广告的直接利益，也影响到整个行业的正常发展。

二、广告效果的特征

1. 复合性

广告效果是多种因素复合的结果。首先，广告活动的各个环节都会影响到广告效果；其次，企业产品策略、价格策略、销售通路、促销策略的变化以及竞争对手的广告营销策略的调整，都会对广告效果带来影响；第三，市场环境、社会环境、政治环境及文化心理等也会影响广告效果。因此，广告的效果是多种因素综合作用的结果。

2. 滞后性

广告效果并非立竿见影，而是需要经过一段时间或更长的时间才能看到它产生的效果。这是由于广告活动首先是对受众产生心理影响，然后才能促成消费者的购买行为。这一过程并不是一次、一时或一种信息和媒体产生作用的结果，而是通过广告信息的多次重复，造成累积效应的结果。用户在接受了广告信息之后，需要一定时间对广告信息进行消化和验证，或因时间、资金等原因造成购买滞后。因此，不能简单地从眼前效益来判断广告效果。

3. 持续性

广告信息的发送与接收是一个连续、动态的过程，目标受众从接触广告到完成购买，中间有一个心理积累的过程。广告效果的实现往往是广告信息在受众心中持续积累的结果，广告效果大多需要较长的周期。

4. 间接性

广告促进受众达成认知、理解或态度改变最终实施购买行为,使企业获得效益,这是直接的广告效果。但更多时候广告形成的是间接效果。在消费者使用广告产品后,如果觉得质量可靠,价廉物美,还会向亲朋好友进行推荐,促成更多的购买行为,来自亲朋好友的推荐在某种情况下被认为比广告信息更加可靠,更加值得信赖,由此产生间接效果。

5. 损耗性

市场上一定时期之内对某一产品的需求量是有限的,生产同类产品的企业为了争夺市场,获得利益,将会实施产品、价格等一系列策略,并开展大规模的广告促销,甚至进行广告大战。一方面,广告大战本身就是一种损耗,将会增加企业的成本;另一方面,各竞争者为提高知名度,大量发布信息,消费者面对大量同类产品的广告信息的轰炸,会产生一定程度的厌恶和排斥,这必然也会在某种程度上抵消广告效果,影响广告预期的效果,产生损耗。

三、广告效果测评

所谓广告效果测评,就是根据一定的法则,采用一定的操作程序,对广告效果给出一种确定的数量化的价值。广告主都希望了解自己投放广告后能取得什么回报,力争花最少的钱,做最多的事。这就使得广告效果测评在现代广告中日益显得重要。

(一) 广告效果测评的作用

1. 检验决策

通过广告效果测评,可以检验广告目标是否正确,媒体是否运用得当,广告发布时间和频率是否合适,广告费用的投入是否恰当,从而提高广告水平,调整广告计划,节约广告费用,取得较好的广告效益。

2. 改进作品

通过广告效果测评,可以了解广大受众对广告的反应,从而鉴定广告主题是否突出，广告诉求是否准确，广告创意是否有新意，是否能争取目标受众的注意。这些资料有助于及时地修正计划，改进创作，保证广告活动的最佳效果。

3. 调控管理

通过广告效果测评，可以及时掌握广告活动的变化，全盘掌握广告活动的成功与不足，找出问题点与机会点，随时调整广告策略，以使广告活动始终沿着正确的轨道进行。

(二) 广告效果测评常用指标

1. 注意率

注意率即广告被受众注意的程度，包括广告的接触者数量、接触者范围以及受众在一定时期内接触广告的次数即接触频率。媒体的注意率越高，其广告效果就越好。

2. 到达率

到达率是衡量广告效果的重要指标之一。它是指在某一市场进行广告信息传播活动后接受广告信息的人数占特定消费群体总人数的百分比。在消费群体总人数一定的情况下．接触广告信息的人数越多，广告到达率越高。

到达率包括三个层次：知名度、理解率、确信率，即通过广告活动，企业的名称品牌等被受众知道了多少，又有多少受众理解了广告所传达的各种信息，又有多少受众信服了这些广告信息或产生了心理态度的转变继而采取一定的行为。

3. 行动率

行动率是指在广告信息的影响下，目标受众中行为转变者所占的比例。包括三个方面：一是目标受众对企业的正向心态即对企业的赞许态度增加与否；二是市场销售额的变化；三是从市场占有率的变化等来确定广告在促成购买行动上的作用。在网络广告中，行动率体现为点击率、回应率、购买率三个方面，现有的网络技术对点击率、回应率很容易统计，而对购买率则较难统计。

以上是广告效果测评的三个主要指标。传统媒体广告效果测评经过几十年的发展，已经形成一套行之有效的审计认证制度，国际上有许多第三方机构如美国的盖洛普、中国的央视—索福瑞等在进行独立的统计分析工作。

第二节 网络广告效果分析

广告投放后应该监测投放的情况和效果，管理规范的网站一般都会给用户提供监测广告投放的技术方法或监测报告、监测结果和反馈情况，也可以委托第三方对广告进行监测，并及时对整体广告策略进行改进，以适应瞬息万变的市场环境。

一、网络广告效果

网络广告效果是指网络广告作品通过互联网传播后所产生的作用和影响，或者说目标受众对广告传播的结果性反应。网络广告效果同样包括经济效果、心理效果和社会效果三个层面，但网络广告效果与传统媒体广告效果有不同之处，具体表现在以下三个方面。

（一）网络广告的经济效果

网络广告经济效果就是网络广告发布后引起产品销售状况发生变化的销售效果。需要指出的是，决定商品销售量的因素很多，网络广告只是其中之一，如果要确定网络广告与销售量的相互关系，还面临如下难题：其一，网络广告是一种具有创造性的活动，在运作过程中，存在大量的不可控因素，难以量化。其二，网络广告经济效果的发生，常常是持续性累积效应，其后仍在相当长时间内发挥效果，并非只是当时发挥效果后便无影无踪。因而，往往很难界定某一时刻网络广告与销售量的直接关系。其三，同种商品间的竞争关系，也对网络广告效果产生很大影响。竞争方之间的网络广告效果存在相互抵消现象，其与销售量的直接关系也很难确定。尽管存在上述争论，但企业都对网络广告的经济效果极为重视，并将网络广告经济效果如何作为将来进行网络广告投资的依据。因此，要测定网络广告的经济效果，我们做以下假定：①网络广告对销售组合具备支配性力量；②网络广告促使的是直接性购买反应。

（二）网络广告的心理效果

网络广告和传统媒体广告一样，也是一个信息传播的过程，消费者接触网络广告同样也会产生认知、态度和行为等心理效应。但网络广告是一个新兴的媒体广告，它有自己独特的手段和技术，对消费者的心理有着独特的影响效果。

1. 吸引有意注意程度

网络广告是一种非强迫性传播，它不像电视、广播、报纸、户外广告等具有强迫性，想方设法吸引人们的视觉和听觉，将有关信息塞进受众的脑子打动人们的无意注意。网络广告作为一种传播活动，毫无疑问要吸引人们的无意注意，吸引人们在信息的海洋中注意它、点击它，但它独特的交互性主要吸引的是人们的有意注意并力求调动人们的自觉性和主动性。所以吸引消费者有意注意的程度水平是评价一则网络广告心理效果的重要指标。

2. 引起兴趣，满足需要程度

互联网是一个分众媒体，它提供的是一种双向的沟通方式，并能将信息按照用户的个人情况和需求进行"个人化定制"。人们在互联网上是一种自助的信息消费行为，信息的选择和使用完全按照用户个人的兴趣和需要而决定。只有引起消费者的兴趣，满足消费者的某种现实需要或潜在需要的网络广告信息才能一步步吸引消费者深入点透，接受广告信息。因此是否引起消费者的兴趣，满足消费者的需要是衡量网络广告心理效果的一个重要因素。

3. 信息的针对性、亲和力

网络互动广告一对一模式就要求信息传播的个人化，让每个接触广告的人都感到广告产品是专门为自己准备的，让广告信息走到每个人身边来，贴近每个人的心，想其所想，爱其所爱。因此，广告信息是否有针对性、是否具有亲和力应是网络广告心理效果评价系统中的一个重要指标。

4. 引起在线购买程度

网络广告是一种针对目标市场进行广泛劝说的传播活动，与其他大众传播方式相比，网络广告有更明确的广告对象。另外网络技术可以帮助广告主（企业）选择用户，跟踪用户，多方面掌握用户资料，然后有的放矢，对症下药，因此，可望成为一种最富针对性的促销行为。网络这种全天候、全球性的市场交流媒介，它不仅能建立品牌认知度，还能吸引人们来仔细打量一种产品，促成购买，并提供售后服务和售后支持。所以网络广告是否能引起人们的直接在线购买行为也是评价网络广告心理效果的重要指标。

（三）网络广告的社会效果

网络广告的社会效果包括两个方面，一方面是社会公众通过网络广告获得的对企业产品或企业印象的评价，或企业在网络广告中所塑造的本企业或本企业产品的形象信息在大众心理上产生的作用。网络广告的社会效果最直接的体现就是品牌形象的塑造。具有良好品牌形象的产品深受消费者信赖，在市场竞争中将占有非常明显的优势。另一方面是网络广告所产生的社会影响与教育作用也应该考虑在内。网络广告不可避免地会把制作者的思想道德与生活观念，即个人的世界观、人生观、价值观融于广告之中，通过互联网对社会制度和意识形态，包括政治观点、法律规范、伦理道德以及文化艺术等产生影响,这也是网络广告所带来的社会影响,应将其列在社会效果评价指标中。

二、网络广告效果的影响因素

影响网络广告效果的因素,可以分为两个基本方面:一是宏观因素,二是微观因素。宏观因素包括政治、法律、经济、文化、社会等的诸多因素。而微观因素则是具体网络广告活动所面临的具体问题、具体情况。我们所要讨论的正是影响广告效果的微观因素。其中主要的影响因素不外这样两个层面:一是作品层面的因素,二是媒介层面的因素。

(一)作品因素

网络广告作品的内容质量是影响广告效果的根本因素。一方面要做好"说什么"的问题,"说什么"也就是指网络广告作品中有实际用途的信息内容。只有做好了"说什么",才使消费者知道该产品的功能是否能满足自己的需求。另一方面,要做好"怎么说"的问题。只有通过巧妙、新颖、独特的结构形式,才能吸引受众的注意力、增强受众的记忆力、激发受众的购买动机。对大多数网络广告来说,"怎么说"主要起到"锦上添花"的作用。当然,网络广告在制作过程中还要注意将网络技术与广告创意充分结合,势必能充分发挥网络媒体本身所特有的互动性,从而使广告更有效。

(二)媒介因素

媒介是影响网络广告效果的又一重要因素。通常来说,媒介因素包括两层含义,首先媒介因素是指网络广告具体刊登在哪个网站以及网站的具体页面位置;其次,媒介因素是指网络广告具体选择哪种网络广告形式。

首先,不同的刊播广告的站点,甚至包括具体页面位置都会影响网络广告的效果。众所周知,不同的受众群体接触媒介的情况是有一定差异的，尤其是在传播产业异常发达的今天，这种差异更加突出：一方面，媒介的种类、数量越来越多，人们的选择余地越来越大；另一方面，随着媒介种类的迅速增加和选择余地的极度扩展，受众群体则越分越细，不同受众群体接触媒介的差异也越来越大，这就使得受众群体接触媒介的情况变得更加难以把握。

所以媒介的选择对网络广告的最终效果影响很大。选择哪个网站投放你的广告要考虑以下几个方面的问题：网站的访问量；访客是否与目标受众有关联等。

其次，不同的网络广告形式也将会影响到广告的最终效果。一般来说，网络广告效果与面积的大小成正比。IAB 发布的研究结果显示新型巨幅广告能够"提高关键印象指标"多达 40%，支持在线广告越大越好，而巨幅广告的整体效果是 Banner（旗帜广告）的 3 倍。另外 TAB、微软、Double Click 联合发表的研究报告也表明，较大的广告面积对消费者的吸引力也较大，网络广告的尺寸越大、越显眼，在传递广告信息时效果也就越好。

搜索引擎广告获得更多的认同。以关键词检索为代表的搜索引擎获得了更多的认同，以 Google 为首的主流搜索引擎已经能够提供按照关键字搜索而显示图片形式的广告，更加减少了网络广告和搜索引擎广告之间的定义区隔。中国超过 60 万家企业使用过或者正在使用搜索引擎进行网络营销，这个数字远远大于在主流网络媒体上投放广告的 4 000 余家网络广告主的数量。竞价排名广告形式快速增长。

E‑mail 广告在困境中发展。通过电子邮件广告商建立的数据库，广告主可以设定收信人的年龄、性别、学历、工作状况和月收入等，从而能够准确圈定目标消费群。企业因此不必再支付非目标市场的广告费用，节约大量广告成本。但 E‑mail 营销逐渐被越来越多的垃圾邮件淹没，垃圾邮件造成的混乱让部分用户把所有的商业邮件都认为是垃圾邮件,这种状况使得 E-mail 营销的声誉受到很大负面影响。

新的网络广告形式不断推出。如 QQ 的上线弹出广告——用户登录 QQ 时,伴随立即播放的 Flash 动态广告,它同时具有自动打开、自动关闭和自动更新广告内容的特性,该广告只在登录 QQ 时出现;互动游戏式广告——在一段页面游戏开始、中间、结束的时候,广告都可随时出现,并且可以根据产品要求量身定做产品的互动游戏广告。

三、提高网络广告效果的方法

网络广告必须以消费者为中心,在保证质量的前提下,提供最有价值的信息,这样才能维护网络广告的长期效益,提高网络广告效果。一般应该从以下几个方面着手。

(一) 多渠道提高网络广告被浏览到的概率

网络广告的核心思想在于引起用户关注和点击,没有关注和点击就谈不上提升受众的接受度和好感度,广告效果将无从谈起。不同的网络广告创意、投放位置、广告形式、广告尺寸都将影响广告的最终效果。

1. 网络广告要有创意

网络广告不像电视广告,只要选择电视的黄金时段,不论广告本身设计水平的高低都会有一定的电视受众,而互联网是信息的海洋,要提高对网络广告的注意力,必须有创意、特色,才能打动受众的购买欲望,激发他们的消费需求。网络广告的表现形态包括动态影像、文字、声音、图像、表格、动画、三维空间、虚拟现实等,根据创意需要可以对这些形式进行任意的组合创作,最大限度地调动各种艺术表现手段,制作出形式多样、新颖、独特、生动活泼的广告。在网页的显著位置以简明、醒目、悬念等手段来抓住受众的注意力,诱导其点击了解下一层次的广告信息，这样才能取得良好的效果。

2. 不断创新网络广告形式

创新的广告形式本身就是最好的广告。因此要突破现有的广告类型，寻求网络广告形式的创新，如创作寓于游戏中的网络广告、多媒体广告、Flash 广告，采取许可营销、拉式广告、分类广告、互动广告、多媒体视频广告等形式。另外要使广告有吸引力，必须向浏览者提供有附加价值的东西，比如通过图片、动画、故事、情景剧、小游戏、有奖问卷、看广告累计加分、发表评论、有奖促销、公益性活动等形式来调动受众对附加信息的兴趣，使受众浏览网络广告。

3. 合理选择网络尺寸

横幅、通栏等大尺寸网幅广告一般在网页的明显位置，所占篇幅比较大，容易被浏览者看到，易于企业品牌形象的宣传。按钮等小尺寸网幅广告一般费用较低，适合长期投放和品牌宣传。浮标、对联、翻页等特殊形式广告，形式新颖，容易引起浏览者的注意，一般适用于企业产品促销等。文字链接广告以新闻条的形式出现，可以吸引浏览者的阅读兴趣，避免读者对广告的反感，适合企业形象和产品介绍。

4. 针对受众的特点，科学合理投放网络广告

网络广告的目标对象决定着广告的表现形式、广告的内容、具体站点的选择，影响着最终的广告效果。因此在网络广告的策划阶段就应该充分研究受众的心理特点，可以通过相关的网站建立完整的用户数据库，掌握用户的年龄、性别、地域分布、爱好、收入、职业、婚姻状况等数据，用户登录的次数和页面上所做的操作，以及用户以前的历史记录等，找出他们的兴趣和习惯。基于用户兴趣和习惯、主观愿望和特殊的要求，设计出既能体现企业形象又能体现个性化的网络广告，通过精确的广告定位投放技术有针对性地投放广告，把广告中强有力的信息直接指向

具有某种需求或兴趣的消费者，以便广告信息有效地传递，提高广告效果。

在广告策略上，网络广告的投放要符合产品定位策略和产品生命周期，配合新产品开发、产品包装和商标形象等，充分考虑不同国家和民族的风俗习惯、文化特点等，选择适当的网站页面，合理安排网络广告发布时间、频率、时序，这样不同的受众可以根据自己的需要在不同层面上获得最新的相应信息，将自己的消费行为建立在理性的基础上。

（二）保证网络广告内容的真实有效性

首先，加强网络广告内容建设。网络广告的内容要具体、真实，不能提供虚假、欺诈信息，拒绝发布带有色情意味和不道德的广告，否则将会影响广告效果，损坏企业形象。

其次，根据受众反馈信息及时调整内容，保持网络广告的时效性。网络广告已经超越了广告本身，成为全方位了解企业产品、企业形象的通道。网络广告可以让受众填写反馈需求表，发送 E-mail 还可以获得本网址访问人数、访问过程、浏览的主要信息等记录，以随时监测广告的效果，这样广告主可以及时了解受众的信息，直接了解受众的反应，得知网络广告是否受欢迎，从而及时调整广告内容，反映企业的动态动向。

（三）提升网络广告的品牌推广价值

目前我国网络广告中促销广告多于品牌广告，这种短视行为会直接影响网络广告的传播效果，降低受众对品牌的认知度和认可度，不利于企业的长期发展。网络广告的效果不能仅依靠对受众进行表象上和感性的冲击，而应以整体化推进为方向，把握品牌的核心方向，建立稳定的营销策略，放眼于长期销售，产生长远利润。

第三节 网络广告效果测定

一、网络广告效果测定

广告效果的测定不仅能对企业前期的广告做出客观的评价，而且对企业今后的广告活动能起到有效的指导作用。因此，它不仅能够直接提高企业的广告效益，而且可以通过广告效果反馈，获取消费者的需求动态，间接推动企业的生产发展。

网络广告也不例外，而且由于网络广告自身所具有的技术优势，使得网络广告的效果测定更加快捷和准确，更具有操作性。

所谓网络广告效果测定就是指运用一定的方法和技术，对基于网络载体上的广告所能达到的心理效果、经济效果、社会效果等进行综合测定的过程。它的基本思路是，将网络广告活动的各项目标转化成可以测度的指标来进行评价和审查，每一项指标都是对某类目标受众，对应于一定时间内达成的具体的传播任务以及由此所带来的销售量增长或品牌效果的提升，这些指标共同组成了网络广告效果测定的指标体系。

二、网络广告效果测定的特点

传统媒体广告的效果测评一般是通过邀请部分消费者和专家座谈评价，或调查视听率及发行量，或统计销售业绩分析销售效果。在实施过程中，由于所需时间较长（往往需要上月的时间）、主观性影响（调查者和被调查者主观感受的差异及相互影响）、技术失误造成的误差、人力物力所限样本小等原因，广告效果评定结果往往和真实情况相差很远。网络广告效果测评由于技术上的优势，有效克服了传统媒体在以上方面的不足，具体表现在以下几点。

1. 互动性

通过网络,广告受众可以方便地与广告主交换意见,避免了调查者个人主观意向对被调查者产生的影响。因而得到的反馈结果更符合消费者的本身感受,信息更可靠、客观。互动性的另一个显著特点是一对一的直接沟通,隐蔽性好,广告受众反映的意见准确、真实。

2. 迅捷性

评估迅捷性一方面指的是信息发布,另一方面指的是信息的反馈和更换。对于广告运作来说,从材料的提交到发布,所需时间可以是数小时或更短。传统的广告形式很难及时、快速地反映广告的效果,它往往要等广告已传播了一段时间后再进行广告效果评估。这样,广告主就不能及时地得知用户的反应,而如果选择的评估时间不合适,也不能较准确地评估出广告效果。网络广告与传统广告在形式上相比最大的特殊性是网络广告具有交互性。广告受众或访问者在访问广告站点时,能够在线提交 Form 表单或发送 E-mail,广告主可以在很短的时间内迅速接收到信息,并根据客户的要求和建议及时地作出反馈。网络广告的交互性使得网络广告效果评估既迅速又直观,广告主可以随时了解广告的受欢迎程度、广告的传播效果,甚至通过计算还可迅速得知网络广告的经济效果如何。

3. 客观性

网络广告效果测评不需要人员参与访问,避免了调查者主观意向对被调查者产生的影响。因而得到的反馈结果更符合被调查者本身的感受,信息更可靠更客观。

4. 精准性

传统广告效果评估无论是采用问卷调查还是专家评估,都只能得出一个粗略的统计数据,如果调查时间和调查对象的选择不恰当的话，还可能得出错误的数据。网络广告则具有巨大优势：首先，网络从它诞生起就是一个技术型的网络。网络广告主通过亲自或委托 Web 评级公司安装使用适当的软件工具，就能很容易地统计出具体、准确的数据，它的全数字化表明了统计数据的准确性。其次，互联网是一个开放的全球化网络系统，因此网络广告的传播时间是全天候的，传播对象几乎是无限广阔的。对于网络广告效果评估来说，它具有极其广泛的调查目标群体，其评估结果的准确性也得到了前所未有的提高。而且网络广告受众在回答问题时可以不受调查人员的主观影响，这样网络广告效果评估结果的客观性与准确性就会大大提高。

5. 广泛性

网络广告效果评估耗费的人力、物力少，能够在网上大面积地展开，参与调查的样本数量大，评估结果的正确性与准确性大大提高。网络是一个全天候开放的全球化网络系统，网络广告的受众数量无限庞大，参与调查的目标群体的样本数量能够得到保证。

6. 经济性

相对传统媒体而言，网络广告效果测评的费用是最低的。ACNielsen.consult 曾在我国香港针对六大知名品牌的网络广告进行调查和广告效果评估。结果表明，网络广告有助于提升 6% 的销售率，而且其对于树立企业形象也有正面帮助。通过网络广告，平均可增加 22.8% 的广告回函率，在没有提示的情况下约可增加 5.5% 的受众对该品牌的认识。在有提醒的前提下，可增加 2.2% 受众对品牌的印象，约有 5.7% 的受众则通过网络广告，增强了对该品牌的"正面态度"，如对这一品牌表示"满意"。而约有 5.8% 的受众则是看了网络广告后，决定了他们的购买行为。

7. 自愿性

传统的广告媒体特别是电视广告，不管观众愿不愿意，都强行地把广告塞给观众，观众只能被动地接受这些信息，几乎没有选择的权力。而网络广告本身就具有自愿性的特点，它使访问者充分享有自主选择的权利，可以按照需要查看广告。网络广告效果评估的调查表完全由网上用户自愿填写，更倾向于反映用户自身的真实需要，这也从一定程度上提高了评估的准确性。

第四节 网络广告效果测定的意义和原则

网络广告活动的效果是指网络广告作品通过网络媒体刊登后所产生的作用和影响。网络广告效果的测定，不仅能对企业前期的广告做出客观的评价，而且对企业今后的广告活动，能起到有效的指导作用，它对于提高企业的广告效益，不论是宏观的经济效益还是微观的经济效益，都是十分重要的。

一、网络广告效果测定的意义

网络广告作为信息时代的产物，由于它自身的特性，被越来越多的企业采用。而要发挥网络广告的真正作用，做到对网络广告效果进行科学、有效的测定，必须要明确网络广告效果测定的意义与原则。只有这样，网络广告效果测定才能得到重视，也只有这样，网络广告效果才能更加准确、有效地测定。

网络广告效果测定是希望能对广告效果给出一种确定的数量化的价值评价，它虽是广告策划的最后一个环节，但是对于企业正确认识广告的作用和效果、开发成功的广告、提高广告支出的效率，提升产品、品牌形象、拉动销售等具有十分重要的意义。具体表现如下：

1. 有利于完善广告计划

通过网络广告效果的评估，可以检验原来预定的广告目标是否正确，网络广告形式是否运用得当，广告发布时间和网站的选择是否合适，广告费用的投入是否经济、合理等，从而可以提高制定网络广告活动计划的水平，争取更好的广告效益。

2. 有利于提高广告水平

通过收集消费者对广告的接受程度，鉴定广告主题是否突出，广告诉求是否针对消费者的心理，广告创意是否吸引人，是否能起到良好的效果，从而可以改进广告设计，制作出更好的广告作品。

3. 为以后的广告活动提供借鉴

网络广告活动结束后，正确地评估广告活动给消费者、企业营销和整体市场带来的影响和变化，将有利于企业全面掌握广告活动的成功与不足，找出问题点和机会点，为以后的广告活动提供依据和借鉴。

4. 有利于促进广告业务的发展

由于网络广告效果测定能客观地肯定广告所取得的效益，可以增强广告主的信心，使广告企业更精心地安排广告预算，而广告公司也容易争取广告客户，从而促进广告业务的发展。

从上面可以看出，网络广告效果测定是网络广告活动中必不可少的一个环节。通过效果的测定，企业可以了解到消费者对网络广告活动的反应，包括网络广告主题是否明确、广告诉求是否准确有效、广告预算安排是否经济合理、网站安排是否正确等信息。掌握了这些信息，广告主在网络广告活动前期和进行阶段，可以及时调整网络广告信息战略、媒介战略，提高对广告活动的监控能力，提高广告决策的科学性和广告活动的效率。在网络广告活动结束以后，又能客观、公正地评价广告活动的综合成效，积累宝贵的经验和教训，为以后更好地制定网络广告活动战略提供正确的指南。同时，科学规范的广告效果评估也为客观公正的评价网络广告策划人员的工作绩效提供了依据。

二、网络广告效果测定的原则

评价网络广告的效果,首先应构建网络广告效果评价指标体系。在实际的综合评价中,如何选择评价指标是一个很重要的问题,应该慎重考虑,评价指标并非是越多越好,也不是越少越好,关键在于评价指标在评价中所起的作用大小。另外,企业网络广告效果表现为多层次的动态系统,结构复杂,只有从多个角度和层面来构建指标体系,才能准确反映企业投放网络广告后产生的效果,因此构建网络广告效果评价指标体系应该遵循以下原则。

1. 系统性原则

网络广告效果是一个多层次、多结构、全方位的有机整体,要以系统的观点来看待它。因此评价指标的构建必须注意全面性,应尽可能地从不同的侧面反映网络广告效果,要从总目标层面出发进行层层分解,逐层建立系统完整的评价指标体系,提高评价结果的公正性和权威性,从本质上全面反映网络广告效果的实际状况。

2. 科学性原则

对网络广告效果的评价,首先要本着科学的态度,保证评价对象所具有的特性与所收集的材料之间存在必然的因果关系,或者存在内在的直接影响。其次所建立的评价指标体系应能客观准确地反映实际情况,各个评价指标的概念要科学、确切,要有准确的内涵和外延,计算范围要明确,不能含糊其辞,不能有不同的解释,不能各有所取,以利于通过指标体系的核算与综合评价,找出与竞争对手的差距,成为自我诊断、自我完善的有利工具。

3. 有效性原则

评估工作必须要达到测定广告效果的目的，要以具体的、科学的数据结果而非空泛的评语来证明广告的效果。由于目前我国还未形成规范的网络广告市场，有的广告商采用一些不正当的手段来获取高统计数字。例如，广告商很可能为了争取利益而通过各种虚假诱惑的广告甚至强制弹出的手段制造点击次数，这些点击往往造成访问率很高的假象。广告来访用户的回访情况分析能对这种行为产生很好的甄别。当然，该分析数据依然与广告主站点本身的设计密切相关，但是通过对比不同广告牌来访用户的回访情况，对比搜索引擎来访用户的回访以及其他广告商来访用户的回访情况数据，就可以很容易地分辨怎样的广告带来的来访才是真实、有效的。所以，它要求在测定广告效果时必须选定真实、有效，具有代表性的答案作为衡量的标准；否则，就失去了有效性。这就要求采用多种测定方法，多方面综合考察，广泛收集意见，得出客观的结论。

4. 目标性原则

企业进行广告活动往往具有非常明确的目标，因此在进行广告效果测定时，要求网络广告效果测定的内容必须与广告主所追求的目的相关，DAGMAR（Defining Advertising Goals For Measured Advertising Results）方法是这一原则的很好体现。必须首先测定广告达到广告目标的程度。广告效果测定包含众多的内容，应该对广告主要目标的测定项目给予较大的权重，使广告效果的测定更加合理。例如，侧重于企业形象宣传的网络广告可能在短期内的经济效益指标上分配较少权重，而更强调广告的心理效果与社会效果指标。倘若广告的目的在于推出新产品或改进原有产品，那么广告评估的内容应针对广告受众对品牌的印象；若广告的目的在于在已有市场上扩大销售，则应将评估的内容重点放在受众的购买行为上。

5. 可操作性原则

指标体系应简明扼要、定义明确，在科学合理的基础上，要考虑其比较、分析和综合评价的功能性。指标体系所需资料应易于调查和收集，尽可能从现有资料中获取，或通过简单加工资料获得。同时还要保证指标具有独特性，防止不同指标之间出现相关性和相近性。

6. 相关性原则

相关性原则指广告效果测定的内容必须与所追求的目的相关，不可做空泛或无关的测定工作。若广告的目的在于推出新产品或改进原有的产品，那么广告测定的内容应针对消费者对品牌的印象；若广告的目的在于在已有的市场上扩大销售，则应将广告效果测定的重点放在改变消费者消费的态度上；若广告的目的在于和同类产品竞争，抵消竞争压力，则广告效果测定的内容应着重于产品的号召和消费者对产品的信任感。

7. 经济性原则

进行网络广告效果评价时，必然要投入一定的人、财、物，即产生一定的成本。我们知道，评价结果的准确性与成本成正比关系。所以在构建网络广告效果评价指标体系时，"我们必须权衡收益和成本"，指标体系过小则评价结果不全面，过大则会因所需要采集的数据过多导致成本上升和操作过程的复杂程度加大，从而得不偿失。

8. 综合性原则

影响广告效果的可控性因素是指广告主能够改变的因素，如广告预算、媒体的选择、广告刊播的时间、广告播放的频率等；不可控因素是指广告主无法控制的外部宏观因素，如国家有关法律法规的颁发、消费者的风俗习惯、目标市场的文化水平等。在测定广告效果时，除了要对影响因素进行综合性分析外，还要考虑到媒体使用的并列性以及广告播放时间的交叉性。只有这样才能排除片面的干扰，获得客观的、全面的测评效果。

9. 经常性原则

在网络广告效果测定上不能有临时性观念，因为某一时间和地点的广告效果，并不一定就是此时此地该广告的真实效果，它也许包括前期广告的延续性或其他营销活动的影响等。所以，应该掌握前期广告活动和其他营销活动及其效果的全部资料，才能推定现实广告的真正效果。同时，广告效果的测定历史资料提供了大量的检测经验与教训，对现实的广告效果测定有很大的参考价值。而且，长期的广告效果测定，只有在经常性的短期广告效果测定、并掌握详细的测定资料的基础上才能进行。所以测定广告效果时一定要坚持经常性原则，定期或不定期地进行测定。

总之，广告效果测定的内容及其一切设计都应以解决问题为目的。此外，在广告效果测定工作正式开展之前，必须要做好充分的准备工作，这样才能使广告效果的测定工作顺利进行。

三、网络广告效果测定的影响因素

网络广告经过一段时间的发展之后，已经逐渐形成了一套行之有效的效果测定体系，但在对网络广告效果测定的过程中，有多种因素将会影响到最终效果测定的准确性、真实性、有效性，这些因素不仅来自外界大环境，而且很多是网络广告自身的原因。在此，仅对网络广告这一微观层次原因作分析，探讨网络广告效果自身的特点是如何影响最终效果的测定。

1. 网络广告的推移性影响广告效果的测定

网络广告效果具有时间推移性，因此广告对消费者的影响是不一致的，对有些消费者的影响可能快一些，对另外一些消费者可能就慢一些。广告对消费者的影响程度受到多种因素的制约，诸如社会环境、经济条件、文化习俗等，一般来说，广告是短暂的、瞬间即逝的，虽然广告的受众很多，但是能马上采取行动购买商品的人并不多，即使有些消费者产生了购买欲望，但由于各种原因，如旧的还没有用完，或暂时钱不够等，也没有购买，那么经过一段较长的时间后，购买条件具备了才可能实施购买，广告效果的这种时间推移性使测定广告效果变得十分困难，必须准确地掌握广告效果的时间周期，区别广告的即效性和迟效性，而这在实际工作中是很难准确无误地做到的，当测定的时间不恰当时，很可能把一个优秀的广告给抹煞掉了。

2. 网络广告效果的积累性影响广告效果的测定

众所周知，广告效果具有积累性，广告常常是连续地、反复地进行的，因为企业或广告主明白，单单一次或一小段时间的广告，一般效果不会很明显，而通过反复的广告宣传，即便消费者没有购买行为，广告也在消费者心理产生了影响，即广告效果正处于积累时期，最后，强化影响的结果是一个质的飞跃，促成消费者购买，但是，这种连续的、反复的广告效果测定很难分清是这一次的广告效果，还是那一次的广告效果，即使广告业发展到今天，这种测定也是困难的。既然不能精确地测定出一次广告的效果，也就不能精确地告知广告主应该做多少次广告才能达到预期效果，广告主也就只好不停地、反复地做广告了。对于那些财力薄弱的小企业来说，只好望洋兴叹了。

3. 网络广告效果的间接性影响广告的测定结果

网络广告效果具有间接性，即消费者在使用中对商品的质量和功能有一个全面的认识后，对该商品产生信赖感并重复购买，或者消费者对某一商品的信赖感由此及彼，向亲朋好友推荐，扩大了广告的宣传效果；再次，消费者虽然自己没有购买广告宣传的商品，但他已接受广告的宣传，并向有购买倾向的亲朋好友推荐。在现实中，由于间接性的影响，是很难做到对网络广告效果的准确测定。

从上面的分析可以看出，仅网络广告效果自身特点这一层次就有很多因素会影响到最终效果的测定，那么在整个网络广告活动的过程中又会有多少影响因素呢？所获取数据的不准确性、测定指标设定的不合理、测定方法本身的错误性等，都将会影响到效果测定的结果。如此看来，网络广告效果测定将是"路漫漫其修远兮"，还有许多工作要做。

第五节 网络广告测定的内容与方法

传统广告由于技术上的局限性导致了效果测定是一项长期、复杂的工作，即使使用较为科学的指标和方法，最终也不能完全反应广告的真实效果。网络广告虽然具有传统广告所不具有的优越性，特别是在统计数据的科学性和准确性上，但如果不对测定的内容加以限定，不使用科学的测定方法，最终也将会导致网络广告效果有效测定的失败。

一、网络广告效果测定的内容

广告的根本目的在于促成消费者购买产品，但是由于广告的影响作用是一项缓慢的过程以及网络广告自身的特点，其效果不仅表现为销售效果，因此应把网络广告的传播效果、经济效果以及社会效果几方面综合衡量，进行测定。

（一）网络广告心理效果测定

网络广告的心理效果是广告效果测定的关键内容。这是由于网络广告的心理效果最先产生，而且对于大多数网络广告而言，良好的广告心理效果也是其最直接的广告目的。也只有先产生良好的心理效果，才能达到预期的经济效果与社会效果。

所谓网络广告心理效果测定，即测定广告经过网络媒体传播之后对消费者心理活动的影响程度。广告既然旨在影响消费者的心理活动与购买行为，就必然与消费者的心理过程发生联系。广告活动作用于消费者而引起的一系列心理反应可以概括为以下过程：感知—记忆—理解—态度—行为。

因此，以上几个方面也是网络广告心理效果的测定指标。

1. 感知

该指标主要用于网络广告的知名度，即消费者对广告主及商品、商标、厂牌等的认识程度。同时，该指标也是网络广告对于受众产生效果的首要环节，一般只有让人们知道一个广告的存在，才会引起接下来的各种反应。而且，网络广告能够充分利用消费者的感觉和知觉，引导消费者的视线去注意广告的主要部分，引起预期的感觉和联想。它的制作集声、像、动画于一体，受众既可以像广播、电视一样得到听觉与视觉的刺激，又可以获得阅读报刊、杂志等平面广告的感受。所以，通常利用注目率、阅读率来测定网络广告中的平面广告吸引消费者眼球和引起回忆的能力，利用视听率、认知率来评价网络视频广告的传播效果，即吸引消费者耳朵、眼睛能力的指标。

2. 记忆

该指标主要是指对网络广告的记忆度，即消费者对网络广告印象的深刻程度，是否能够记住网络广告内容（品牌、特性、商标等），包括瞬间记忆广度、事后回忆率等指标。记忆是信息的输入、储存和提取，所以记忆要靠重复，一旦不进行重复，信息的保持将非常困难。因此，在网络广告创作之中，有意识地运用心理学的记忆规律，增强网络广告的记忆效果，就显得必要而且必需。网络广告的反复刺激性相对于传统广告要差得多，毕竟，网络是一个信息泛滥的地方，没有创意的网络广告是不会被网民反复浏览的。

3. 理解

消费者对网络广告观念的理解，是消费者对广告思维状况的认识，对广告本质的掌握。理解的测定，就是测定受众对网络广告观念的理解程度、信任程度与感悟程度。通过对网络广告理解程度的测定，可以考察网络广告诉求设计与用户实际关心的信息点是否最大限度的契合。

4. 态度

态度可以分为两个方面，一方面是受众对网络广告产生的态度，另一方面则是对产品的态度。而且，这两种态度之间不一定存在"正相关"关系。喜欢广告，不一定就会喜欢产品，反之亦然。受众对网络广告的态度是一个既成结果，处于相对静止的状态，而态度的改变是一个动态的过程。因此，网络广告要改变受众的态度就不能仅仅局限于受众对网络广告的认知、情感和行为上，而应把网络广告宣传当成一个与受众沟通的过程，从网络广告沟通的来源、沟通的性质以及沟通的目标入手，实现对受众态度的改变。

5. 行为

引起购买行动是广告的最终目的。但是，网络广告或许能够引起较高的购买欲望，却不能引起较高的购买行为，因为很多网民对网上看到的广告的准确性、真实性抱着怀疑的态度，"行动"与前面的几个状态没有必然的联系。人们是否会采取购买行为，并不完全取决于是否记住了某个产品，也不取决于对广告或产品的感情。实际上，人们在现实世界购买时，现场气氛所起的作用往往是网络广告不能比的。

(二) 网络广告经济效果测定

网络广告经济效果就是指由于网络广告活动而引起的产品销售以及利润的变化，以及由此引发的同类产品的销售、竞争情况的变化、相关市场中经济活动的变化。对于广告主来说，广告经济效果的测定是最直接、最主要的测定指标之一，它主要是测定广告发布后商品销售和利润的变化情况，以及通过与所花费的广告费用的比较得出结果。广告主所期望广告活动达到的销售目标无外乎是提高产品的销售量和市场占有率,以及确定广告活动对销售量的增长和市场占有率提高所做的贡献。它主要有以下指标。

1. 网络广告效果指标

该指标包括销售效果比率和利润效果比率,表示网络广告费用每提高一个百分点,能增加多少个百分点的销售额或利润,反映出网络广告费用变化快慢的程度与销售额或利润额变化快慢程度的对比关系。销售效果比率或利润效果比率越大,网络广告效果越大;反之,则效果越差。

2. 网络广告效益指标

网络广告效益指标表示每付出单位价值的网络广告费用所能增加的销售额或利润额。销售额的边际增长部分为边际销售额,网络广告支出的边际增长部分为边际广告费,衡量这两者的关系对决定和衡量网络广告费支出的效益非常重要。

3. 网络广告贡献指标

网络广告与销售增长并不是直接的因果关系。见过或听到网络广告并购买的人中,有的是受到广告的刺激而购买,有的不受广告刺激而购买。要精确衡量网络广告对销售增长所做的贡献,就要剔除见过网络广告的消费者中非因广告的刺激而购买者。我们认为,如果在没见过网络广告的消费者中有 $x\%$ 购买了该网络广告商品,则可以假定见过该网络广告的消费者中也有 $x\%$ 不是因为网络广告的原因而购买。然后将检测的数字结果利用额数分配技术进行计算,从而得出网络广告贡献指标。网络广告贡献指标越大,表明该网络广告效果越好。

4. 市场占有率指标

该指标包括市场占有率和市场占有率提高率。市场占有率是指企业生产的某种产品,在一定时期内的销售量占市场同类产品销售总量的比率,它在一定程度上反映了企业产品在市场上的地位与竞争能力。企业市场占有率的提高，就意味着产品的竞争能力增强和产品市场份额的增加。因此，还可以用单位网络广告费提高市场占有率的百分比这一相对经济指标来评估网络广告的经济效果，即用单位费用销售增加额与同行业同类产品销售总额对比，也就是用市场占有率提高率来衡量网络广告的市场开拓能力。

（三）网络广告社会效果测定

网络广告的社会效果主要是对广告活动所引起的社会文化、教育等方面的作用进行综合测定。对网络广告的社会效果测定，很难像对网络广告传播效果和经济效果测定那样用几个指标来衡量，因为网络广告的社会影响涉及整个社会的政治、法律、艺术、道德、伦理等上层建筑和社会意识形态。测定网络广告社会效果的最基本原则是企业的广告活动必须符合社会规范与法律法规和文化习俗，只有这样，网络广告活动才能够有利于社会经济的发展，才能体现社会主义的生产目的。

二、网络广告效果测定的指标

各种传统广告媒介在经历了长时间的发展，已形成了完善的效果测定体系，而且各种媒体都有了自身的一些效果测定指标，这些指标不仅被大多数广告主所认可并接受，而且在实际的广告运作中也被广泛应用。相对于传统广告媒介，网络广告这一新生事物还没有形成一套成熟的效果测定体系，虽然随着技术的发展以及理论研究的深入，网络广告逐步形成了一些测定指标，但这些指标只能作为效果测定的参考，无论从理论上还是实际运用中，这些指标都还存在一些缺陷和使用上的限制。当然，为了研究的深入，仍有必要将现有的一些测定指标逐一进行研究和介绍。

(一) 网络广告曝光次数（Web Advertising Impression）

网络广告曝光次数是指网络广告所在网页被访问的次数，这一数字通常用计数器来进行统计。假如网络广告刊登在网页的固定位置，那么在刊登期间获得的曝光次数越高，表示该网络广告被看到的次数越多，获得的注意力就越多。但是，在运用网络广告曝光次数这一指标时，应该注意以下问题：

首先，网络广告曝光次数并不等于实际浏览网络广告的人数。一种情况是，在网络广告刊登期间，同一个网民可能几次光顾刊登同一则网络广告的同一网站；另一种情况是，当网民偶尔打开某个刊登网络广告的网页后，也许根本没有看上面的内容就将网页关闭了，此时的网络广告曝光次数与实际阅读次数也不相等。其次，在通常情况下，随着网络广告刊登位置的不同，每个网络广告曝光次数的实际价值也不相同。首页比内页得到的曝光次数多，但不一定是针对目标群体的曝光；相反，内页的曝光次数虽然较少，但目标受众的针对性更强，实际意义更大。再次，通常一个网页中很少只刊登一则网络广告，更多的情况是会刊登几则网络广告。因而当网民浏览该网页时，他会将自己的注意力分散到几则网络广告中，这样对于企业的网络广告曝光的实际价值到底有多大我们无从知道。总的来说，网络广告曝光次数，只可以从大体上反映广告受众的注意力。

(二) 点击次数与点击率（Click&Click Through Rate）

网民点击网络广告的次数称为点击次数。点击次数可以客观准确地反映网络广告的效果，而点击次数除以网络广告曝光次数，就可得到点击率（CTR）。这项指标也可以用来评估网络广告的效果，是网络广告吸引力的一个指标。如果刊登这则网络广告的网页的曝光次数是 15 000 次，而网页上的网络广告的点击次数为 1 500 次，那么点击率是 10%。点击率是网络广告最基本的评价指标，也是反映网络广告最直接和最有说服力的量化指标，因为一旦浏览者点击了某个网络广告，说明他已经对网络广告中的产品产生了兴趣，与曝光次数相比这个指标对企业的意义更大。不过，随着人们对网络广告的深入了解，点击率这个数字越来越低。因此，在某种程度上，单纯的点击率已经不能充分地反映网络广告的真正效果。

（三）网页阅读次数（Page view）

浏览者在对广告中的产品产生了一定的兴趣之后进入企业的网站，在了解产品的详细信息后，他可能会产生购买的欲望。当浏览者点击网络广告之后即进入了介绍产品信息的主页或企业的网站，浏览者对该页面的一次浏览阅读称为一次网页阅读。而所有浏览者对这一页面的总的阅读次数就称为网页阅读次数。这个指标也可以用来衡量网络广告的效果，它从侧面反映了网络广告的吸引力。企业网页阅读次数与网络广告的点击次数事实上是存在差异的，这种差异是由于浏览者点击了网络广告而没有去浏览阅读点击这则广告所打开的网页所造成的。目前由于技术的限制，很难精确地对网页阅读次数进行统计。在很多情况下，假定浏览者打开企业的网站后都进行了浏览阅读，这样，网页阅读次数就可以用点击次数来估算。

（四）转化次数与转化率（Conversion & Conversion Rate）

网络广告的最终目的是促进产品的销售，而点击次数与点击率指标并不能真正地反映网络广告对产品销售情况的影响。于是，引入转化次数与转化率的指标。"转化"是受网络广告影响而形成的购买、注册或信息需求；转化次数是由于受网络广告的影响而产生的购买、注册或信息需求行为的次数；转化次数除以广告曝光次数，即得到转化率。网络广告的转化次数包括两部分，一部分是浏览并且点击了网络广告所产生的转化行为的次数；另一部分是仅仅浏览而没有点击网络广告所产生的转化行为的次数。由此可见，转化次数和转化率可以反映那些浏览而没有点击广告所产生的效果,同时,点击率与转化率不存在明显的线性关系,所以出现转化率高于点击率的情况是不足为奇的。但是,目前转化次数与转化率如何来监测,在实际操作中还有一定的难度。在通常情况下,将受网络广告的影响所产生的购买行为的次数看做转化次数。

点击率是网络广告最基础的评价指标,也是反映网络广告最直接、最有说服力的量化指标,不过,随着人们对网络广告了解的深入,点击它的人反而越来越少,除非特别有创意或有吸引力的广告。造成这种状况的原因可能是多方面的,如网页上广告的数量太多而无暇顾及、浏览者浏览广告之后已经形成一定的印象无需点击广告,或需仅仅记下链接的网址,在其他时候才访问该网站等,因此,平均不到1%的点击率已经不能充分地反映网络广告的真正效果。

于是,对点击以外的效果评价问题显得重要起来,与点击率相关的另一个指标——转化率,被用来反映那些观看而没有点击广告所产生的效果。

"转化率"最早由美国的网络广告调查公司 Ad Knowledge 在 2000 年第三季度网络广告调查报告"中提出,Ad Knowledge 将"转化"定义为受网络广告影响而形成的购买、注册或信息需求。这项研究表明浏览而没有点击广告同样具有巨大的意义,营销人员更应该关注那些占浏览者总数 99% 的没有点击广告的浏览者。Ad Knowledge 的调查表明,尽管没有点击广告,但是,全部转化率中的 32% 是在观看广告之后形成的。该调查还发现一个有趣的现象:随着时间的推移,由点击广告形成的转化率在降低,而观看网络广告形成的转化率却在上升。点击广告的转化率从 30 分钟内的 61% 下降到 30 天内的 8%,而观看广告的转化率则从 11% 上升到 38%。这一组数字对增强网络广告的信心具有很大意义,但问题是,对转化率如何进行监测,在操作中还有一定的难度，仍然要参照上述第一种对比分析法。

（五）网络广告成本

1. 千人印象成本（CPM，Cost Per Mille）

通常每个发布广告的网站都会使用程序来统计含有广告的页面被浏览的次数，千人印象成本定价一般以广告网页被1 000次浏览为基准计价单位，它源于传统媒体广告定价：广告定价＝CPM×媒体接触人数（收视率或发行量）/1 000。它意味着网页被浏览的次数越多，网络广告的效果越好。CPM指标比较符合业内人士的惯性思维模式——按照传统媒体测量广告效果的方式来衡量网络广告的效果，操作便捷，广告主不需要太多的网络广告知识就可以知道所投放的网络广告的触及范围和人数。它的原理与传统媒体的广告效果评价体系有相似之处，注重广告的显示效果。但是千人印象成本存在自身的不足，因为每个网络访客可以多次点击载有网络广告的页面，而且访客是否注意到网络广告则是个未知数。

2. 每点击成本（CPC，Cost Per Click Through）

因为CPM无法体现网络消费者是否对广告感兴趣，所以广告主更偏爱千人点击成本（CPC，Cost Per Click Through）模式，每点击成本（CPC，Cost Per Click Through）——利用网络广告被点击并链接到相关网址或详细内容页面的次数来衡量网络广告的效果。网络访客能主动点击广告主的网络广告，表明其对该广告感兴趣，也表明广告引起了目标受众的关注，找到了合适的目标受众，同时由于这种方法加上点击率限制可以加强作弊的难度。从这些方面来看，CPC指标衡量网络广告的效果更加准确、有效，广告主可以很清楚地了解自己投放的网络广告到底带来了多少宣传效果，大大满足了广告主对广告效果测定的需求。

但这种效果评价标准也存在问题，首先，随着网络广告的日益增多，弹出式和游动式广告经常给网络用户造成视觉障碍，所以点击率比初期呈逐渐下降的趋势。其次网络访客点击广告可能源于对广告的内容感兴趣，也有可能源于对广告的制作水平和创意感兴趣。假如访客点击广告仅仅因为广告的制作和创意做得好，而不是因为访客对广告的内容感兴趣，那么就说明广告没有达到预期的效果。最后，此类方法就有不少经营广告的网站觉得不公平，比如，虽然浏览者没有点击，但是他已经看到了广告，作为广告的实质作用也就算发生了。

3. 每广告位时间成本（CPT，Cost Per Time）

CPT（Cost Per Time）是指每广告位时间成本，例如包天、包时等，是目前国内网络广告计费形式的主导，CPT是传统媒体广告购买模式的延续，它使得网络广告的计费模式更趋近于和传统媒体的购买模式一致。广告主可以根据自身需求在特定时间段选取特定广告位进行有针对性的宣传。换言之，CPT在技术上可以看做是CPM的变形，以适应国内广告主在广告购买上的方便，但由于网络媒体区别于传统媒体的广告效果可记录性，CPT无法精确体现互联网便于衡量广告效果的优势。由于各大媒体尚未能实时地公布其每天的不同页面的日访问量（Daily Pageview）和日不重复访客数（Daily Unique User），因此，广告主在衡量广告投放效果时只能根据媒体公布的数据进行估算，这种评估方法难以体现互联网广告所应有的精确性和实时性，而只是根据经验估算出广告所能传达到的用户数量及相应所需付出的费用。同时，一个越来越明显的趋势是，随着媒体页面访问量的不断变化提高，媒体缺乏有力的第三方数据向广告主证明这种页面访问量增长的准确可靠性，只能被动地每半年或每一年调整一次价格，以提高自己的收入。

4. 每行动成本（CPA，Cost Per Action）

所谓每行动成本就是企业为每个行动所付出的成本，它是指按广告投放实际效果，即按回应的有效问卷或定单等定义效果来计费,而不限广告投放量。是一种基于互联网互动性特征的广告计费形式,在确定了广告主所需要获得的广告效果的基础上,以效果的实现来衡量广告价值。

CPM,CPC,CPT 和 CPA 在衡量网络广告价值上都各有利弊,每一种计费方式从单独来看都不能很准确地体现网络广告投放的真正价值,所以衡量网络广告价值应该从广告主的宣传目的出发,而非使用单一的计费标准去衡量。如以宣传品牌为最终目的,可以采用 CPM 为主要衡量标准;以推广促销活动为目的,可以采用 CPC 为主要衡量标准;以购物行为为目的,则最适合采用 CPA 为主要衡量标准。应该说是市场造就了国内目前多种网络广告衡量标准的并存,为不同的广告效果提供不同的衡量标准。

三、网络广告效果评价方法

网络广告的效果评价关系到网络媒体和广告主的直接利益,也影响到整个行业的正常发展,企业希望了解自己投放广告后能取得什么回报,于是需要全面衡量网络广告的效果,从定性和定量两种不同角度有不同的评价方法。

1. 对比分析法

无论是旗帜广告,还是邮件广告,由于都涉及点击率或者回应率以外的效果,因此,除了可以准确跟踪统计的技术指标外,利用比较传统的对比分析法仍然具有现实意义。当然,不同的网络广告形式,对比的内容和方法也不一样。

对于 E-mail 广告来说,除了产生直接反应之外,利用 E-mail 还可以有其他方面的作用,例如,E-mail 关系营销有助于与顾客保持联系,并影响其对企业产品或服务的印象。顾客没有点击 E-mail 并不意味着不会增加将来购买的可能性或者增加品牌忠诚度,从定性的角度考虑,关注 E-mail 营销带给人们的思考和感觉。这种评价方式也就是采用对比研究的方法：将那些收到 E-mail 的顾客的态度和没有收到 E-mail 的顾客做对比，这是评价 E-mail 营销对顾客产生影响的典型的经验判断法。利用这种方法，也可以比较不同类型 E-mail 对顾客所产生的效果。

对于标牌广告或者按钮广告，除了直接点击以外，广告的效果通常表现在品牌形象方面，这是许多企业不顾点击率低的现实而仍然选择标牌广告的主要原因。品牌形象的提升很难随时获得可以量化的指标，不过同样可以利用传统的对比分析法，对网络广告投放前后的品牌形象进行调查对比。

2. 加权计算法

所谓加权计算法就是对投放网络广告后的一定时间内，对网络广告产生效果的不同层面赋予权重，以判别不同广告所产生效果之间的差异。这种方法实际上是对不同广告形式、不同投放媒体、或者不同投放周期等情况下的广告效果比较，而不仅仅反映某次广告投放所产生的效果。

假设企业产品销售量为 x，点击次数为 y，实际购买的权重为 m，每次点击的权重为 n，那么企业获得的总价值

$$S = x \times m + y \times n$$

其中权重的设定对加权计算法的计算结果影响较大，权重的决定，需要在大量统计资料分析的前提下，对用户浏览数量与实际购买之间的比例有一个相对准确的统计结果。

加权计算法是建立在对广告效果具有监测统计手段的基础之上的。例如：假定某企业在 A 网站投放的 Banner 广告在一个月内获得的效果为：产品销售 150 件（次），点击数量 6 000 次；同时，假定另一企业在 B 网站投放的 Banner 广告在一个月内获得的效果为：产品销售 180 件（次），点击数量 3 000 次；判断这两次广告投放效果的区别，可以为产品销售和获得的点击分别赋予权重，如果每 100 次点击可形成 2 次实际购买，那么可以将

实际购买的权重设为1.00，每次点击的权重为0.02，依此计算上述两种情况下企业获得的总价值。

在第一种情况下，总价值为：
$$150 \times 1.00 + 6\,000 \times 0.02 = 270$$
而在第二种情况下，总价值为：
$$180 \times 1.00 + 3\,000 \times 0.02 = 240$$

由此可见，第二种情况获得的直接销售比第一种情况要多，但从长期来看，第一种情况更有价值。网络广告的效果除了反映在直接购买之外，对品牌形象及用户的认知同样重要。

权重的设定对加权计算法最后结果影响较大，如果假定每次点击的权重增加到0.05，则结果又不一样，权重的决定，需要在大量统计资料分析的前提下，对用户浏览数量与实际购买之间的比例有一个相对准确的统计结果。

3. 效果成本指标

互联网是一个互动的媒体，具有点对点传播的特征，这种传播特征使互联网的推广不仅留在广告印象（用户被动看到广告）或者广告点击（用户主动点击广告）上，而且可以渗透到企业的营销全过程。通过调查消费者在哪里、消费者的习惯是什么、消费者关心产品和服务的哪些部分、消费者为什么没有购买、消费者参与品牌活动的目的是什么等，了解消费者在从认知到购买的整个思维和行为特征，了解在整个营销过程中消费者反映特征，了解用户点击网络广告后行为，通过这些分析可以指导营销体系的完善。由于网络广告监测系统可以详细记录用户点击网络广告后的一系列网络行为，可以方便地了解目标消费群的主要网络媒体浏览习惯，转化成顾客的机率，从而在目标消费群经常浏览的网站有的放矢地进行广告投放，起到事半功倍的效果。

用户点击网络广告后行为分析的指标是CPA（效果成本），其中的"行动"（Action）的定义可以是多方面的，譬如可以定义页面到达、注册、浏览页面数、购买四种行为，分别根据转化成顾客的机率来综合分析广告效果，以了解广告对哪些人产生了影响，这些人是不是真的对产品感兴趣、他们对什么产品感兴趣、他们一般购买什么产品等。对这一系列的指标加以分析，修正广告计划和实施方向，以增加企业的利润。

第十一章 网络广告监管

网络广告是一种新兴的广告形式，相对于其他传统广告，国家对它的监督管理工作仍处于探索阶段。网络广告的逐渐成熟要求制定相应的广告法规，同时也需要完善的广告管理系统，目前我国在这方面仍未健全，但网络广告健康有序的前进必然要有相对应的广告法规对其进行维护。

第一节 网络广告监管的内涵

一、网络广告监管概念

网络广告监督管理的概念可以从宏观和微观两方面来理解。

从宏观上讲，网络广告监督管理是指网络广告活动主体和网络广告活动主体的上级主管部门以及社会公众舆论对网络广告活动的监督与管理。在这个概念中，网络广告监督管理包含三层意思：

第一，网络广告监督管理是主体对自身广告活动的内部管理，这里广告的活动主体包括：网络广告主、网络广告经营者、网络广告发布者。

第二，网络广告监督管理是上级主管部门的自我规范和宏观管理。网络广告上级主管部门包括管理网络广告的行业组织，像广告协会；和政府有关部门的管理组织——工商行政管理部门。广告的行业组织依照行业协会章程以及各项规章制度，对行业内各组织的广告经营活动进行的自我约束、自我规范和管理。政府有关部门主要依据广告管理法规对网络广告活动进行宏观管理与指导。

第三，网络广告监督管理是社会公众舆论监督。社会公众舆论监督是对广告监督管理的重要补充。在我国目前的情况下，网络广告法规不健全，尤其需要社会公众舆论的监督，同时也需要为政府部门制定有关法律提供建议。

从微观上讲，广告监督管理是指由国家授权的工商行政管理机关，依据广告法规，对广告主体的宣传经营活动进行的监督管理与指导。保护正常的广告宣传，打击违法广告活动，从而保护消费者利益。由此可见，广告监督管理是工商行政管理部门的一项有目的的管理活动，它是工商行政管理业务的重要组成部分。

二、网络广告监管的特点

1. 网络广告活动监督管理对象界限模糊

网络广告监督管理的对象是网络广告的经营者和发布者以及网络广告主。传统广告的经营者、发布者以及广告主的区分是非常明确的，身份的认定不存在任何的问题。所以，工商管理部门管理起来也很方便，在发生违法广告活动追究当事人的责任时，责、权、利明确，没有任何异议。但是，网络广告由于自身属性，有时其经营者、发布者和网络广告主是三位一体的。所以，网络广告管理在监督对象方面由于网络广告主、网络广告经营者、网络广告发布者之间的模糊不清而难于把握。

2. 网络广告监督对象活动的不确定性

网络活动是完全开放的活动，网民在网上的活动很难控制。

同样,网络广告活动也存在这方面的问题。网上的信息是可以随时更新的,可以发布信息,也可以删除信息。尤其是违法广告活动神出鬼没,活动地点难以确定。现在有,可能一会儿就不见了。而且,网络空间的无限性对网络广告监督管理就更是一个考验。还有,网络技术是在不断变化中的,这种方式的违法活动被查处了,另外一种形式的活动可能又出现了。违法广告活动的确定、监督、查处对广告管理部门来说是个巨大的挑战。

3. 网络广告监督管理的非专业性

在1994年为了加强网络广告的监督管理,美国专门设置了互联网广告署,负责网络广告监督管理,并出台了《互联网广告实施细则》。而我国目前没有专门的网络广告管理部门,没有专门的网络广告管理人员,更没有专门的网络广告管理条例。我国目前是工商行政管理部门在行使网络广告管理职能。目前,急需加强对网络广告的监督管理力度,尽快成立专门的网络广告监督管理机构。

4. 网络广告管辖权难以确定

由于网络是超越国界的,因此网络广告的影响实际上是超越国界的,人们可以利用国外服务器向国内消费者发布网络广告,国内消费者也可以浏览国外广告,因此如何适应法律,由谁管理成为难题。

三、网络广告监管的对象

网络广告是既不同于平面媒体广告,也不同于传统电子媒体广告的另一种形式,网络广告利用数字技术制作和表示。它的可链接性意味着广告主和广告经营者都无法预知和控制广告会被多少个站点拷贝,虽然有时链接者的本意并非是宣传广告,但只要被链接的主页被网络使用者点击,就必然会看到广告,这是任何传统广告所无法比拟的。除此之外,网络广告还具有强制性。

这些特点对网络广告的法律调整与规范提出了新的课题。因此，从网络广告的主体来看，网络广告的监管对象包括广告主、广告经营者、广告发布者；从网络广告的客体来看，网络广告的监管对象包括广告信息、广告方式，如隐性广告、强迫广告等。

（一）网络广告的主体

对网络广告主体的监管管理关键是要明确广告主、广告经营者、广告发布者的定位问题。

传统的平面媒体和电子媒体传播的商业广告，其广告主、广告经营者、广告发布者各自的定位和职责是清晰的。根据《中华人民共和国广告法》的规定，广告主是指为推销商品或者提供服务，自行或者委托他人设计、制作、发布广告的法人、其他经济组织或者个人。广告经营者是指受委托提供广告设计、制作、代理服务的法人、其他经济组织或者个人。广告发布者是指为广告主或者广告主委托的广告经营者发布广告的法人或者其他经济组织（《中华人民共和国广告法》第二条第三款、第四款、第五款）。

在网络广告业中，买方与卖方之间的界线较为模糊。网络商要买广告对其网站进行促销，广告主也创立自己的网站以对其产品进行促销。这种状况使得用现行的法律概念来理解广告的主体，会产生认知上的困难。如经营网络运行的 ISP 和提供网上内容的 ICP，他们既有类似于传统媒体的成本平台——自己的主页，同时，许多 ISP、ICP 集广告客户、广告经营代理、广告制作于一身。从某种意义上说，ISP，ICP 每时每刻都在为本企业做广告。

当使用者点击这些门户站点时，任何人都可以感受到铺天盖地的广告信息。

又如企业的商业性网站存在的基本功能，就是使用各种方式来宣传本企业的形象，如网上看房、汽车试驾等，实际上是房地产、汽车企业的广告。所以在现在的互联网上，只要愿意，任何人、任何机构都可以在自己的网站上链接其他人的主页，同时发布自己的信息，而这种信息往往在实质上就是法律意义上的商业广告。因此，原有的法律对广告主、广告经营者、广告发布者的定义及其规制方式显然已经不能适应网络广告的现状和发展。

（二）网络广告信息

对网络广告信息的监督管理主要包括对虚假广告、垃圾邮件、强迫广告、隐性广告等的监管。网络广告内容分别表现出以下特点。

1. 隐性广告更加隐蔽

隐性广告是指采用公认的广告方式以外的手段，使广告受众产生误解的广告。《中华人民共和国广告法》第十三条规定：广告应当具有可识别性，能够使消费者辨明其为广告。大众传播媒介不得以新闻报道形式发布广告。通过大众传播媒介发布的广告应当有广告标记，与其他非广告信息相区别，不得使消费者产生误解。在传统媒体上出现的隐性广告比较容易被识别，互联网上的隐性广告则很难被识别。其主要形式有下列几种：

（1）以网络新闻形式发布的广告。尽管学术界有争论，但网络新闻的存在是一个不争的事实。一些网站专业化程度高，拥有特定的阅览群体，一些企业与这类网站有着特殊的关系。网络模糊了新闻与广告的界限。

（2）在BBS上发布的广告。在BBS上发布的广告，主要是在论坛上以讨论问题的形式出现的。商业网站在主页上开辟了专业论坛，讨论企业产品与服务的性能、质量、功能之类的问题。也有的企业以网民的名义故意在论坛上提起论题，讨论一番，在其中不知不觉地兜售企业的产品。

（3）以新闻组形式出现的广告。以新闻组形式出现的广告与BBS类似，但观看者更多地采用离线的形式浏览。

2. 电子邮件广告难以被拒绝

许多网民都深受电子邮件的骚扰。电子邮件广告以邮件列表的形式，在理论上可以轻而易举地从一到无限大，个体可以向无数的信箱发布广告邮件。这种不期而至的广告比上门的推销员更难让人忍受。

由于以上这些特点，使得对网络广告的监督管理与法律规范的难度加大。

四、网络广告监管的必要性与原则

（一）网络广告监管的必要性

网络广告发展迅速，超出人们的想象，大家都在为各门户网站如何盈利而争论不休时，各门户网站的广告收入已经在节节攀升。网络广告在迅速发展的同时，也产生很多负面的东西，如果行政监管机关不及时跟进，实施有效监管，必然会出现类似于传统形式广告所经历的混乱局面，一方面虚假违法广告泛滥，另一方面广告信誉低下。具体来说，对网络广告进行监管的必要性体现在以下几个方面。

（1）网络虚假广告呈现很大危害，影响网络广告发展环境。目前，虚假网络广告虽说没有到泛滥的地步，但大量存在已是不争的事实；行政执法机关如不及时进行监管，必然会影响广大消费者以及守法经营的网络广告主体的利益。

（2）网络广告价格混乱，恶性的价格竞争不断。由于网络广告起步阶段的各种不规范操作，出现广告价格恶性的不正当竞争，既影响了网络广告经营者的自身利益，也使广告主对网络广告失去信任，影响网络广告的长远发展。

（3）欺诈广告、色情广告、枪支广告、毒品广告等违法犯罪广告内容在网络空间不时出现，严重影响社会秩序，败坏社会风尚。在一些违法犯罪分子眼中，网络成了犯罪的天堂。

由于目前网络行业还没有形成良好的行业自律，社会监管的体系也不健全，就需要政府做好两方面工作：一方面，加快制定网络广告法律法规，使网络广告市场能够有章可循；另一方面，加强对网络广告的行政监管，加大查处违法网络广告的力度，为网络广告的发展营造良好的发展氛围。

（二）网络广告监管的原则

网络广告作为一种新的广告形式，在我国虽呈现出蓬勃发展之势，但仍处于初期和不断探索阶段，如何进行正确有效的监管才能保证其健康发展，不仅要考虑到网络广告这一新生事物的特点，而且要遵循一定的监管原则。这些原则是我国广告监管机关及有权对部分种类的网络广告进行监管的机关或机构在实施网络广告的监管过程中应当遵循的最高原则，这既是有关网络广告监管的法律、法规中应当体现的基本准则，也是现在和以后在有关网络广告监管的立法、执法时应遵循的指导思想。一般认为对于我国网络广告的监管应当主要遵循如下五项原则。

1. 媒体中立原则

媒体中立原则是指监管对于不论是采用纸质、电波媒介进行的交易还是采用电子运行形式进行的交易都应采取一视同仁的态度，即不应该因合同采取的媒介不同而厚此薄彼。媒体中立原则是监管的最基本原则，同样也可适用于我们对网络广告的规制。不同的媒体可能分属于不同的产业部门，如无线通信、有线通信、电视、广播、网络等，然而它们在实质上具有同等的功能，因此监管应以中立的原则来对待这些媒体，允许各种媒体根据技术和市场的发展规律而相互融合，互相促进。就广告功能来说，网络广告与传统的报纸广告或电视广告并没有太大的区别，网络广告不应仅因其形式而否定《中华人民共和国广告法》对其管辖，当然也不应因此而享受法律上的某种特权，对于网络广告在本质上应与传统广告一样适用同样的法律。

2. 开放发展原则

开放发展原则是从监管效率的角度上来讲的,就是说我们在对网络广告进行监督管理时,要考虑到网络广告的一些技术因素,考虑到网络广告发展的迅速性,我们的监管工作要有预见性、具有一定广度,能够符合网络广告的一些新的发展要求。对网络广告的监管要有一定的灵活性,既不能管得太松,导致网络广告的混乱局面,也不能管得太死,扼杀了网络广告作为新生事物的活力,阻碍了网络广告的发展。

3. 政府监管与行业自律相结合原则

由于互联网的飞速发展,网络广告也随之充斥着几乎所有的网络页面,由政府制定强有力的管理制度来规范网络广告,已经显得非常重要,各国已经将网络广告的管理监督提到了管理部门的议事日程。但是,单靠政府监管,一方面由于法律本身的缺陷,往往会存在监管的滞后性,会使网络广告新出现的问题游离于规则之外;另一方面,由于网络广告的技术性较强,法律不可能预先穷尽所有的规则,政府职能部门的管理技术往往无法将触角深入每一个角落。而且,单纯的政府监管容易孳生腐败,造成权力受阻,进而导致执法不公。所以,只依靠政府的监管很难从根本上解决问题,因此,加强政府监管的同时,还要加强行业的自律,特别是 ISP 和 ICP 的自律。ISP 和 ICP 是网络运营和管理的最重要环节之一,离开了 ISP 和 ICP 的自律,政府监管只是空谈。对于 ISP 和 ICP 而言,首先要遵循《中华人民共和国广告法》和有关广告法律法规,抵制不正当竞争和虚假、欺骗广告;二是他们应当在经营范围内,规制所托管的主页,一旦发现恶意广告行为,应追究管理人的法律责任。

4. 政府监管与社会监督相结合原则

作为网络广告监管机关的各级工商管理部门在监管传统形式的广告时已经是应接不暇,即使扩大行政机构的规模,增加人员，也难以满足大量的网络广告监管需要。这就需要有效的社会监督支持。一方面，鼓励广大消费者以及消费者权益组织，抵制和检举违法网络广告，补充行政执法力量的不足问题；另一方面，发挥新闻媒体的监督作用，曝光重大违法广告，特别是虚假广告，及时警示广大消费者。

5. 国内管理与国际管理相结合原则

随着互联网在世界各地不断普及和全球信息化进程的飞速发展，互联网的高度开放性、超链接性和"无疆界"，模糊了国界的限制，网络广告的管理问题不再是一个国家内部的问题，而是需要全世界共同关注的问题。只有加强国际协作，互相协商，制定全球性的规则，网络广告的法律冲突问题才有可能从根本上得以解决。

因此，在互联网环境下，强调国际协作更有非比寻常的意义。在进行网络广告管理时，要注重与其他国家的交流与合作，做到互通互助，当遇到网络广告适用法律出现国际冲突问题时，争取在对一些共同的、基本的问题上达成共识后，通过签订国际公约的方式予以解决。

第二节 网络广告的行政监管

由于传播范围广泛和受众人群众多，互联网成为商家投放的一大阵地，网络广告就如雨后春笋般地出现了。但是由于缺少相关的法律法规的约束，网络广告在其发展的过程中不断出现问题就成为一种必然。探讨我国网络广告发展中遇到的问题，并提出相应的解决措施显得尤为重要。

但鉴于我国网络广告市场的现状，单纯依靠行业的自律是远远不够的，更多的需要政府主管机关的强有力的监督管理，坚决打击网络违法广告，才能保证网络广告健康发展，并以此为基础，加强行业引导，逐步过渡到以行业自律为主，行政机关监管为辅的理想状态。

一、网络广告监督管理机关及其职责

网络广告监督管理机关管辖权的界定。《中华人民共和国广告法》第6条规定，"县级以上人民政府工商行政管理部门是广告监督管理机关"。另外，《中华人民共和国广告法》第34条规定，药品、医疗器械、农药、兽药的行政主管部门负有法定的广告审查的职能。因此传统广告的监管模式是非常清楚，管辖权的确定也是比较清楚的，是适用地域管辖或地区管辖的原则，各级工商管理部门在自己的辖区范围内对广告进行监管。

另外，我国的互联网的建设和监督管理原先由邮电部门负责，现在由合并原先邮电部门职能的信息产业部门负责。对于作为网络和广告的结合体的网络广告由谁监管，如何监管的问题就摆在我们面前。

对于传统的电视广告，主要是由各级工商行政机关监管，而作为电视行业的业务主管对广告同样有监管的义务，但只是作为补充，并且是从行业规范建设的角度。同样对于网络广告，由于其本质还是广告的一种类型，网络只是表达场所，还是应该由各级工商管理部门来监管，需要进行审查的广告仍由相应的行政主管部门负责审查。作为计算机互联网主管部门的信息产业部门仍然有义务对网络广告进行辅助性监管，特别是在对网络服务提供商（ISP）以及网络内容提供商（ICP）的规范和要求应发挥更大的作用。

可问题是，即使确定由各级工商管理机构负责网络广告的行政监管，在发现违法的网络广告后，由哪个地区的哪一级工商行政管理部门管辖仍然容易产生争议。对此，人们的看法也是不一

致的，世界各国的做法也是不一致的。有些国家强调属人管辖的原则，有些国家强调属地管辖的原则，有些国家以最低联系为管辖根据。

在我国，有人提出以"属人主义"为原则确定，理由是法律对社会危害行为实施制裁终究要落实到具体行为人身上；同时以"属人原则"实施管辖便于案件的调查取证，处罚以及处罚的执行，能够降低办案成本。

处理行政监管管辖问题的指导思想是公正、公平、效益和效率。一方面，要考虑到整个行政管理的体制有序而不矛盾，且没有疏漏，同时防止地方保护主义、执法不公等情况出现；另一方面还是要考虑行政执法的效率和效益。

二、网络广告监督管理的基本原则

网络广告监督管理本质上是行政执法行为。规范的行政执法，必须在现代法治精神的指引下，依法行政，规范行政。网络广告作为一种新生的广告形式，本身也处于不断探索和成熟的阶段，如何监管需要认真了解其特点，不断总结和改进监管工作。既不能管得太松，导致网络广告的混乱局面，也不能管得太死，扼杀网络广告作为新生事物的活力。做好网络广告监管，需要遵循以下五个原则。

1. 依法行政与行业自律相结合原则

政府对市场的干预既可以发挥行政干预的优势，减少市场的非理性，也可以扼杀市场的活力，并且容易造成权力寻租，造成行政腐败的产生，进而导致执法不公。但在我国目前市场经济发育不完善的状况下，只有政府强有力的行政监管，才能维护市场的有序秩序，实现公正、自由、效率等目标。为解决这两者的矛盾，行政机关在执法过程中要严格遵守法律、法规的规定，做到依法行政。但是，只依靠政府的行政监管很难从根本上解决问题。作为网络广告监管机关的各级工商管理部门在监管传统形式的广告已经应接不暇，即使扩大行政机构的规模，增加人员，也难以满足海量的网络广告的监管需要。因此，加强行政监管的同时，还要加强行业自律，特别是 ISP 和 ICP 的自律。ISP 和 ICP 是网络运营和管理的最重要环节之一，离开了 ISP 和 ICP 的自律，政府监管只是空谈。对于 ISP 和 ICP 而言，首先要遵守有关广告法律法规，对所发布的网络广告进行审慎审查，杜绝虚假广告、欺骗广告、失实广告等违法广告，还要监管在其经营范围内的网站和主页，及时处置违法广告。

2. 制定法律法规与倡导行业规范相结合原则

目前，网络广告相关立法严重不足，并且一定程度上阻碍了网络广告的发展，制定和完善网络广告的法律法规是行政管理部门以及网络广告业界共同的呼声。尽管北京等地的工商管理部门制定一些管理办法，但是一方面，这些管理办法在效力上最多算是地方政府的部门规章，在法院适用时只有参考的价值，不能作为法律的依据；另一面，即使这样的地方部门规章，大部分地区也没有，因此，某种意义上说现在网络广告监管基本是处于无法可依的状况。但是，法律制定本身有一定局限性，难以对网络广告的所有情况做出规定，更无法预计出以后会遇到什么新的情况，所以说，法律永远是滞后的。对网络广告而言，制定法律法规的同时，还需要倡导建立行业规范、规章。行业的规范、规章、惯例是以行业自律为前提遵守的，往往能发挥较大的作用。

3. 行政监管与第三方监测相结合原则

市场经济发达的重要标志就是中介组织的发达。政府权力逐步弱化，部分行政的管理和服务职能转由行业组织以及第三方中介组织承担。

美国是全球最大的网络广告市场，由第三方对网络广告进行监测已经是普遍的做法。由第三方服务器软件进行监测，不仅可掌握网络广告的浏览率,还可以监测到违反国家法律法规的网络广告,例如,烟草、淫秽、色情、暴力、违禁物品等广告可以及时发现。

我国工商管理机关也认识到第三方监管的重要性,国家工商总局在发布的关于网络广告的指导原则中,提出"试点企业要制定和完善广告监测措施,要及时发现和纠正广告发布中存在的问题,探索因特网广告的监测手段,逐步形成企业自我监测、企业相互监测、管理机关监测、第三方中介机构监测的有效机制,以减少和消除因特网广告的违法行为"。市场经济中的中介组织作为政府与市场、市场与社会、政府与社会之间的中介环节,是建立市场经济体制不可或缺的条件。可以说,建立行政监管为主,第三方中介组织为辅的监管体制,是解决目前网络广告混乱状况最为有效的办法之一。

4. 综合监督与社会监督相结合原则

面对海量的、双向互动的网络广告,单纯依靠工商行政部门力量是远远不够的。有效的行政监管还必须与社会监督有效结合起来。一方面,鼓励广大消费者以及消费者权益组织,抵制和检举违法网络广告,补充行政执法力量不足的问题;另一方面,发挥新闻媒体的监督作用,曝光重大的违法广告,特别是虚假广告,及时警示广大消费者。

德国的一些消费者组织的重要工作就是寻找违法广告,发现违法广告后,可以向司法机关提出索赔诉讼,而且胜诉的几率很大。德国的消费者组织很多,有很多就是通过发现违法广告获得的索赔赔偿作为运转经费。

5. 规范、协调与服务相结合原则

行政监督机关的职能包括规范、协调、服务三个方面。规范就是制定有关的法律法规,确定市场主体的权利和义务关系,确保市场主体的法治要求守法经营;协调就是调和市场主体的利益冲突，构建良性竞争的秩序服务就是对整个网络广告行业的发展进行引导，协助解决市场主体发展过程中的难题，提供各种政策性咨询，为整个网络广告业的健康发展营造良好的氛围。因此，网络广告监管机关只有将规范、协调、服务三者有机结合起来，才能既可以很好地行使监管职能，又可以得到网络广告市场主体的积极配合和支持，网络广告业也就会取得更大的发展。

三、网络广告监督管理部门的具体职责

政府的监管实际上是在市场协调失灵的情况下，对市场行为的"纠偏"，通过这种"纠偏"，调整市场主体非理性行为，保护市场主体各方面的利益，促进市场的有序发展。具体说来，行使网络广告监管职责的工商管理部门在监管过程中的主要职责应包括以下几个方面。

（1）制定网络广告有关行为规范与法律解释。监管机关要认真调查研究我国网络广告发展的实际情况，在职权范围内制定网络广告行为规范，或向有关机关或部门提出立法建议案；从法律上明确网络广告主体各自的权利和义务，确定监管机关的法定的职能、原则、手段和程序；并且负责这些网络广告相关法规的日常解释工作。

（2）审核登记。对要求进入网络广告市场的经营者进行资质审核登记，符合市场准入条件者颁发经营许可证。

（3）网络广告的过程监管，对网络广告违法案件的查处和复议。对网络广告发布的全过程进行监管，建立网络广告的监测网络，接受消费者的投诉和举报，查处违法网络广告。

（4）行业指导。指导行业协会开展工作，扶持第三方中介组织从事网络广告的监测活动，推动网络广告行业自律规范的形成和发展，形成市场主体自我管理、自我约束、自我教育的良性发展态势。

四、网络广告监督管理的具体制度

(一) 市场准入制度

我国目前对传统广告市场的准入采用的是严格准则主义的立法模式。对从事广告经营活动的企业和个人，除了具备《中华人民共和国企业法人登记管理条例》《中华人民共和国独资企业法》《城乡个体工商户管理暂行条例》等法律法规规定的要求外，还应该具有1995年国家工商总局印发的《广告经营者、发布者资质标准暨广告经营范围核定用法规范》所规定的资质标准。从事广告发布活动的企业要求与前者相同，差别在于自然人不能从事广告发布活动。

从事广告经营活动的资质标准主要包括：经营场所、注册资本、专业人员、规章制度、专职广告审查人员等方面，并区分综合性广告企业、一般的设计和制作企业、个人工商户三种类型，不同的类型有不同的要求。

从事广告发布活动的资质标准分为两种类型，一是新闻媒体，二是一般的组织。资质要求主要是有直接发布广告的媒体、专业人员、经营场所、规章制度、专职的广告审查员、单独核算的账户。从现代市场经济主体法的一般要求看，除了矿产业、邮政交通业、烟草业、金融保险业、证券业等特殊行业适用核准主义原则外，其他行业的市场准入基本上采用严格准则主义原则。通过设置"门槛"和强化责任，保证交易安全，维护消费者利益，保障市场有序发展。网络广告的市场作为广告市场的一个组成部分，网络广告市场的进入也应该适用严格准则主义原则，通过设立"门槛"和规定严格责任，允许市场主体自由进入网络广告业。但我国网络广告市场的实际情况却是放任主义的状态，任何企业或个人都可以自由地在互联网上做广告，不需要行政主管机关审批或登记，这是目前网络广告市场混乱的最重要的原因

第十一章 网络广告监管

之一。因此，当务之急就是要建立网络广告的市场准入制度，否则，加强网络广告监管只能是空谈。

（二）网络广告审查制度

广告审查制度是保证广告真实和合法的一项重要制度。对于网络广告，同样要适用广告审查制度。广告审查制度又分为广告经营者、发布者的内部审查制度以及特殊广告的审查制度。

1. 广告主体的内部审查制度

广告主体的内部审查制度实际是企业的一项自我管理、自我监督的制度，是和广告审查员制度联系在一起的。该制度要求广告经营者必须设立专职的广告审查员，广告审查员需要参加工商行政管理机关统一组织的培训和考试，并取得《广告审查员证》，方可以从事广告审查工作。通过广告审查员的把关，使违法的网络广告在发布之前，被及时发现或者停止发布；或者进行必要的修改，符合法律法规的要求后再发布。

2. 特殊广告的审查制度

《中华人民共和国广告法》第34条规定："利用广播、电影、电视、报纸、期刊以及其他媒介发布药品、医疗器械、农药、兽药等商品的广告和法律、行政法规规定应当进行审查的其他广告，必须在发布前依照有关法律、行政法规及有关行政主管部门对广告内容进行审查；未经审查，不得发布。"根据这一规定，网络广告也应制定特殊商品的审查制度。

首先，网络广告发布药品等特殊商品广告也需要进行审查。尽管该规定只列举了广播、电视等五种媒体，但也提到了"其他媒介"，网络广告这一媒体应该包含在内。从该规定的立法思想上看，对这些特殊商品的广告进行审查，主要是由于这四类商品的特殊性，即与人民生命财产安全密切相关，所以称之为特殊商品。为了防止四种特殊商品由于广告宣传误导消费者，造成人身或者财产损失，因此规定了专门的审查制度。由于《中华人民共和国广告法》在1994年10月颁布时,网络媒体还没有成为大众媒体,因此没有列出,但应属于所列的"其他媒介"的范围。

广告审查机关对特殊商品广告审查的内容主要包括以下三个方面。

(1) 对广告主主体资格的审查。审查广告主提交的营业执照以及其他生产、经营资格的证明文件,判断广告主是否为合法经济组织,有无民事权利能力和行为能力,能否生产或销售作为广告宣传的商品,能否提供做广告宣传的服务项目。

(2) 对广告内容和表现形式的合法性审查。合法性审查包括两个方面:其一,审查广告内容和表现形式是否符合我国广告法律法规及其他政策性规定,既不能与广告法律法规相违背,也不能与民法、刑法、行政法等其他法律法规相违背;其二,审查广告主提交各类证明文件,特别是说明广告内容和表现形式真实合法的证明文件是否真实合法。

(3) 对广告内容和表现形式的真实性审查。主要是审查广告内容与客观事实是否相符,有无隐瞒真相和随意虚构、夸大的成分;审查表现广告内容的语言、文字、画面、声音等表现形式是否与内容一样真实、可信,与事实相符。

五、网络广告违法行为行政责任

网络广告违法行为行政责任,是指网络广告行为主体由于不履行网络广告相关法律法规规定的义务或实施了法律法规所禁止的行为时,所应承担的法律后果。

对于违反网络广告相关法律法规的广告主、广告经营者、广告发布者,一般由各级工商行政管理机关依法追究其行政法律责任。工商行政管理机关在查明网络广告违法事实、情节、危害的基础上,在相关法律法规规定的处罚幅度内,实施相应的行政处罚。

网络广告违法行为行政责任的追究，可以是工商行政管理机关在市场监测过程中，主动发现，主动处罚；也可以是由受害人投诉或其他单位或个人举报，工商行政管理机关得到这些线索后依法进行查处。

各级工商行政管理机关在查处违法网络广告时，应遵守以下三个原则。

（1）以法律为准绳的原则。以法律为准绳是包括网络广告行政处罚在内一切网络广告监督管理活动的基本原则。强调在执法过程中必须做到有法必依、执法必严、违法必究。

（2）行政处罚与说服教育相结合的原则。对网络广告违法行为的处罚是国家强制力的重要表现，处罚本身并不是目的，其最终目的还是在于对违法行为人以及其他网络广告行为主体起到教育和警戒作用。通过这种教育和警戒使网络广告行为主体做到自省自律，不再有类似的违法行为，因此，行政处罚与说服教育密切联系，相辅相成。

（3）以事实为依据的原则。任何网络广告违法行为都必须存在客观违法事实，这是行政处罚的基础和前提，只有事实认定清楚无误，才能分析其是主观故意还是过失，从而准确区分网络广告违法的性质，全面分析网络广告违法情节，最后进行正确的处罚。

根据《中华人民共和国广告法》的相关规定，对广告违法行为所给予的行政处罚主要是七种形式，因此，网络广告违法行为的行政处罚也应该是这七种形式。

（1）责令停止发布网络广告。工商行政管理机关依法责令广告主、网络广告经营者、网络广告发布者停止发布有违法内容的网络广告，以便进行检查和纠正违法行为。

（2）责令公开更正。工商行政管理机关依法责令广告主、网络广告经营者、网络广告发布者对其已发布的违法网络广告以等额广告费用以同样的形式公开进行纠正或改正，消除违法网络广告对消费者和社会造成的不良影响。

（3）责令改正。对网络广告不恰当的内容进行改正，包括对网络广告违法内容的删除和应当说明内容的增加。

（4）没收网络广告费用。工商行政管理机关对网络广告经营者、网络广告发布者非法从事网络广告活动所得的广告费用依法予以没收。

（5）没收非法所得。工商行政管理机关依法对伪造、变造或转让广告审查决定文件所得的违法收入予以没收。

（6）罚款。工商行政管理机关对违反网络广告相关法律法规的广告主、网络广告经营者、网络广告发布者，强制其在一定期限内向国家缴纳一定数额的货币。

（7）停止网络广告业务。工商行政管理机关对违反网络广告相关法律法规情节严重的网络广告经营者、网络广告发布者取消其经营资格，令其停止网络广告业务活动。

网络广告违法行为人对监督管理机关的行政处罚不服，可以在15日内向上级监督管理机关提出行政复议，也可以直接向人民法院提请行政诉讼；对行政复议结果仍不服的，可以在15日内向人民法院提出行政诉讼。

第三节　网络广告的法律法规监管

网络广告凭借发布便捷、覆盖面广、互动性强、自由度高等优势而迅速发展壮大，在电子商务领域占据了举足轻重的地位，并对促进网络经济的繁荣发展起到中流砥柱的作用。然而网络的特殊性也导致了大量的违法行为，虚假广告、欺诈性广告、不正

第十一章 网络广告监管

当竞争广告等充斥网络，严重影响了交易当事人、消费者的合法权益，破坏了正常的经济、社会秩序。因此，网络广告急需有效地规范和管理。

一、国内外有关网络广告监管的法律法规

（一）国外相关法律法规

1. 美国有关网络广告的法律法规

美国医学会1999年就医疗保健网站的内容、广告和赞助、隐私和保密、电子商务四个方面提出了一套准则。该文件针对广告部分规定了十一项原则，主要有①须明确指出医学会网站可以放置广告；②广告必须与其内容有所区别，需要注明"广告"字样；③广告不能与相同题目的文章出现在一起，或与相同题目的文章链接；④广告应随内容变换而变换，以免违反上述原则的现象出现。该部分还对广告的形式、每页放置数量、促销标志、链接方式等做了规定。

美国是互联网的发源地，垃圾邮件的"灾情"最为严重。从1997年内华达州率先通过禁止垃圾邮件的立法以来，其他各州也陆续颁布了法律法规用以约束发送电子广告邮件的行为，虽然有一定成效，但效果并不明显。2003年，美国颁布了《反垃圾邮件法》，该法于2004年1月1日起施行，但效果令人失望，垃圾邮件占全部邮件的比例反而上升。该法失败的关键在于对垃圾邮件的定义完全错误："给接受者提供退出选择的邮件列表不是垃圾邮件"，即我可以一直给你发垃圾邮件，除非你按照我的指示申明退出我的邮件列表。显然这种定义是错误的，相应地制定出来的法律也就起不到规范作用了。

2. 欧盟国家对网络广告的法律法规

在欧盟国家，《电子商务指令》《远程合同指令》及其他有关保护个人数据和隐私权的指令构成了完整的法律体系，规定任

何商业广告邮件必须符合透明原则，让收件人有选择的自由，并不应导致接收者额外通信费用的支出。英国1998年通过的《资料保护法》中规定，广告邮件发送人必须提供收信人拒绝再收到广告电子邮件的功能。截至2002年，欧洲通过关于垃圾邮件法律的国家已达到16个，其中有6个国家明文禁止发送未经对方同意的商业广告邮件，尤其是对职业发送垃圾邮件的机构或个人进行制裁，效果比较显著。

时至今日，互联网的重要性已是不言而喻，网络广告的兴起也是势不可当，如何让网络广告健康有序地发展已是刻不容缓的事。没有规矩不成方圆，补充修改现行《中华人民共和国广告法》已迫在眉睫。同时，仅仅依靠补充修改完善《中华人民共和国广告法》还远远不够，还必须制定切实可行的实施细则、行业自律规则，加强监督管理，采取法律法规与行业规章相结合、政府管理与行业自律相结合的方式规制网络，多管齐下，才能在确保网络广告健康有序地发展的同时，还大家一个干净的网络世界。

（二）国内相关法律法规

1. 对网络中隐性广告的查处依据

根据《中华人民共和国广告法》第十三条规定，广告应当具有可识别性，能够使消费者辨明其为广告。大众传播媒介不得以新闻报道形式发布广告，通过大众传播媒介发布的广告应当有广告标记，与其他非广告信息相区别，不得使消费者产生误解。而网络广告中隐性广告是以非广告形式出现的广告，亦可叫做"不像广告的广告"。在信息浩如烟海的互联网中，这种隐性广告很难识别，就给了不法企业或其他违法分子以可乘之机，欺诈广告、虚假广告、不正当竞争广告屡见不鲜，严重损害了经营者、消费者的合法权益。对于隐性广告，一旦发现或者接到网民举报，广告监督管理机关可以依照《中华人民共和国广告法》

第十一章 网络广告监管

第十三条的规定予以查处。

2. 对网络广告的审查责任

《中华人民共和国广告法》第四章以专章的形式规定了广告的审查制度，主要分为两部分：行政性审查和广告经营单位的自我审查。前者是指媒体发布药品、医疗器械、农药、兽药等商品的广告和法律、行政法规规定应当进行审查的其他广告，必须在发布前到相关行政主管部门进行审查，未经审查，不得发布；后者是指广告经营者和广告发布者都有义务对广告主查验有关证明文件和核实广告内容，对于内容不实或者证明文件不全的广告，广告经营者不得提供设计、制作、代理服务，广告主不得发布。可见，目前的广告法律法规对传统媒体发布违法广告的认定以及违法责任已经规定得比较完善，也就是说，传统媒体在经营、发布广告时的自我审查自然也比较严格。但网络环境中，广告主体界限模糊，对ISP，ICP等的法律责任的认定存在很多争议，现有的法律法规尚不能很好地规制这些违法行为，因此，许多网络运营商往往为了眼前利益而放松对广告主体、内容等的审查，自我审查不力，行政审查更是十分困难，广告监督管理部门急需督促和监督ISP，ICP等，认真履行网络广告审查义务。

3. 虚假、违法网络广告的法律责任

《中华人民共和国广告法》第五章详细地列明了违法行为的法律责任，尤其要注意的是第三十八条之规定，发布虚假广告，欺骗和误导消费者，使其合法权益受到损害的，由广告主依法承担民事责任；广告经营者、广告发布者明知、应知广告虚假仍设计、制作、发布的，应当依法承担连带责任。广告经营者、发布者不能提供广告者的真实名称、地址的，应当承担全部民事责任。可见，上述法条对广告主体以及相互之间责任承担的规定是清晰明确的。

但是在网络环境中，责任主体、责任性质等又变得扑朔迷离。有些学者主张将 ISP 列入媒体经营者范围，强调 ISP 作为网络广告的经营者或发布者必须对广告等内容承担连带责任。但实际中，ISP 扮演的并不仅仅是消息传播者的角色，对于只提供链接服务的 ISP，它仅为网络广告的传输提供信息通道，对广告的产生并无直接或者间接的参与，因此，一旦苛求所有的 ISP 来承担网络广告的管理责任，势必迫使 ISP 投入巨大的人力、物力对网络进行监管，此耗费之巨大、事务之琐碎、程序之复杂，恐怕难以承受。一味对其实行严格责任，亦有碍网络广告业的蓬勃发展。因此，现行《中华人民共和国广告法》对网络广告中的 ISP 应履行何种义务、承担何种法律责任应做出新的适应性规定。

4. 反垃圾邮件

（1）《中国互联网协会反垃圾邮件规范》。根据 2003 年 2 月 26 日颁布实施的《中国互联网协会反垃圾邮件规范》中第三条规定，电子广告邮件包括：收件人事先没有提出要求或者同意接受的广告、电子刊物、各种形式的宣传品等宣传性的电子邮件；收件人无法拒绝的电子邮件；隐藏发件人身份、地址、标题等信息的电子邮件；含有虚假的信息源、发件人、路由等信息的电子邮件。这是目前我国对电子广告邮件作出的概括性规定，但电子广告邮件确切的内涵和外延仍需要进一步确定。

（2）《互联网电子邮件服务管理办法》。2006 年 2 月，我国信息产业部宣布了《互联网电子邮件服务管理办法》于 3 月 30 日起施行，至此对于垃圾邮件问题给予了明确界定。

（3）公安部《计算机信息网络国际联网安全保护管理办法》、国务院《计算机信息系统安全保护条例》以及《中华人民共和国刑法》第二百八十六条的规定，滥发垃圾邮件对计算机信息系统功能进行干扰造成计算机不能正常运行的，应当受到行政处罚，后果严重构成犯罪的，应当承担刑事责任。同时，利用网络转发色情淫秽图片或文字、转发未经证实的消息也可能构成犯罪。虽然转发色情淫秽图片或文字的目的不是营利,但构成传播淫秽书刊、影片、音像、图片的事实,也有可能触犯刑法之规定。

此外,还有《互联网信息服务管理办法》《计算机信息网络国际联网管理暂行规定》等行政法规以及北京、上海、广州等网络发展较早的城市颁布的管理网络广告的地方性法规。

5. 集中打击虚假、违法网络广告行动

(1) 2005年四五月,国家工商行政管理总局、国务院办公厅等行政部门也相继出台了开展打击虚假违法广告和商业欺诈等专项行动的通知,制定具体的网络广告准入制度。

(2) 2006年3~9月,国家广告管理相关各部门接连发布了三个通知,集中开展了对虚假、违法广告和商业欺诈等的打击专项行动,其中,都指出要严厉打击利用互联网发布的虚假违法广告。重点查处的第一项就是以新闻报道形式发布的广告,如在包含广告的页面上不标明"广告",而使用"专题""企业形象""专版"等非广告标记,或在论坛上假借讨论宣传产品或服务。该通知还规定,国务院信息产业主管部门和省(市、区)电信管理部门机构要加强对互联网信息服务提供者和声讯服务、短信息等电信信息服务经营者的行业管理,对发布隐性违法广告、虚假广告情节严重的,要依法予以处理。

二、网络广告违法行为及规制策略

1. 网络广告违法行为的概念

网络广告违法行为是指违反我国广告法律法规以及计算机网络管理相关法规的有社会危害性的行为。网络广告违法行为具有以下几方面特征。

第一,该行为具有社会危害性。这是网络广告违法行为最本质的特征。社会危害性是多种多样的,包括侵害人民生命财产安全、违反社会公共利益、破坏社会主义市场经济秩序等多方面内容。违法网络广告损害消费者利益，进行不正当市场竞争，破坏公序良俗，不仅影响网络广告自身的良性发展，对整个有序、健康、向上的计算机网络环境也是严重的破坏。

第二，该行为违反国家广告法律法规以及计算机网络管理相关法规。这是网络广告违法行为的法律特征。网络广告违法行为的违法性是以其社会危害性为基础和前提，但是具备了社会危害性，而没有法律法规的明文规定，也不能认定其行为违法。

第三，该行为依据国家的法律、法规应当受到处罚。由于网络广告违法行为具有社会危害性，并且违反国家的法律法规，而国家的法律法规是以国家强制力保证的。因此，网络广告违法行为，必然要承担相应的责任，受到民事、行政、刑事等制裁和处罚。

第四，该行为有过错。违法网络广告的行为人一般主观上都有过错。过错包括故意和过失两种。故意是网络广告的行为主体在进行网络广告活动时，明知该行为会产生具有社会危害性的后果，希望或放任这种结果的发生。过失有两种情形，一种是违法网络广告的行为主体应该知道或了解该行为的危害性和违法性，但由于疏忽大意，没有预见到该行为的危害性和违法性，而实施了该行为；另一种是，违法网络广告的行为主体虽然预见到该行为的危害性和违法性，但由于过于自信可以避免损害发生，仍然实施该违法行为。

2. 网络广告违法行为的构成要件

构成网络广告违法行为，必须同时具备以下几方面条件。

第一，网络广告违法行为主体是从事网络广告活动的法人、其他经济组织和自然人，包含广告主、网络广告经营者、网站发布者。

第二，网络广告违法行为人有主观上的过错。一般来说，只有主观有过错，法律法规才会认为其违法，如果主观上没有过错，因为不可抗力等原因造成他人财产的损失，该行为不能认定为违法行为。

判断主观上是否有过错，主要应从以下两方面认定：其一，是否完成法律法规规定义务。积极完成了这些法定义务，就不能认定有过错；反之则有过错。例如，网络广告经营者有义务审查网络广告主的各种证明文件，认定其主体资格是否合法，网络广告内容是否真实和合法，如果认真完成了这些程序，即使后来发现网络广告损害消费者的利益，只要网络广告经营者履行审慎审查的义务，没有发现疑问，则不需要承担连带民事法律责任；反之，只管收取广告费，而不履行审查义务，就要对消费者承担连带责任。其二，行为人是否符合法定的资质。作为网络广告的从业人员，就应该掌握广告法律法规以及计算机网络方面的法规的知识，特别是网络广告的审查人员更应该具备这类专业知识，不能以有关人员不具备这些知识，无法预见损害发生作为抗辩理由。

第三，网络广告违法行为客观上损害了我国法律所要保护的社会关系。法律本身就是调整社会关系的规范，特定的法律保护特定的社会关系。网络广告的相关法规就是要保护网络广告的行政监管关系、网络广告主体之间的民事法律关系和市场竞争关系。网络广告的违法行为客观上就侵害了这些社会关系。例如，虚假网络广告不仅损害消费者的利益，还损害市场良好的竞争秩序。

第四，网络广告违法行为在客观方面，表现为违反我国广告法律法规以及计算机网络管理相关法规的各种行为，如虚假网络广告、各类违禁网络广告、网络诈骗广告等。

三、网络广告违法行为的法律责任

1. 网络广告违法行为法律责任的概念

法律责任有广义和狭义两种解释。从广义上讲,是指任何组织和公民都有遵守法律的义务;从狭义上讲,是指人们对违法行为所应承担的带有强制性的法律上的责任。在法律适用上,一般是指狭义的解释。法律责任是同违法行为联系在一起的,他们之间是一种因果关系。

因此,网络广告违法行为法律责任是指行为人由于违反网络广告的相关法律法规,所应承担的法律责任。

2. 网络广告违法行为法律责任的构成要件

网络广告违法行为应当承担法律责任,承担法律责任必须同时具备以下四个方面条件:其一,要有违反网络广告相关法律法规的行为;其二,要有网络广告违法行为造成的损害事实;其三,网络广告违法行为和损害事实之间有因果关系;其四,网络广告违法行为在主观上要有过错。

有两点需要说明的是:①法律上的因果关系,是指客观现象之间的一种前因后果的关联性,强调的是直接的关联。例如,消费者受到虚假网络广告的误导,购买了某种商品,造成财产或人身损害,这之间有直接的因果关系,该消费者因此精神崩溃而自杀,自杀的结果和虚假广告则没有直接的因果关系。②从世界各国立法趋势来看,过错责任也在发生变化,在有些国家和地区已不是过去所强调的必须条件。以美国为代表的一些国家已经开始在很多领域包括广告责任方面适用无过错责任原则,无过错责任也称严格责任,即只要有损害结果产生,不管加害人主观上是否存在过失,都需要承担责任,这样可以更好地保护消费者利益。我国只在少数特殊侵权情形下,才规定适用无过错责任,美国、西欧等国在网络广告立法方面的经验值得我们借鉴。

四、网络广告违法行为民事责任

网络广告违法行为民事责任,是指网络广告主、广告经营者和发布者因进行网络广告违法活动,欺骗或误导消费者,使购买商品或接受服务的消费者的合法权益受到损害,或者存在侵犯他人隐私权、知识产权等其他侵权行为时,应承担的民事法律责任。网络广告违法行为民事责任的追究与行政责任的追究有很大不同。在追究的程序上,行政责任的追究主要是行政机关积极主动的行为,发现线索,就需要认真处罚;而民事责任的追究,主要途径有两个方面,一是双方当事人之间进行协商,确定民事责任的划分,在协商无果的情况下,受害人可以向人民法院申请民事诉讼,请求人民法院依法保护其合法利益,而行政机关在此也只能担任双方当事人的调解人。二是在追究性质上,行政责任处罚的前提是国家和社会公众利益受到损害,因此,不管受害人是否提出申请,只要行政监督管理机关发现违法行为的客观事实,就必须进行行政处罚;而民事责任则强调当事人的意思自主性,受害人可以主张自己的权利,也可以放弃自己的权利,他人无权干涉,只是在个别法律规定的情况下除外。

《中华人民共和国民法通则》规定我国民事责任的形式有10种之多,包括:停止侵害,排除妨碍,消除危险,返还财产,恢复原状、修理、重作、更换,赔偿损失,支付违约金,消除影响、恢复名誉,赔礼道歉等。这些承担民事责任的方式,可以单独适用,也可以合并适用。

就网络广告违法行为民事责任而言,主要包括停止侵害、赔偿损失、消除影响、恢复名誉、赔礼道歉等。

需要指出的是,在确定网络广告违法行为损害赔偿的范围时,应遵循以下原则:其一,财产损失全部赔偿原则。财产损失包括财产的直接减少以及失去的可以合理预见的可得利益,这些财产损失，加害人都应该做出全部赔偿。其二，对人身赔偿，需赔偿因此引起的全部财产损失的原则。人身损害是一种非财产的损害，它包括对人的生命、健康以及人格权的损害以及伴随的财产损害，对于发生的财产损害，应当由加害人全部赔偿。根据损害程度不同，赔偿范围可包括医疗费、住院费、误工工资、营养费、护理费、交通费等，致残的需赔偿残疾人补助费。其三，对精神损害，实行财产责任与非财产责任并重的原则。公民的姓名权、肖像权等都是受到法律保护的，受到侵害可以要求加害人停止侵害，恢复名誉，消除影响，赔礼道歉，也可以要求精神损害的赔偿。

五、网络广告违法行为刑事责任

网络广告违法行为刑事责任，是指网络广告主或网络广告经营者所进行的网络广告行为，不仅违反了相关网络广告法律法规，而且情节严重，社会危害性大，已构成犯罪，依照刑法的规定应承担的法律责任。

刑事责任的追究严格依照"罪行法定"的原则，法无明文规定不为犯罪，而依据必须是全国人大及常委会通过的法律，行政法规和地方法规无权规定犯罪。

网络广告违法行为刑事责任的追究，一般由公安、检察、法院等司法部门根据职能分工的不同，进行依法追究。各级工商行政管理机关作为网络广告的管理机关，在查处网络广告违法案件时，对于情节严重，构成犯罪的，应及时移交司法机关处理。

根据现行法律，我国关于网络广告犯罪的规定主要体现在《中华人民共和国广告法》的部分条款以及《中华人民共和国刑法》的部分条款当中。具体说来，利用网络广告实施犯罪的情形主要有以下几种。

（1）虚假广告罪。是指行为人利用网络广告对商品或服务作虚假宣传,影响面大,情节特别恶劣的。

(2)诈骗罪。利用虚假网络广告,设立骗局,诈骗他人财物,数额巨大的。

(3)诽谤罪。利用网络广告,捏造并散布传播虚假事实,损害他人商誉,情节恶劣,造成受害人重大损失的。

(4)渎职罪。网络广告监督管理机关和广告审查机关工作人员玩忽职守、滥用职权、徇私舞弊,情节特别严重的,构成犯罪。

(5)传播淫秽物品罪,利用网络广告,传播色情、淫秽物品,情节严重的。

其他还有一些犯罪行为,如利用网络广告贩卖毒品、枪支、管制刀具等违禁物品、利用网络广告组织卖淫等色情活动等多种形式。

(一)虚假网络广告

虚假网络广告,是指网络广告发布者以谋取非法利益为目的,以欺骗或其他的方式进行的使广告受众产生错误认识的网络广告宣传,即广告主利用虚假的事实进行广告,以骗取消费者对其产品或服务的信任,从而成为购买其商品或服务的潜在客户。

比较严重的虚假网络广告有假冒广告,如假冒他人注册商标、商品特有名称、外包装等,还有诱惑性广告,如声称网络大优惠、大减价,实际上比城市大商场中同样商品价格贵了很多。

《中华人民共和国广告法》关于虚假广告的法律责任规定有2条,即37条和38条,分别规定了虚假广告的责任。

《中华人民共和国广告法》第37条规定:"违反本法规定利用广告对商品或者服务做虚假宣传的,由广告监督管理机关责令广告主停止发布并以等额广告费用在相应范围内公开更正消除影响,并处广告费用一倍以上五倍以下的罚款;对负有责任的广告经营者、广告发布者没收广告费用并处广告费用一倍以上五倍以下的罚款;情节严重的,依法停止其广告业务。构成犯罪的,依法追究刑事责任。"《中华人民共和国广告法》第38条规定:"违反本法规定,发布虚假广告,欺骗和误导消费者,使购买商品或者接受服务的消费者的合法权益受到损害的,由广告主依法承担民事责任;广告经营者,广告发布者明知或者应知广告虚假仍设计、制作、发布的,应当依法承担连带责任。广告经营者,广告发布者不能提供广告主的真实姓名、地址的,应当承担全部民事责任。社会团体或者其他组织,在虚假广告中向消费者推荐商品或者服务,使消费者的合法权益受到损害的,应当依法承担连带责任。"根据这些规定我们可以看出虚假广告的法律责任为:

第一,虚假广告行政责任。主要包括:①停止发布广告并使用同样的广告费用,在原来发布虚假广告的媒体上公开更正消除影响;②处以广告费用1倍以上5倍以下的罚款。

第二,虚假广告的民事责任。主要包括:①虚假广告具有误导性、欺骗性、侵害了他人的合法权益,是一种侵权行为,商家必须承担侵权民事责任。但关于民事责任的方式则应依据实际情况而定,依据行为人的主观过错的大小,广告内容的欺骗性、误导性的程度、侵权后果、损害的大小综合而定。②虚假广告的经营者、发布者明知是虚假的广告,仍设计制作、发布,对受害的消费者而言,他们是共同的侵权人,消费者可以向业主追索损失,也可直接向经营者和发布者追索损失,经营者和发布者应当共同承担侵权的民事责任。③在虚假广告中广告主、经营者、发布者的连带责任是最基本的承担民事责任的方式,但当广告经营者、发布者不能提供广告主真实名称、地址时,广告主无以查找,为维护消费者的合法权益,广告主应承担的责任由广告经营者、发布者承担,而且是全部责任。④一些社会团体、组织热衷于推荐商品,以此牟利,而假冒伪劣商品的经营者投其所好,骗取推荐,蒙骗消费者。在虚假广告中推荐的商品或服务,使消费者权益受到损害的,应当承担连带的民事责任。⑤根据《中华人民共和国民法通则》第134条规定,承担民事责任的方式主要有:停止侵害;排除妨碍;消除危险;返还财产;恢复原状;修理、重作、更换;赔偿损失;支付违约金;消除影响、恢复名誉;赔礼道歉。消费者应依具体情况依法选择一种或几种方式行使请求权。

第三,虚假广告的刑事责任。商家发布虚假广告本质上说是弄虚作假,故意隐瞒事实,骗取消费者的钱财,当骗取的钱财达到一定数额时,情节严重的行为则构成了虚假广告罪,如果假冒他人注册商标,发布虚假广告情节严重或发布虚假广告生产和销售伪劣商品情节严重的,一般仍依法受到从重处罚。

(二) 网络广告不正当竞争行为

不正当竞争是指经营者违反国家法律规定,违反商业道德、善良风俗以及诚信惯例,损害其他经营者的合法权益,扰乱社会经济秩序的行为。不正当竞争行为对市场经济秩序具有极大的破坏作用,一直是世界各国市场经济法律所规制的重点。广告作为市场竞争的重要手段,有时也成为企业或个人进行不正当竞争的手段,我国《反不正当竞争法》对此也做出了规定,该法第9条第1款规定:"经营者不得利用广告或者其他方法,对商品的质量、制作成分、性能、用途、生产者、有效期、产地等作引人误解的虚假宣传。"

而对传统形式的广告而言,被企业或个人用作不正当竞争手段的情形很多,例如虚假宣传,贬低竞争对手,伪造或冒用名优等质量标志、伪造商标和产地、广告收费的恶性压价等。这些不正当竞争行为在网络中也不同程度存在,同时由于网络技术的发展,也产生了一些新的利用广告进行不正当竞争形式。

1. 利用超链接技术进行不正当竞争

行为人在其经营的网站上设置超链接,利用超链接跳过他人主页,直接访问他人网站内容,而浏览者仍误以为浏览行为人的网站。行为人通过这种超链接技术,可以利用他人网站内容,提高自身网站的吸引力,增加网站广告浏览人数。

2. 通过抄袭和剽窃他人网站内容进行不正当竞争

抄袭和剽窃的对象包括他人网站或网页的内容、设计思想以及具体的排版布局。最多只做小的修改,造成有原创性的假象,提高网站和网络广告的点击率。

3. 利用关键字技术进行不正当竞争

利用关键字技术把他人的驰名商标或著名企业名称写入自己的网站或主页,当用户搜索关键字时,可以和驰名商标或著名企业一同出现,造成某种关联的假象,提高点击率。对于传统形式广告中出现的不正当竞争行为在网络上的出现,司法机关可以依据《中华人民共和国广告法》《反不正当竞争法》相关条款对行为人进行行政处罚或刑事制裁。受害人也可以向人民法院提请诉讼,要求损害赔偿。对于网络广告中新出现的不正当竞争行为,应及时立法将其列入不正当竞争的范围,由法律进行规范。竞争法属于市场调控法,属于公法范畴,是利用公权力对市场不法行为进行干预。在目前没有进行相关立法的,对于网络广告中新出现的不正当竞争行为,受害人只能以著作权、商标权等知识产权被损害为由,提起民事诉讼,需求法律保护。

(三) 网络广告中隐私权保护

隐私指不愿意告诉他人或不愿意公开的个人的私事,包括个人的身份情况、健康状况、家庭关系、社会关系和个人的活动踪迹等。隐私权是一种基本的人格权利,它包括三个方面:个人信息的保密,个人生活不受干扰,个人私事决定的自由。目前尚没有明确的网络隐私权的概念,广义上讲应该是保护网络隐私不受侵害、不被公开的权利。其内涵包括:一是网络隐私不被了解的权利;二是自己的信息自己控制,对本人保存的有关个人数据拥有知情权;三是关于本人的数据如有错误,本人拥有修改的权利。其中所谓的网络隐私,应该是网络上未明确声明允许公开的所有有关个人的信息。

侵犯他人网络隐私权是指"未经他人许可,擅自通过网站上自己和他人的主页,将特定的他人隐私公之于众,或擅自通过第三人、第四人、众多他人发送 E–mail 的方式张扬特定的他人隐私,情节恶劣,后果严重的行为。"具体形式为:

第一,非法获取、收集他人私人资料。这是指网站利用具有跟踪功能的 Cookie 软件,跟踪客户的行为。由于这一软件用户的每一次鼠标点击,都可能被记入一个数据库之中,这样,网站大都在未经授权的情况下制作了用户的个人档案,可以基本上掌握用户的个性和网上购物习惯,从而更有针对性地实现其商业目的。另外,网络黑客也成为了隐私权保护的一大威胁。黑客一般都有高超的计算机技术,很容易侵入他人电脑,破坏和窃取他人资料,侵害他人隐私。1998 年中国发生了首例黑客事件,犯罪嫌疑人杨某就曾先后侵入了某信息网的 8 台服务器,破译了网络大部分工作人员和 500 多个用户的账号和密码。

第二,非法传输他人隐私,篡改、监看他人电子邮件。在网上擅自宣扬、公布他人的资料,泄露他人的隐私,这是一种比较严重的侵权形式。在互联网上利用技术篡改、监看他人的电子邮件也是很普遍的现象。这和现实生活中私拆他人信件没有什么本质上的不同。电子邮件在传输的过程中需要经过几个服务器,在任何一个中转点,都有被偷窥的可能。还有一些所谓的黑客,常常会把邮件的内容改过之后再发给收信人,这样收信人看到的实际上已不是真正的发信人发过来的内容。而被侵权人很难发现和追踪黑客,即便发现了,在取证上也有一定的难度。

(四) 网络垃圾邮件与强迫广告

1. 网络垃圾邮件广告

垃圾邮件现在还没有一个非常严格的定义。一般来说，凡是未经用户许可就强行发送到用户的邮箱中的任何电子邮件。2002年5月20日，中国教育和科研计算机网公布了《关于制止垃圾邮件的管理规定》，其中对垃圾邮件的定义为：凡是未经用户请求强行发到用户信箱中的任何广告、宣传资料、病毒等内容的电子邮件，一般具有批量发送的特征。中国互联网协会在《中国互联网协会反垃圾邮件规范》中是这样定义垃圾邮件的：本规范所称垃圾邮件，包括下述属性的电子邮件：①收件人事先没有提出要求或者同意接收的广告、电子刊物、各种形式的宣传品等宣传性的电子邮件；②收件人无法拒收的电子邮件；③隐藏发件人身份、地址、标题等信息的电子邮件；④含有虚假的信息源、发件人、路由等信息的电子邮件。

为了保障收件人、经营者合法权益，创造公平、有序的市场竞争环境，北京市工商行政管理局于2000年5月发布通告，对利用电子邮件发送商业信息的行为进行规范。该通告要求互联网使用者在利用电子邮件发送商业信息时应本着诚实、信用的原则。不得违反国家的法律法规，不得侵害消费者和其他经营者的合法权益。在利用电子邮件发送商业信息时，应遵守以下规范：①未经收件人同意不得擅自发送；②不得利用电子邮件进行虚假宣传；③不得利用电子邮件诋毁他人商业信誉；④利用电子邮件发送商业广告的，广告内容不得违反广告法的有关规定。对违反这些规定的互联网使用者，北京市工商行政管理部门将按照《中华人民共和国广告法》《中华人民共和国反不正当竞争法》《中华人民共和国消费者权益保护法》的规定进行处罚。

2. 网络强迫广告

当网络用户上网浏览某一网站或网页内容时，就会出现一些强制性的插播广告，以全屏、半屏或小窗口等形式出现，有些可以关闭，有些甚至无法关闭。这些强制性的插播广告，人们将之称为强迫广告。强迫广告给网络用户带来了很大的不便，引起网络用户的反感，纷纷呼吁立法加以规制。

网络强迫广告的出现是与整个网络的经营现状和利益分配格局紧密联系在一起的，进行立法规范实际上很困难。网络广告利益关系比较复杂，一方面网络用户上网一般都要支付一定上网费用，有理由要求接受良好的服务和避免不必要的费用；但另一方面，网络用户所支付的上网费用一般都是由电信部门或网络服务商收取的，而网站经营者一般不会收到网络用户支付的费用，因此没有对浏览者承担责任的义务，而且网站经营者也可以提出，如网络用户如不愿接受强迫广告，可以选择浏览其他网站。

对于网络强迫广告，应该分以下几种情况处理：

其一，可以出台行政法规，严格禁止恶意的不可关闭的广告弹出窗口，以及修改用户计算机系统，将网站设置为默认主页的行为。

其二，对于没有收费的网站，应该通过加强行业自律和行业竞争来解决强迫网络广告问题。一方面要求网站自律，取消强迫广告，减少广大网络用户的反感；另一方面，深化各网络经营者之间的合理竞争，为在竞争中赢得用户，网站自然会取消用户所反感的强迫广告。

其三，另外收取会员费或其他网络浏览费用的经营性网站，则不允许发布强迫广告，以保护消费者的利益。

（五）网络欺诈色情广告

网络世界广阔的空间、宽松的管制、便捷的形式，为不法分子利用网络广告进行各种违法犯罪活动提供可能。这些违法犯罪活动包括欺诈，色情活动，出售枪支、毒品、人体器官等各种各样的违禁物品等等，其中比较多的是欺诈广告和色情广告。欺诈广告与虚假广告不同，目的不是为了扩大企业的知名度和商品的可信度，而是直接骗取他人的钱财，例如通过低投入高获利、金钱连锁函、免费赠品、投资机会等网络广告形式进行诈骗。色情广告利用网路的便捷联系的条件组织卖淫，贩卖淫秽色情物品，极大地败坏了社会风气。

对于发布欺诈、色情广告等这类违法犯罪活动，国家一直是予以严厉打击，关键在于建立一个公安、工商、信息产业等政府主管部门以及社会组织、广大网民互动的监控体系，发现违法犯罪行为，及时予以惩处。

第四节 网络广告的其他监管途径

一、健全法律体系，制定行业规则

关于广告法律的完善和发展，学界有两种主流说法，一是直接制定专门的《网络广告法》；二是完善现行的《中华人民共和国广告法》，增加有关网络广告的规定。在现行《中华人民共和国广告法》的基础上补充完善有关网络广告的监管条款及细则比较可行。首先，网络广告尚未走出"广告"这个框架，《中华人民共和国广告法》的一般规定对于网络广告尚有适用性，对数字化和电子化的网络广告没有进行规定，是由其制定时网络尚未发达的背景决定的；其次，单独制定《网络广告法》，将面临着与《中华人民共和国广告法》规定重复或者矛盾的局面；再次，现在网络广告还处于迅速发展的时期，各种新技术、新现象层出不穷，制定单独一部法律的成本和效率远不如及时对《中华人民共和国广告法》进行修补。

发挥社会中介组织的作用是我国市场监管法中重要的调控手段，其拥有的准立法权、准司法权和准行政权在法律尚未成熟的情况下显得尤为重要。中国广告协会互动网络委员会的成立便是一个很好的开始。中国广告协会互动网络委员会经国家工商行政管理总局和国家民政部的批准成立，并于2007年6月13日在国家工商行政管理总局举行了成立大会并发布了《中国互动网络广告行业自律守则》。行业规约与法律手段结合，不失为一个控制违法的有效手段。我们可以利用中国广告协会互动网络委员会对网络广告开展监控，受理消费者的投诉。

二、完善政府监管体制

网络广告各种问题的出现除了法律的缺失外，很大程度上是因为互联网的无政府主义，有必要确立专门的监管机构，进行网络广告发行事前、事中和事后的监管。事前的监管体现在对网络广告的准入审查。政府可以借鉴2010年7月1日开始实行的《网络商品交易及有关服务行为管理暂行办法》中的准入实名制，增加责任追究的可行性；事中的监管要求赋予网络服务供应商一定的监管权力，其不仅本身应该遵守包括《中华人民共和国广告法》在内的法律法规，还应抵制不正当竞争，保护用户的隐私，制止正常网络使用过程中的不正当骚扰，尽到管理者的职责，为确保网络广告的真实性、合法性，各网络广告经营者应当建立起内部的广告审查员制度和广告登记制度，自觉承担起审查广告内容的责任。事后的监管在于处罚制度的完善。不仅要对广告主、广告开发者和广告发布者进行事后惩处，还要对网络服务提供商规定严格的处罚机制。有必要确立网络服务提供商的严格责任制度，遏制追责过程中不合理的责任开脱和转嫁。

三、法律规范与业界规章相结合

应建立、健全网络广告管理的法律规范体系，并注重法律规范与业界规章相结合。广告的表现形式并没有局限于某一种媒介，而互联网作为一种新的媒介形式已得到绝大多数人的认同，因此，我们可以认为，《中华人民共和国广告法》也同样适用于网络广告。但是针对网络广告的特殊性，现有的法律规定已很难满足网络广告发展的需求。事实也表明，有很多网络广告依靠现有的广告法律规定很难得到有效的调整。"对此，国家应以什么样的方式和手段来加以解决，目前存在三种不同观点：一是政府对网络广告不加过多的干预，而由其自然发展；二是继续利用现有的广告法律规范，扩大适用范围，将网络广告纳入其中；三是制定专门适用于网络广告的新的广告法律规范。"我们认为，第二种观点更为妥当，由于网络广告有别于其他形式的广告，所以只有通过专门的法律规范，才能有针对性地、更准确地管理好网络广告，使之健康发展。对电子商务而言，法律不可能预先穷尽规则，这就需要行业规章在法律正式出台前的空白时期内起到游戏规则的作用。例如对商业网站的规制、对个人主页的管理等都必须有一个可行的规章。

四、加强网络广告行业的自律

网络服务商 ISP 是网络上相关的应用服务的提供者，ICP 是内容服务提供者。经营互联网运营的 ISP 和提供内容的 ICP，它们既有类似于传统媒体的传播平台——自己的主页，同时又集广告客户、广告经营代理、广告制作于一身。强调 ISP 和 ICP 的自律，包含两层含义，一是 ISP，ICP 自身要遵守广告法和相关法规，抵制不正当竞争和虚假广告；二是 ISP，ICP 应当在经营的范围内，规制所托管的主页，一旦发现恶意广告行为，要立即予以纠正。为确保网络广告的真实性、合法性，各网络广告经营者应当建立起内部的广告审查员制度和广告登记制度，自觉承担起审查广告内容的责任，营造依法经营的良好氛围。

五、加大网络广告管理技术开发的投入

对网络广告实施有效管理不仅需要法律保障,还要运用较高的计算机与网络技术。网络广告主、广告经营者、特别是广告发布者几乎都具备一定的网络知识,有的还是网络高手。显然,规范网络广告必须从技术上限制他们的违法行为。而我国广告管理工作人员的计算机与网络知识普遍较低,可见加大这方面的投入实有必要。

六、提高监管人员的专业素质

互联网属于高科技媒介,对于网络广告的查证和监督需要必要的监测设备和技术人员,我国工商行政管理部门人才的缺乏也是网络广告监管的阻力之一。针对网络广告这个新生事物,一方面要加强对广告监管机关管理人员的专业知识的培训;另一方面,要加强对从事广告经营的网络公司的广告从业人员、广告审查员法律知识的培训,建立阶段性的培训机制,保持监管执法人员的适时性。

七、加强国际协作和国际保护

随着互联网在世界各地不断普及和全球信息化进程的发展,加上其高度开放性、超链接性和无疆界性的特点,模糊了国界的限制,故而对网络广告的管理已不再是某一国家的内部问题。在这种情况下,各国应加强与世界其他国家的交流与合作,做到互通互助,共同为全球网络广告的发展提供一个良好的环境。最好的办法是,制定一个全球性的保护政策,通过国际公约,依赖国际协作的途径加以解决。

参考文献

[1] 路盛章. 网络广告实务 [M]. 北京：中央广播电视大学出版社, 2008.
[2] 卓骏. 网络营销理论与实务 [M]. 北京：科学出版社, 2008.
[3] 汪勇. 电子商务概论 [M]. 北京：清华大学出版社, 2009.
[4] 宋若涛. 广告文案写作技法研究 [M]. 合肥：合肥工业大学出版社, 2009.
[5] 高丽华. 新媒体经营 [M]. 北京：机械工业出版社, 2009.
[6] 冯晖. 网络广告实务 [M]. 北京：中国水利水电出版社, 2009.
[7] 邵安兆, 周岩. 网络营销理论与实务 [M]. 北京：北京邮电大学出版社, 2008.
[8] 周琳, 夏永林. 网络广告 [M]. 西安：西安交通大学出版社, 2008.
[9] 杨坚征, 李大鹏, 周杨. 网络广告学 [M]. 2版. 北京：电子工业出版社, 2007.
[10] 谢成开, 王波. 络广告设计与制作 [M]. 北京：北京大学出版社, 2006.
[11] 刘友林. 网络广告实务 [M]. 北京：中国广播电视出版社, 2003.
[12] 马谋超. 广告心理 [M]. 3版. 北京：中国物价出版社, 2008.
[13] 林升梁. 网络广告原理与实务 [M]. 厦门：厦门大学出版社, 2007.
[14] 余明阳. 广告策划学 [M]. 南昌：江西高校出版社, 2007.
[15] 余明阳, 陈先红. 广告策划创意学 [M]. 上海：复旦大学出版社, 2007.
[16] 谭可可. 计算机广告设计理论与实务 [M]. 长沙：湖南大学出版

社，2008.

[17] 黄敏学. 网络营销 [M]. 2版. 武汉：武汉大学出版社，2007.
[18] 陈培爱. 广告策划原理与实务 [M]. 北京：中央广播电视大学出版社，2007.
[19] 杨明刚. 现代广告学 [M]. 上海：华东理工大学出版社，2009.
[20] 杨立川，杨栋杰. 广告媒体概论 [M]. 郑州：河南大学出版社，2009.
[21] 赵秀玲. 信息化营销 [M]. 郑州：河南人民出版社，2006.
[22] 李洛主编，符远副. 网络广告设计 [M]. 北京：高等教育出版社，2002.
[23] 杨英梅. 网络广告设计 [M]. 北京：机械工业出版社，2009.
[24] 何修猛. 现代广告学 [M]. 6版. 上海：复旦大学出版社，2005.
[25] 陈培爱. 广告学概论 [M]. 北京：高等教育出版社，2004.
[26] 雷鸣. 现代广告学 [M]. 广州：广东高等教育出版社，2007.
[27] 张晓东. 广告媒体运筹 [M]. 长沙：中南大学出版社，2006.
[28] 熊回香. CI与网络广告 [M]. 武汉：华中师范大学出版社，2002.
[29] 巢乃鹏，杜骏飞. 网络广告原理与实务 [M]. 福州：福建人民出版社，2005.
[30] 黄泽梁. 地产营销传播模式与业务指导 [M]. 广州：广东省出版集团，2006.
[31] 屠忠俊. 网络广告教程 [M]. 北京：北京大学出版社，2004.
[32] 王军元，钟旭东，许俊义. 广告通论 [M]. 上海：上海三联书店，2007.
[33] 孙守安. 广告文化学：现代广告的文化解读与批判 [M]. 沈阳：东北大学出版社，2008.
[34] 谷宝华，程春梅. 网络广告设计实务 [M]. 沈阳：东北大学出版社，2007.
[35] 饶德江，程明. 广告心理学 [M]. 武汉：武汉大学出版社，2008.
[36] 魏超. 网络广告 [M]. 北京：中国轻工业出版社，2007.
[37] 涂伟，白雪. 网络广告学 [M]. 武汉：武汉大学出版社，2010.
[38] 高萍. 广告媒介：寻求传递广告讯息的最佳通道 [M]. 长沙：中

南大学出版社, 2005.
- [39] 唐志东. 网络广告学 [M]. 北京: 首都经济贸易大学出版社, 2010.
- [40] 张文俊. 数字新媒体概论 [M]. 上海: 复旦大学出版社, 2009.
- [41] 唐健丽. 电子商务概论 [M]. 北京: 北京理工大学出版社, 2010.
- [42] 黄合水. 广告心理学 [M]. 2版. 2011.
- [43] 杨坚争. 网络广告实验 [M]. 北京: 电子工业出版社, 2008.
- [44] 冯章. 网络广告 [M]. 北京: 中国经济出版社, 2006.
- [45] 阮丽华. 网络广告及其影响研究 [M]. 北京: 中国社会科学出版社, 2008.
- [46] 马文良. 网络广告经营技巧 [M]. 北京: 中国国际广播出版社, 2001.
- [47] 张品良. 网络广告跨国传播的文化应对 [J]. 江西财经大学学报, 2009 (5).
- [48] 应飞虎. 对虚假广告治理的法律分析 [J]. 法学, 2007 (5).
- [49] 夏远升, 谭利. 网络广告的受众分析 [J]. 艺术与设计 (理论), 2009 (7).
- [50] 王景河, 刘向晖. 网络广告的心理营销 [J]. 商业时代, 2003 (13).
- [51] 张颖, 蒋永忠. 网络广告的互动性分析 [J]. 乡镇经济, 2005 (1).
- [52] 王雪媛. 网络广告存在问题及发展对策研究 [J]. 中国报业, 2011.
- [53] 唐培钿. 网络广告该如何投放 [J]. 电子商务世界, 2008 (9).
- [54] 秦福贵. 网络广告投放策略的原点解析 [J]. 现代广告, 2009.
- [55] 罗奕. 网络时代广告创意的变革——"病毒性网络广告"的传播机理解析 [J]. 新闻界, 2009 (6).
- [56] 周丽, 张冬霞. 网络广告交换的价值及主要问题 [J]. 中国集体经济, 2008 (3).
- [57] 戴榆. 我国网络广告法律问题研究现状 [J]. 中国广告, 2010 (1).
- [58] 段贵恒, 赵国杰. 网络广告的定价模式及公共政策研究 [J]. 现代传播, 2007 (3).
- [59] 张率. 网络广告的效果 [J]. 信息化建设, 2003 (8).
- [60] 曹文卓, 卢洁萍. 网络广告受众的特征解析 [J]. 声屏世界, 2000

(9).

[61] 刘婷, 罗茜. 网络广告对消费者购买行为的影响分析 [J]. 新闻传播, 2009 (6).

[62] 唐胜辉. 网络广告在营销中的特性及应用 [J]. 现代商贸工业, 2009 (2).

[63] 赖安君. 网络广告业中不正当竞争行为的特征分析与对策 [J]. 江苏商论, 2010 (8).

[64] 丁梦南. 网络广告与创意 [J]. 现代装饰 (理论), 2011 (8).

[65] 童晓萌. 网络广告媒体选择和效果的评价 [J]. 统计教育, 2009 (2).

[66] 李文. 试论网络广告媒体的特点 [J]. 试论网络广告媒体的特点, 2001 (6).

[67] 康文科. 网络广告发展的制约因素及应对策略 [J]. 新闻传播, 2011 (5).

[68] 陈鸥. 网络广告存在的问题及监管策略 [J]. 学术探讨, 2010 (3).

[69] 刘瑾. 论我国荐证广告的法律规制 [J]. 太原城市职业技术学院学报, 2008 (12).

[70] 刘涛, 徐晓婷. 浅析网络广告的互动性 [J]. 科协论坛, 2010 (1).

[71] 周象贤, 孙鹏志. 网络广告的心理传播效果及其理论探讨 [J]. 心理科学进展, 2010 (5).

[72] 吴星群. 试论虚假广告产生的原因及其法律治理 [J]. 法制与经济, 2009 (7).

[73] 朱松林. 富媒体: 网络广告的新选择 [J]. 传媒, 2006 (3).

[74] 蒋雪涵, 马晓音, 李斌. 网络广告的受众心理分析 [J]. 大众文艺 (理论), 2009 (3).

[75] 乔杉. 网络广告创意的特殊要求 [J]. 现代广告, 2010.

[76] 王家红. 浅谈现代网络广告设计的创意 [J]. 黑龙江科技信息, 2010 (6).

[77] 朱颖芳. 分众传播——新媒体环境下的网络广告 [J]. 才智, 2009 (30).

[78] 夏兵, 苏毅敏. 数字时代的网络广告设计 [J]. 艺术与设计, 2009

(12).
[79] 王珂. 浅论网络广告创意传播策略 [J]. 新闻世界, 2011 (1).
[80] 林慧燕. 浅谈网络广告的互动性 [J]. 科技信息, 2009 (7).
[81] 葛修娟. 视觉文化价值论——网络广告业的发展 [J]. 中国科技信息, 2010 (18).
[82] 王勇. 浅析网络广告不正当竞争行为及防治措施 [J]. 法制与社会, 2010 (上).
[83] 顾今. 谈网络广告的互动性 [J]. 新闻传播, 2006 (5).
[84] 华磊阳. 基于消费者行为分析的网络广告营销策略 [J]. 现代营销 (学苑版), 2010 (3).
[85] 饶鉴. 网络广告传播的设计整合 [J]. 湖北社会科学, 2008 (6).
[86] 陈跃刚, 吴艳. 网络广告受众行为研究 [J]. 商业研究, 2009 (2).
[87] 陈跃刚, 吴艳. 网络广告传播模式研究 [J]. 科技管理研究, 2006 (8).
[88] 金文杰. 论网络广告的传播优势及其作用的发挥 [J]. 商场现代化, 2010 (中旬刊).
[89] 张信和. 网络广告的互动体验与品牌形象塑造传播 [J]. 广州广播电视大学学报, 2007 (4).
[90] 胡修瑞. 网络广告注意力传播分析 [J]. 新闻传播, 2010 (12).
[91] 朱志毅. 初探网络广告对企业网络营销的重要性 [J]. 中国商贸, 2011 (24).
[92] 王冰. 浅析网络广告投放的基本策略 [J]. 信息技术, 2009 (1).
[93] 林慧燕. 浅谈网络广告的互动性 [J]. 浅谈网络广告的互动性, 2009 (7).
[94] 胡修瑞. 网络互动式广告的传播优势 [J]. 网络时代, 2007 (10).
[95] 周晓莉. 从受众能动性视角探析网络广告传播效果 [J]. 山东商业职业技术学院学报, 2009 (3).
[96] 郭颖. 网络广告传播与受众心理 [J]. 新闻爱好者, 2007.
[97] 杨倩玫. 从"使用与满足"理论看网络广告的发展 [J]. 新闻传播, 2008 (5).
[98] 刘玉明, 于黎龙. 基于传播效果的网络广告策略研究 [J]. 商业经

济, 2009 (11).

[99] 吕玉玲. 论网络广告营销的核心理念 [J]. 东南传播, 2007 (10)..

[100] 陈明子, 陈慧茹. 媒介融合时代网络广告的发展策略 [J]. 现代经济信息, 2010 (10).

[101] 胡建. 浅谈网络广告媒体策略 [J]. 全国商情（经济理论研究）, 2005 (1).

[102] 袁宁, 刘茂松. 浅析网络广告的影响 [J]. 商场现代化, 2008.

[103] 杨坚争, 周杨. 网络广告策略研究 [J]. 商场现代化, 2007.

[104] 黄晋烨. 浅析网络广告设计 [J]. 学术论坛, 2008 (8).

[105] 郑燕. 浅议网络广告的信息传播模式 [J]. 科技情报开发与经济, 2010 (11).

[106] 张晓雪, 梁艳. 认知失谐理论在网络广告创意中的运用 [J]. 今传媒, 2008 (1).

[107] 谢鹏飞. 市场营销中的网络广告的透视研究 [J]. 中国报业, 2011 (下).

[108] 贺娅琳. 网络广告的传播价值: 矛盾与对策 [J]. 新闻界, 2007 (4).

[109] 于潇. 网络广告的口碑传播策略分析 [J]. 新闻界, 2007 (3).

[110] 张兴兴. 当下网络广告的发展问题及其对策 [J]. 新闻世界, 2011 (1).

[111] 杨晓茹. 网络广告经营策略研究 [J]. 商场现代化, 2009.

[112] 禹跃昆, 汪思婕. 浅析网络广告的受众心理与传播策略 [J]. 今日南国, 2009 (1).

[113] 赵尔丹. 企业网络广告营销的新模式探析 [J]. 中国经贸导刊, 2011 (21).

[114] 张权. 浅论我国网络广告的特征、经营策略及改进手段 [J]. 新闻天地（论文版）, 2009 (7).

[115] 王爽. 网络广告创意形式浅析 [J]. 才智, 2008 (3).

[116] 王晨, 刘先涛. 浅谈网络广告道德 [J]. 价值工程, 2009 (1).

[117] 郭艳. 网络广告投放效果影响因素研究 [J]. 大众商务, 2009 (5).

[118] 蒙显雄,李奇. 网络广告的精准营销探析 [J]. 现代商贸工业, 2009 (8).

[119] 刘雪梅. 浅析网络广告中互动元素的呈现动因 [J]. 今传媒, 2011 (2).

[120] 吴瑷瑷. 试论网络广告的伦理缺失 [J]. 新闻世界, 2011 (3).

[121] 郭怡雷. 网络广告投放策略探索 [J]. 中国经济问题, 2003 (3).

[122] 苏林森. 网络广告效果评估的现状、问题与修学理论, 2009 (16).

[123] 王荣华. 论我国网络广告监管中的法律问题及其对策分析 [J]. 长春师范学院学报 (自然科学版), 2007 (8).

[124] 吴海峰. 广告策略在网络营销中的应用 [J]. 才智, 2010 (8).

[125] 闰燕燕. 论我国网络广告的模式创新 [J]. 知识经济, 2008 (3).

[126] 谢丽君. 浅析网络广告的法律规制 [J]. 法制与社会, 2011 (下).

[127] 蒋赏. 网络广告创意方法浅析 [J]. 商业文化 (学术版), 2010 (7).

[128] 刘静. 网络广告的传播模式研究 [J]. 中国商界 (下半月), 2010 (8).

[129] 苏静怡,胡芳梅. 网络广告发展中存在的问题及应对 [J]. 重庆工商大学学报 (社会科学版), 2011 (10).

[130] 刘一鸣. 网络广告受众认可度调查研究 [J]. 东南传播, 2011 (10).

[131] 万晓燕. 中国网络广告的互动性 [J]. 辽宁工程技术大学学报 (社会科学版), 2010 (1).

[132] 陈岚. 我国网络广告管理策略探究 [J]. 信息与电脑 (理论版), 2011 (11).

[133] 张峰. 论网络广告的互动性及对广告设计的启示 [J]. 大众文艺, 2012 (1).

[134] 郭颖. 网络广告品牌形象传播效果探讨 [J]. 新闻界, 2010 (1).

[135] 胡修瑞. 网络广告目标受众传播分析 [J]. 新闻传播, 2010 (11).

[136] 郭欣. 网络广告对受众信息行为的影响及对策分析 [J]. 江苏商论, 2009 (8).

[137] 杨建宏. 网络广告定位策略分析 [J]. 艺术与设计 (理论), 2008

(5).

[138] 郝洁莹. 网络广告的消费心理策略 [J]. 商品储运与养护, 2008 (4).

[139] 李岩. 网络广告的投放策略研究 [J]. 华章, 2010 (19).

[140] 刘苗. 网络广告传播的问题与治理策略 [J]. 青年记者, 2009 (10).

[141] 赵虎影, 王洪宾. 网络广告与网络营销形式初探 [J]. 商业经济, 2007 (9).

[142] 宫霖. 新媒体时代网络广告研究 [J]. 现代营销 (学苑版), 2012 (1).

[143] 刘婧婧. 网络广告的传播形态特征分析 [J]. 中南林业科技大学学报 (社会科学版), 2009 (7).

[144] 赵晓芳. 网络广告受众逆反心理探析 [J]. 湖北第二师范学院学报, 2010 (3).

[145] 秦志学, 刘凯. 网络广告投放原则浅议 [J]. 商业时代, 2004 (15).

[146] 于奎. 网络广告效果评价研究 [J]. 江西财经大学学报, 2004 (4).

[147] 代文锋. 网络广告效果评价指标体系研究 [J]. 办公自动化杂志, 2010 (11).

[148] 公秀丽, 施勇勤. 网络广告新计价模式及效果评估探析 [J]. 东南传播, 2011 (1).

[149] 叶佳. 网络广告与跨文化沟通 [J]. 社科纵横, 2006 (3).

[150] 张和荣. 网络广告与网络营销 [J]. 云南财贸学院学报 (社会科学版), 2007 (3).

[151] 付效梅. 我国网络广告创意的现状及对策分析 [J]. 科技信息, 2009 (7).

[152] 杨洋. 我国网络广告营销策略研究 [J]. 商场现代化, 2010 (10).

[153] 金鑫. 网络广告创意初探 [J]. 内蒙古科技与经济, 2010 (3).

[154] 李如羿. 从受众角度分析网络广告的互动性 [J]. 青年记者, 2007.

[155] 薛媛. 从受众接受心理谈网络广告形式创意 [J]. 当代传播, 2007 (6).

[156] 林亚红. 论网络广告的投放策略 [J]. 宁波广播电视大学学报, 2005 (12).

[157] 唐克军, 王硕. 网络广告的主要形式和传播优势 [J]. 东南传播, 2006 (2).

[158] 田园. 浅谈网络广告的法律监管制度构建 [J]. 法制与经济, 2011 (1).

[159] 李金英, 吴素红. 浅谈网络广告及其道德建设 [J]. 商场现代化, 2007.

[160] 刘畅. 浅析网络广告在信息社会中的功能 [J]. 湖北广播电视大学学报, 2010 (9).

[161] 高力. 网络广告定位与创意之我见 [J]. 成都行政学院学报, 2006 (2).

[162] 张振华. 网络广告治理的几个难点分析 [J]. 法制与社会, 2008 (中).

[163] 聂维斌. 论网络互动营销与广告创新策略 [J]. 商场现代化, 2009 (下旬刊).

[164] 黄辉. 网络广告媒体选择与运用 [J]. 重庆商学院学报, 2002 (5).

[165] 陈跃刚, 吴艳. 关于媒体传播模式与传播特性的研究 [J]. 企业活力, 2006 (6).

[166] 舒咏平. 广告互动传播的实现 [J]. 国际新闻界, 2004 (5).

[167] 顾思宇. 微博广告的传播策略分析 [J]. 新闻世界. 2013 (1).

[168] 车佳桓. 媒介生态视角下微博广告及问题思考 [J]. 中国出版, 2013 (16).

[169] 鄢海云. 从微博广告看互动营销的发展 [J]. 东南传播, 2016 (1).

[170] 于潇. Web2.0时代下微博广告传播策略分析 [J]. 新闻界, 2011 (3).

[171] 苏宁. 探究我国微博广告传播效果 [J]. 中国传媒科技, 2014

(12).

[172] 刘博文．关于微博广告的思考［J］．西部广播电视，西部广播电视（24）．

[173] 房雪．新媒体时代下的微博广告探析［J］．学理论，2015（16）．

[174] 何雅洁．关于名人发布微博广告的法律规制研究［J］．电子商务，2015（7）．

[175] 龚翔．微信广告传播力的研究探讨［J］．科技传播，2014（24）．

[176] 王震．探析微信广告的传播优势［J］．西部广播电视，2015（21）．

[177] 赵婷婷．浅谈"微信广告"传播影响的利与弊［J］．经营管理者，2015（14）．

[178] 云朋．移动广告市场将成"未来之王"［J］．企业观察家，2014（7）．

[179] 尹卫卫．微信的广告价值分析［J］．青年记者，2014（33）．

[180] 崔艳岩．微信 Feed 流广告浅析［J］．新闻研究导刊，2015（19）．

[181] 黄妍．微信公众号广告发展模式探究［J］．新媒体研究，2015（15）．

[182] 周蕾．微信广告传播力研究［J］．东南传播，2012（1）．

[183] 邢栋．从消费者角度看微信广告的缺陷［J］．中国地市报人，2015（6）．

[184] 王林瑶．新媒体平台下微信广告的投放及营销模式研究［J］．新闻知识，2015（3）．

[185] 苏畅．我国手机微信广告发展刍议［J］．绥化学院学报，2014（6）．

[186] 倪欢．基于传播力影响的微信广告研究［J］．新闻研究导刊，2014（8）．

[187] 王罡．微信广告的传播效果分析［J］．新闻知识，2015（8）．

[188] 胡姗姗．探析微信广告传播影响的利与弊［J］．中国包装工业，2013（10）．